国家出版基金项目
NATIONAL PUBLICATION FOUNDATION

马克思主义理论研究和建设工程项目

党内法规学

主编　宋功德　张文显

参编（以姓氏笔画为序）
马怀德　王伟国　王振民　付子堂　朱景文
李　林　肖金明　张志明　张　禹　周叶中
周鹏飞　施俊民　姜明安

高等教育出版社·北京

二维码资源访问

使用微信扫描本书内的二维码，输入封底防伪二维码下的20位数字，进行微信绑定，即可免费访问相关资源。注意：微信绑定只可操作一次，为避免不必要的损失，请您刮开防伪码后立即进行绑定操作！

图书在版编目（CIP）数据

党内法规学／宋功德，张文显主编．-- 北京：高等教育出版社，2020.9（2023.7重印）
马克思主义理论研究和建设工程项目
ISBN 978-7-04-054524-1

Ⅰ.①党… Ⅱ.①宋… ②张… Ⅲ.①中国共产党-纪律检查-法规-学习参考资料 Ⅳ.①D262.6

中国版本图书馆CIP数据核字（2020）第113793号

责任编辑 姜 洁 程传省 于 明 周轶男 封面设计 王 洋 版式设计 童 丹
责任校对 刘丽娴 责任印制 赵义民

出版发行	高等教育出版社	网　　址	http://www.hep.edu.cn
社　　址	北京市西城区德外大街4号		http://www.hep.com.cn
邮政编码	100120	网上订购	http://www.hepmall.com.cn
印　　刷	北京盛通印刷股份有限公司		http://www.hepmall.com
开　　本	787mm×1092mm 1/16		http://www.hepmall.cn
印　　张	23		
字　　数	320千字	版　　次	2020年9月第1版
购书热线	010-58581118	印　　次	2023年7月第5次印刷
咨询电话	400-810-0598	定　　价	58.00元

本书如有缺页、倒页、脱页等质量问题，请到所购图书销售部门联系调换

物 料 号 54524-00

前　　言

治国必先治党，治党务必从严，从严必依法度。加强党内法规制度建设，事关党要管党、全面从严治党，事关中国共产党长期执政和国家长治久安，事关坚持和完善中国特色社会主义制度、推进国家治理体系和治理能力现代化。

中国共产党历来重视党内法规制度建设。中共十八大以来，以习近平同志为核心的党中央把党内法规制度建设摆到更加突出的位置，就制度治党、依规治党作出一系列重大决策部署，着力固根基、扬优势、补短板、强弱项，统筹推进党内法规的规划、制定、备案、清理、评估、实施等工作，加快构建覆盖党的领导和党的建设各方面的党内法规体系，党内法规制度建设取得重大进展和显著成效，为党和国家事业取得历史性成就、发生历史性变革提供了有力制度保障。

党内法规制度建设越是快速发展，越是迫切要求加强党内法规工作队伍建设、党内法规理论研究、党内法规后备人才培养，越是需要一本全面、系统、权威的党内法规学教材提供学理支撑。2016 年 12 月印发的《中共中央关于加强党内法规制度建设的意见》明确提出，“组织编写专门教材”。根据党中央部署要求，中国法学会会同中共中央办公厅法规局组织 40 多名来自理论界和实务界的专家学者，历时两年编写形成了《党内法规学》。

本教材由绪论和三大板块构成。绪论主要阐述党内法规学的发展背景、研究对象、与相邻学科的关系、研究方法。第一板块主要阐述党内法规基础理论知识，包括党内法规的一般原理、依规治党、党内法规的历史发展。第二板块主要阐述静态的党内法规制度，根据“1+4”的党内法规体系框架，包括党章、党的组织法规、党的领导法规、党的自身建设法规、党的监督保障法规。第三板块主要阐述动态的党内法规运行，包括党内法规的制定、党内法规的实施。

《党内法规学》的面世，解决了长期以来党内法规教学“无书可教、无书可学”的问题，为党内法规教学培训提供了统编教材，标志着党内法规学科正式形成。同时，《党内法规学》构建起了一套科学规范的党内法规概念体系、知识体系、理论体系，为党内法规研究奠定了理论基础，必将对党内法规制度建设实践起到重要的引领和推动作用。鉴于此，中共中央宣传部将该教材列入“马克思主义理论研究和建设工程项目”。

党内法规学是一门新兴学科，本教材是国内第一本党内法规统编教材。由于作者能力水平所限，书中不足之处在所难免。恳请广大读者不吝指正，以待今后进一步修改和完善。

主编

2020年7月

目　　录

绪　论

导　语

> 党内法规学是近年来逐渐形成并发展起来的新兴学科，已经形成一套科学规范的概念体系、知识体系和理论体系，成为一门独立学科。绪论概述了党内法规学的发展背景，阐释了党内法规学的研究对象，厘清了党内法规学与法学、政治学、党建学等相关学科的关系，介绍了党内法规学的主要研究方法。

一、党内法规学的发展背景

党内法规，是伴随中国共产党近百年革命、建设、改革的历史而存在的制度现象，是中国共产党管党治党、执政治国的重要依据，是中国共产党制度治党、依规治党的实践产物。党内法规学成为一门学科，是党内法规实践长期发展和党内法规研究不断深化的结果。

党内法规学的发展是坚持在中国共产党的领导下推进中国特色社会主义事业的客观要求。中国特色社会主义制度是中国共产党和中国人民在长期实践探索中形成的科学制度体系。新中国 70 多年取得的历史性成就充分证明，中国特色社会主义制度是当代中国发展进步的根本保证。当今世界正经历百年未有之大变局，我国正处于实现中华民族伟大复兴关键时期。统揽伟大斗争、伟大工程、伟大事业、伟大梦想，战胜前进道路上的各种风险挑战，必须毫不动摇坚持和完善中国特色社会主义制度。中国共产党领导是中国特色社会主义最本质的特征，是中国特色社会主义制度的最大优势。新时代坚持和发展中国特色社会主义，必须坚持党对一切工作的领导，完善坚持党的领导的体制机制，提高党把方向、谋大局、定政策、促改革的能力和定力，确保党始终总揽全局、协调各方。党内法规学是在坚持和发展中国特色社会主义的背景下，在中国共产党管党治党、执政治国的长期实践中逐步发展起来的，具有鲜明的中国特色。党内法规学聚焦中国共产党制度治党、依规治党的理论和现实，深刻揭示中国共产党治国理政背后的制度逻辑，深入挖掘中国共产党推进党内法规制度建设的内在规律，有利于增强对中国共产党领导核心地位的理性认同，坚定对我国国家制度和国家治理体系的自信，深化对中国特色社会主义的认识，推动中国特色社会主义制度更加巩固、优越性充分展现。

党内法规学的发展是中国共产党全面从严治党实践的客观要求。作为马克思主义政党，中国共产党强调始终保持党的先进性和纯洁性，强调严密的组织形式和严格的组织纪律。对于中国共产党这样一个拥有9 191.4万名党员、468.1万个基层党组织的世界第一大党而言，管党治党一刻也不能松懈，没有党内法规的规范和保障，就很难保证全党思想统一、步调一致。习近平强调，加强党内法规制度建设是全面从严治党的长远之策、根本之策。在新时代党的建设总体布局中，制度建设贯穿党的政治建设、思想建设、组织建设、作风建设、纪律建设之中，为党的各方面建设提供制度依据和制度遵循。党内法规制度建设始终与全面从严治党实践相伴相随，全面从严治党推进到哪里，党内法规制度建设就延伸到哪里。全面从严治党离不开党内法规制度的健全和发展，而党内法规制度的健全和发展离不开坚实的学理支撑。党内法规学科的形成，是中国共产党已经发展成为成熟的马克思主义政党的重要标志之一，意味着中国共产党对管党治党规律的把握和运用更加自觉、更加深刻，有利于进一步深化对全面从严治党、依规治党的认识，不断提高党的建设质量，推动全面从严治党向纵深发展。

党内法规学的发展是推进国家治理体系和治理能力现代化的客观要求。作为中国特色社会主义事业的领导核心，在一个拥有14亿人口的大国长期执政，中国共产党必须把加强党的长期执政能力建设同提高国家治理水平有机统一起来。中国共产党第十八届中央委员会第四次全体会议①

① 本书对于中国共产党历次全国代表大会及中央委员会会议，首次出现时，一律使用全称，如“中国共产党第十九次全国代表大会”“中国共产党第十八届中央委员会第四次全体会议”。多次出现时，在不致产生误解的情况下，一般从第二次出现时使用简称，如“中共十九大”“中共十八届四中全会”。

将党内法规体系纳入中国特色社会主义法治体系，中国共产党第十九次全国代表大会报告强调依法治国和依规治党有机统一，中国共产党第十九届中央委员会第四次全体会议强调坚持和完善中国特色社会主义制度、推进国家治理体系和治理能力现代化必须坚持和完善党的领导制度体系。这就必然要求高度重视党内法规制度建设，一方面，牢牢把握坚持和加强党的全面领导这个根本点，健全总揽全局、协调各方的党的领导制度体系，把党的领导落实到国家治理各领域各方面各环节；另一方面，着眼于科学执政、民主执政、依法执政要求，明确和规范党对各方面工作领导的方向原则、体制机制、标准要求、方式方法、作用途径等，为坚持和加强党的全面领导提供制度遵循。党内法规学科的形成，有利于推动党内法规理论创新，引领带动党内法规实践创新和制度创新，深入推进党内法规制度供给侧结构性改革，有利于推动党的领导制度优势转化为国家治理效能，增强党的执政本领，加快推进国家治理体系和治理能力现代化。

党内法规学的发展奠基于党内法规的研究之上。关于党内法规的研究，早期少且零散。1990 年中共中央颁布《中国共产党党内法规制定程序暂行条例》后，学界关于党内法规的研究开始增多。中国共产党第十八次全国代表大会以来，党内法规制度建设强力推进，党内法规研究全面快速发展，在学界逐渐形成一股热潮。目前，党内法规研究的学术氛围日渐浓厚，一批专门的研究机构和研究队伍相继成立，一个系统完整的人才培养体系正在形成，一些稳定有效的交流平台日益活跃，一批具有代表性的高质量研究成果相继推出，实践中关于党内法规的研究已经基本形成一套科学规范的概念体系、知识体系和理论体系。这些都表明，党内法规学已经具备成为一门独立学科的条件和特征。当然，由于党内法规研究起步较晚，基础相对薄弱，党内法规学目前仍处于学科化建设的起步阶段。可以预见，党内法规学科的形成，必将对构建科学的党内法规理论体系产生重要推动作用，进而丰富包括马克思主义理论、党的建设理论、中国特色社会主义法治理论等在内的哲学社会科学理论体系，也必将为党内法规实践提供重要理论指导和学术支撑，促进党内法规制度建设健康发展。

二、党内法规学的研究对象

一门独立的学科，必然有自己特定的研究对象。党内法规学是以党内法规为专门研究对象的学科，这是党内法规学确立学科独立性并与其他学科相区别的主要标志。党内法规学研究内容系统全面，既包括党内法规的基础概念、性质、定位和作用等内在理念，又包括党内法规与其他社会现象的联系、区别和相互作用；既包括党内法规的历史由来，又包括党内法规的现状与发展；既包括静态的党内法规文本和规范，又包括动态的党内法规制度建设实践。这种研究内容上的广泛性及其所蕴含的同质性、逻辑性、周延性，是党内法规学作为一门学科设立和发展所必需的。党内法规学的研究对象主要包括以下四个方面。

（一）党内法规的基本原理

党内法规的基本原理，是指从宏观、整体的角度，对党内法规的根本性、普遍性问题进行研究，揭示党内法规现象背后的本质、原理和规律，反映党内法规现象内蕴的理念、精神和价值追求。研究内容主要包括：党内法规的概念、特征、分类、效力、作用，党内法规体系的概念、特征及构成；依规治党的重大意义、核心要义，依规治党和依法治国、以德治党等的关系等。

（二）党内法规的历史沿革

党内法规的历史沿革，是指通过纵向考察党内法规产生和发展的历史脉络，发掘党内法规的历史基因和主旨精神，总结党内法规发展的客观规律。党内法规的历史与中国共产党的历史相伴相随，包括党内法规的思想史、制度史、实践史。研究内容主要包括：党内法规的历史分段及标准，不同历史阶段的党内法规发展状况、主要成就、背景条件、突出特点，党内法规发展历程揭示的历史经验教训等。

（三）党内法规的制度体系

党内法规的制度体系，是指基于党内法规是制度现象这一特征，从党内法规的文本和规范出发，对党内法规的体系框架、调整内容、调整方式、规范要求等进行研究，反映党内法规对党的领导和党的建设作出的制度安排及其背后的制度机理。研究内容主要包括：党章的概念和地位、主要内容；党的组织法规、党的领导法规、党的自身建设法规、党的监督保障法规的概念、分类、主要内容以及党内法规在调整相关领域时的作用原理等。

（四）党内法规的实践运行

党内法规的实践运行，是指对党内法规的制定和实施等实践活动进行研究，准确把握其内涵实质和工作要求，推进党内法规实践的民主化、科学化、制度化，以更好地发挥党内法规的作用。研究内容主要包括：党内法规制定主体和权限、党内法规制定原则、党内法规制定程序、党内法规制定技术规范；党内法规解释、备案、清理的概念、意义、主体、原则、程序、效力等；党内法规实施的概念和意义，党内法规遵守和执行的概念、主体、实践途径，党内法规实施评估的概念、原则、程序、效力等。

上述四个方面的内容，既相对独立、各有侧重，又密切联系、相互作用，体现了理论、历史、制度、实践的内在统一逻辑，共同构成了党内法规学的研究体系。其中，理论来源于实践又高于实践，对制度、实践具有引领和支撑作用；历史是理论、制度、实践发展历程的客观反映，对理论、制度、实践具有启示和镜鉴作用；制度是理论和实践的产物，对理论和实践的发展具有推动作用；实践是理论和制度的运用，既检验理论和制度的科学性，又对理论和制度提出新的需求。党内法规学研究应当坚持理论、历史、制度、实践的一致性，深刻把握它们的内在联系，统筹兼顾研究的广度和深度，推动党内法规在这四个面向上全面展开并不断取得进展。

党内法规学是一门刚刚形成的新兴学科，这就决定了党内法规学的研究内容必然是开放、发展的，而不是封闭、僵化的。实践中仍有大量问题亟待深入研究，将来还会出现一些新的研究课题。随着形势任务变化和党内法规制度建设实践发展，党内法规学的研究内容也将不断延伸和拓展。

三、党内法规学与相邻学科

作为一门新兴学科，党内法规学与法学、政治学、党建学等学科既相互区别又密切关联。主要表现在：党内法规学与这些学科在研究对象和研究内容上存在一定交叉，兼具这些学科的某些性质和特点，这些学科的一些知识、逻辑和机理对党内法规学具有重要借鉴意义。同时，党内法规学又具有自己独立的研究对象和研究内容，具有独立于这些学科的内涵和特质，既不能将其简单归入这些既有学科，也不能简单照搬套用这些学科的概念、观点和原理。

1. 党内法规学与法学

法学是以法律现象为研究对象的一门学科，研究法律的产生、发展和规律，法律的效力、作用和价值，以及法律规范、法律体系、法律关系、法律责任等。党内法规学与法学关系十分密切，因为二者的政治性都很强，且都是研究制度现象的科学，关注的重点都是制度在规范行为、调整关系方面的基本功能，而制度建设的许多规律是相通的。同时，根据《中共中央关于全面推进依法治国若干重大问题的决定》，法律规范体系和党内法规体系都是中国特色社会主义法治体系的重要组成部分，法治建设的许多本质要求和基本原则，特别是贯穿其中的法治思维、法治方式，对二者都是适用的；法学的许多基本范畴、作用机理、制度逻辑、价值功能等，对党内法规学具有一定的借鉴意义，特别是法学中的宪法学与行政法学，其研究前提、研究范式、基本原理、制度形式、实践要求等与党内法规学更是具有许多共通性。实践中，党内法规现象已经成为法学特别是其中的法理学、宪法学与行政法学的重要研究课题。当然，党内法规学与法学也有一些明显不同，比如二者具有不同的研究对象和研究目标，党内法规学侧重于通过研究党内法规现象，更好地服务于加强中国共产党的领导和自身建设，法学则侧重于通过研究法律现象，更好地服务于以法治思维、法治方式治理国家和社会。因此，不能将党内法规学与法学混同，或者将党内法规学简单地归入法学学科。

2. 党内法规学与政治学

政治学是一门研究政治现象的学科，政党政治是政治学研究的重要内容，政治学主要研究政党政治的原理和制度、政党的组织和活动、政党行为和关系规范以及政党内部的规范运作等。党内法规作为规范中国共产党组织和运作的重要制度，必然与政党制度、政党政治密切相关，也必然是政治学研究的一个重要课题，政治学的许多基本原理和研究方法都适用于党内法规学。但同时要注意到，政治学更多侧重于对国家和政治这一主题进行研究，涉及政治的各个方面和各种形态，党内法规学则侧重于研究中国共产党依规治党的理论与实践，具有自身的独立性和特殊性。尤其是，党内法规学以马克思主义为指导，以坚持中国共产党领导和中国特色社会主义制度为政治前提，西方政治学的许多原理和制度不能套用到党内法规学中。

3. 党内法规学与党建学

党建学，又称党的建设学科，以中国共产党的建设为研究对象。其研究内容主要包括党的建设的核心命题和科学体系，马克思主义政党建设理论、马克思主义执政党自身建设经验，中国共产党加强自身建设的重大问题及基本规律等。党内法规学与党建学存在密切联系。党内法规制度建设属于党的建设总体布局中的一个重要板块，是党的建设的一个基本方面，党内法规学与党建学在研究对象上存在着交叉关系，党内法规问题是党建学研究的一个重要课题。同时，党内法规学以党的建设为时代背景和理论原点，并服务于党的建设的目标，在根本使命上与党建学是一致的，党建学的使命任务、研究视野、理论高度、实践要求等可以适用于党内法规学。但是，党内法规学关注的是党内法规现象，研究视角和研究内容更加聚焦、更加具体，这与党建学在宏观上、整体上研究党的建设不同。

综上，党内法规学横跨法学、政治学、党建学等多个学科，实践中党内法规正在成为这些学科积极投入并共同开展研究的一个重要领域，专门从事党内法规研究的专家学者和研究机构也在日益增多。当然，党内法规学毕竟是一门刚刚形成的新兴学科，起步较晚，相关概念体系、知识体系、理论体系确立时间不长，距离成熟完善还有不小差距，相关的研究成果、专业师资等在数量和质量上还不能完全满足实践需求。因此，从现实考虑，党内法规学可以暂时列在法学、政治学、党建学等相关学科之下开展研究生招生和培养工作。基于党内法规学与法学深厚的渊源关系，目前将党内法规学设在法学学科下的做法相对比较普遍。下一步，需要进一步加大党内法规学科建设力度，积极拓展党内法规研究广度和深度，推动人才师资、理论成果、教育培养等基础条件尽快成熟，实现党内法规学作为独立学科进行招生和培养的目标。

四、党内法规学的研究方法

每门学科的方法论都是该学科对本身进展的情况、思考方式、认识手段的反省。一门成熟的学科，一般有一套科学完整的研究方法。党内法规学属于哲学社会科学的范畴。坚持以马克思主义为指导，是当代中国哲学社会科学区别于其他哲学社会科学的根本标志。马克思主义是世界观，也是方法论。恩格斯曾经指出："马克思的整个世界观不是教义，而是方法。它提供的不是现成的教条，而是进一步研究的出发点和供这种研究使用的方法。"① 马克思主义关于世界的物质性及其发展规律、人类社会及其发展规律、认识的本质及其发展规律等原理，为我们研究把握党内法规学提供了基本的世界观、方法论。党内法规学在研究方法上必须坚持以辩证唯物主义和历史唯物主义的马克思主义方法论为指导，坚持实事求是、理论联系实际，否则就会偏离正确立场和方向。以马克思主义方法论为指导，紧密结合党内法规制度建设实际，党内法规学研究主要运用以下研究方法。

（一）辩证方法

马克思主义的唯物辩证法，是建立在唯物主义基础上的科学形态的辩证法，是关于自然、人类社会和思维的运动与发展的普遍规律的科学。辩证方法是研究党内法规学的基本方法，是贯穿党内法规学学科体系的一条主线。在党内法规学研究中，应当善于运用唯物辩证法

① 《马克思恩格斯选集》第4卷，人民出版社2012年版，第664页。

的对立统一规律、质量互变规律、否定之否定规律，将党内法规作为一个不断发展变化的过程来考察，努力揭示党内法规发展完善的规律，并据以指导党内法规制度建设实践。要运用好两点论和重点论，既强调党内法规的政治属性又重视党内法规的规范属性，既坚持依规治党又重视以德治党，既加强党的集中统一领导又支持人大、政府、政协、监察机关、审判机关、检察机关、人民团体等依法依章程履行职能、开展工作、发挥作用，既加强党内法规制定工作又重视党内法规执行力提升等，处理好党内法规研究中一系列辩证关系。

（二）系统方法

系统是一个标志事物整体的哲学范畴，是由若干相互联系、相互作用的要素按一定方式组成的统一整体。用系统的方法研究党内法规，既要将党内法规作为一个系统进行研究，考察其构成要素、组织原则、运行机理和目标使命，避免陷入单一零散、支离破碎的个别现象研究，又要将党内法规放在更加宏大的系统中进行研究，考察党内法规在党和国家事业全局中的地位和作用，研究党内法规与经济建设、政治建设、文化建设、社会建设、生态文明建设等结构性耦合关系，避免偏离中心任务、脱离相关背景孤立地研究党内法规现象。用系统的方法研究党内法规，应当注重把握党内法规这一系统的要素、结构和功能，对党内法规系统的各种构成要素进行梳理和研究，根据构成要素相互之间的关系合理构建党内法规系统的内部结构，根据统一的功能目标来指导关于要素和结构的制度安排，使党内法规系统要素齐全、结构合理、功能清晰，不仅每一个组成部分都鲜明体现党内法规的内在规律，而且在整体上呈现有机联系、协调统一的系统性。

（三）价值分析方法

价值分析方法，是指对社会现象的价值属性、行为宗旨、目的导向等进行揭示、分析、评价的研究方法。党内法规作为调整党内生活和党内关系、规范党的领导活动的规范体系，是全面从严治党的重要依据和手段，承载着中国共产党的奋斗目标和职责使命。从工具价值角度来讲，党内法规通过为各级党组织和广大党员提供政治引导、明确职责定位、规范言论行动，有效维护党的团结统一，保证党内生活的规范有序；通过保障和规范党的领导活动，巩固党的长期执政地位，提高党的执政能力和领导水平，确保中国共产党始终成为中国特色社会主义事业的坚强领导核心。从实体价值角度来讲，党内法规是为了保持中国共产党的初心和使命，为了促进实现“两个一百年”奋斗目标和中华民族伟大复兴的中国梦，最终是为了实现共产主义。运用价值分析方法，深入研究党内法规制度背后的目标追求、价值导向、理念信念，对于准确把握党内法规制度建设的科学内涵、价值目标具有重要意义。

（四）比较分析方法

比较分析方法，是指按照特定的指标系统将客观事物加以比较，以求认识事物的本质和规律并作出正确评价的方法。不同国家政党的规章制度往往具有不同的阶级性质，体现不同的政治立场，呈现不同的内容要素。对这些政党规章制度进行横向比较，是党内法规学的一种重要研究方法。其意义在于，通过比较，找出这些制度在功能定位、价值取向、规范效力、体系构成、具体要求等方面的共性和差异，吸收借鉴对党内法规制度建设有益的经验和成果，发现党内法规自身的个性和特点，明确党内法规制度建设的发展方向和立足点。运用比较分析方法时，要特别注意将不同国家的政党规章制度置于各自的政治、经济、文化、社会等背景中去考察和研究，不能片面地或者孤立地去认识。要通过比较分析，深入把握党内法规现象背后蕴含的与国家性质、社会制度、政治体制、政党制度等的内在联系，在制度内容和治理效能的对比中深刻认识中国特色社会主义制度和国家治理体系的显著优势，深刻认识中国共产党领导是中国特色社会主义制度的最大优势，深刻认识党内法规是中国共产党管党治党、执政治国的重要依据，不断坚定“四个自信”。

（五）历史分析方法

历史分析方法，是指运用历史资料，按照历史发展的顺序，对特定对象的发展过程进行研究的方法，是哲学社会科学研究的一个重要面向。党内法规是不断发展变化的，只有将党内法规现象放在历史的过程中去研究，才能准确把握其内在实质和发展逻辑。党内法规学研究应当坚持唯物史观，全面收集整理一手的历史资料，从中梳理出党内法规现象发展的历史脉络，注意把握发展的阶段性特征以及各历史阶段之间的内在联系，深刻认识这一进程的前进性和曲折性，客观分析各种党内法规现象，进而总结出党内法规的发展完善规律。要深刻认识党内法规赖以存在和发展的历史环境以及党内法规现象背后的历史逻辑，防止党内法规研究主观臆断、以偏概全，脱离所处时代的客观历史条件。要发展地而不是静止地看待党内法规现象，结合党内法规历史发展进程，寻找各种历史现象之间的因果关系，分析实然状况的历史原因，科学预测其未来发展走向。

（六）逻辑分析方法

逻辑分析方法，是指侧重对制度规范及其相互之间的关系进行研究的方法。其基本特征是研究规范的建构和规范体系的完善，研究规范的逻辑演绎和规范设计，注重从规范本身出发解决实践中的问题。这种研究方法在研究制度现象的学科中运用比较普遍，比如在法学研究中，逻辑分析就是一种重要研究方法，对党内法规学而言也不例外。加强对党内法规规范研究，对相关概念、原则、规则之间的逻辑关系进行分析，使之更为完整、统一、精确，有利于全面客观把握法规内涵，指导党内法规准确适用，完善党内法规体系，这对于推进党内法规理论研究和实践发展都是不可或缺的。

上述这些研究方法各有侧重、互为补充，对深化党内法规学研究都具有重要意义，在实践中往往结合起来使用。除这些方法外，还可以针对不同的主题，在特定的领域，灵活采取实证研究等其他研究方法。

小　结

> 党内法规学是党内法规实践长期发展和党内法规研究不断深化的结果。党内法规学以党内法规为研究对象，与法学、政治学、党建学等学科既有密切联系又有明显区别，可以作为一门独立的

新兴学科。党内法规学研究，必须以马克思主义方法论为指导，综合运用辩证、系统、价值分析、比较分析、历史分析、逻辑分析等研究方法，才能不断发展并走向成熟。

思考题

1. 党内法规学的发展背景是什么？
2. 党内法规学的研究对象是什么？
3. 如何认识党内法规学与相邻学科的关系？
4. 党内法规学的研究方法主要有哪些？

▶即测即评

▶拓展资源

第一章　党内法规的一般原理

导　语

党内法规的一般原理，是指关于党内法规一般性问题、普遍性问题的基本认识，是党内法规的基础理论。学习党内法规学，首先要掌握党内法规的一般原理。本章回顾了党内法规概念的历史演变，介绍了什么是党内法规，将党内法规概念与其他相关概念作了辨析，总结了党内法规的特征和分类，阐释了党内法规的效力和作用，并对党内法规体系的意义和构成进行了论述。

第一节　党内法规的概念

一、“党内法规” 概念的历史演变

（一）“党内法规”概念的提出

党内法规作为中国共产党管党治党的制度实践，自中国共产党诞生之时即已存在；“党内法规”作为一个概念，则是在中国共产党发展到一定阶段才提出来的。

第一次正式提出“党内法规”概念的是毛泽东。1938 年 9 月 29 日至 11 月 6 日，中国共产党在延安召开第六届中央委员会扩大的第六次全体会议。会上，毛泽东作了《论新阶段》的政治报告，指出：“必须重申党的纪律：（一）个人服从组织；（二）少数服从多数；（三）下级服从上级；（四）全党服从中央。谁破坏了这些纪律，谁就破坏了党的统一。……为使党内关系走上正轨，除了上述四项最重要的纪律外，还须制定一种较详细的党内法规，以统一各级领导机关的行动。”[①] “党

① 毛泽东：《中国共产党在民族战争中的地位》（1938 年 10 月 14 日），载《毛泽东选集》第 2 卷，人民出版社 1991 年版，第 528 页。

内法规”这一概念从此正式走上了历史舞台。[①] 在1955年3月召开的中国共产党全国代表会议上，毛泽东再次提及“党内法规”：“各种正确的政策，正确的党内法规，这样一些言论、行动，当然要积极支持，打成一片。”[②]

中国共产党的领导人有时也根据特定语境，将党内法规称作“党规党法”“党的法规”等。比如，在扩大的六届六中全会上，刘少奇代表中共中央规则起草委员会作了《党规党法的报告》。1945年5月14日，刘少奇在中国共产党第七次全国代表大会上作《关于修改党章的报告》时指出，“党章，党的法规，不仅是要规定党的基本原则，而且要狠抓这些原则规定党的组织之实际行动的方法，规定党的组织形式与党的内部生活的规则”。[③] 1978年12月13日，邓小平在为中国共产党第十一届中央委员会第三次全体会议作准备的中央工作会议闭幕会上指出：“国要有国法，党要有党规党法。党章是最根本的党规党法。没有党规党法，国法就很难保障。”[④] 这是中国共产党的领导人第一次对党规与国法关系作出深刻阐述。

（二）“党内法规”概念的确立

第一次将“党规党法”概念写入中共中央文件，是1980年2月中国共产党第十一届中央委员会第五次全体会议。这次全会通过的《关于党内政治生活的若干准则》要求：“全党同志一定要振奋革命精神，彻底肃清林彪、‘四人帮’的流毒，排除各种干扰和阻力，把维护党规党法，切实搞好党风这件关系到四个现代化的成败，关系到

---

① “党内法规”这一提法，是1950年至1953年间毛泽东亲自主持编辑《毛泽东选集》第1卷至第3卷第一版时修改形成的表述。最初的提法是“党规”，相关表述为：“从中央以至地方的领导机关，应制定一种党规……以统一各级领导机关的行动，并使之成为全党的模范。”见中共中央文献研究室、中央档案馆：《建党以来重要文献选编（一九二一——一九四九）》第15册，中央文献出版社2011年版，第646页。

② 毛泽东：《在中国共产党全国代表会议上的讲话》（1955年3月），载《毛泽东文集》第6卷，人民出版社1999年版，第400页。

③ 此报告原题为《关于修改党章的报告》，1950年1月经作者校阅，改名为《论党》。见《刘少奇选集》上卷，人民出版社1981年版，第316页。

④ 邓小平：《解放思想，实事求是，团结一致向前看》（1978年12月13日），载《邓小平文选》第2卷，人民出版社1994年版，第147页。

党和国家前途和命运的大事做好，使我们党成为更加团结一致，更加朝气蓬勃，更加具有战斗力的无产阶级先锋队组织。”

第一次将“党内法规”概念写入中共中央文件，是 1981 年 6 月中国共产党第十一届中央委员会第六次全体会议。这次全会通过的《关于建国以来党的若干历史问题的决议》明确指出：“中央和各级纪律检查委员会的建立，《关于党内政治生活的若干准则》和其他有关党内法规的制定，各级党的领导机关和纪律检查机关为纠正不正之风所做的工作，提高了党的战斗力。”

第一次以党内法规的形式将“党内法规”的概念确立下来，是 1990 年 7 月中共中央印发的《中国共产党党内法规制定程序暂行条例》。这标志着“党内法规”概念从此不再仅是领导同志讲话用语、文件用语，而真正成为具有党内法规依据和党内法规效力的规范用语。

第一次将“党内法规”的概念载入党章，是 1992 年 10 月中国共产党第十四次全国代表大会。这次会议修改后的《中国共产党章程》明确规定，党的各级纪委的主要任务之一是“维护党的章程和其他党内法规”。

此后，“党内法规”概念开始被经常使用。比如江泽民指出，“各级党组织和每个党员都要严格按照党的章程和党内法规行事，严格遵守党的纪律”①；胡锦涛提出，“要适应新形势新任务的要求，加强以党章为核心的党内法规制度体系建设”②。特别是中共十八大以来，以习近平同志为核心的党中央高度重视党内法规制度建设，就加强党内法规制度建设作出一系列重大决策部署。伴随着 2012 年《中国共产党党内法规制定条例》《中国共产党党内法规和规范性文件备案规定》《中共中央办公厅关于开展党内法规和规范性文件清理工作

① 江泽民：《在庆祝中国共产党成立八十周年大会上的讲话》（2001 年 7 月 1 日），载《改革开放三十年重要文献选编》（下），人民出版社 2008 年版，第 1181 页。

② 胡锦涛：《认真学习贯彻党章，为加强党风廉政建设和反腐败工作奠定坚实基础》（2006 年 1 月 6 日），载《十六大以来重要文献选编》（下），中央文献出版社 2008 年版，第 181 页。

的意见》相继印发，“党内法规”概念在党内法规和中央文件中出现的频率明显提高。2014 年中共十八届四中全会通过的《中共中央关于全面推进依法治国若干重大问题的决定》明确将“形成完善的党内法规体系”确立为建设中国特色社会主义法治体系的重要组成部分。2016 年，《中共中央关于加强党内法规制度建设的意见》印发施行。2019 年，《中国共产党党内法规制定条例》修订出台。目前，“党内法规”已经成为一个被广泛使用的重要概念，不仅在中国共产党党内被领导同志、各级党组织和广大党员经常使用，而且逐步发展成为社会公众关注的热词和学界研究的热点。

二、“党内法规” 概念的界定

“党内法规”的概念问题，是党内法规理论和实务的核心问题，也是党内法规学最基础的问题，党内法规的整个体系和党内法规学的整个体系都奠基其上。关于什么是“党内法规”，2019 年修订出台的《中国共产党党内法规制定条例》第 3 条明确规定：“党内法规是党的中央组织，中央纪律检查委员会以及党中央工作机关和省、自治区、直辖市党委制定的体现党的统一意志、规范党的领导和党的建设活动、依靠党的纪律保证实施的专门规章制度。”这是中共中央提出的具有规范效力的定义，也是最权威的关于“党内法规”概念的界定。这一定义主要包括六个方面的构成要素。

（一）主体要素

党内法规应当由特定的党组织制定，这是关于党内法规制定主体的要求。根据《中国共产党党内法规制定条例》第 3 条规定，有权制定党内法规的限于三方面的主体，即党的中央组织，中央纪律检查委员会以及党中央工作机关，省、自治区、直辖市党委。此外，确有必要的，经党中央批准，有关中央国家机关部门党委可以就特定事项制定党内法规。上述主体以外的其他各个层级、各个类型的党组织均无权制定党内法规。之所以将党内法规制定主体限定在特定范围，主要是因为：中国共产党是一个统一的组织体系，党内法规对党的领导和党的建设活动中的重要事项作出规定，具有较高效力，如果对其制定权作广泛授予，就有可能造成许多党组织对这些事项各自作出规定进而相互交叉、重复、“打架”，损害中国共产党的团结统一。将党内法规制定主体限定在较少数量、较高层级的党组织，有利于维护党内法规的严肃性和权威性，保证党内法规相互之间协调统一，同时有利于维护党中央权威和集中统一领导。

（二）本质要素

在本质上，党内法规是中国共产党统一意志的体现。《中国共产党章程》总纲部分规定，“努力造成又有集中又有民主，又有纪律又有自由，又有统一意志又有个人心情舒畅生动活泼的政治局面”；第10条规定，“党是根据自己的纲领和章程，按照民主集中制组织起来的统一整体”。这表明，中国共产党是具有统一意志的统一整体。党的统一意志一旦形成，就要以刚性的党内法规将其确立下来，并保障其得到贯彻执行。党内法规体现党的统一意志，这一本质特征使党内法规明显区别于其他规范，比如国家法律体现的是国家的意志，群团章程体现的是群团组织的意志。当然，不同的党内法规在体现党的统一意志方面是存在差别的。比如，党章集中体现党的统一意志，其他党内法规在不同层次、不同领域、不同方面具体体现党的统一意志。需要注意的是，党内法规体现的是中国共产党作为一个统一整体，根据民主集中制原则形成的统一意志，不是党员个体意志的简单相加，不是党组织意志的简单折中，也不是领导干部个人意志的体现。

（三）内容要素

党内法规的内容是规范党的领导和党的建设活动。这是关于党内法规调整对象的规定。中国共产党是中国的最高政治领导力量，是领导一切的，总揽全局、协调各方，这就决定了党内法规必然要涵盖党的领导和党的建设各个方面。中共十九大报告据此提出，“加快形成覆盖党的领导和党的建设各方面的党内法规制度体系”。党内法规既是中国共产党管党治党的重要依据，又是中国共产党实施党的领导活动的重要遵循。当党内法规规范党的建设活动时，调整的是党内关系，即党组织之间的关系、党员之间的关系以及党组织和党员之间的关系，通过“把制度建设贯穿其中”，与党的建设各个领域形成结构性耦合，实现党的建设的制度化。当党内法规规范党的领导活动时，从根本上来讲调整的是党与非党组织之间的关系，即党与人大、政府、政协、监察机关、审判机关、检察机关、武装力量、人民团体、企事业单位、基层群众自治组织、社会组织等之间的关系，范围涵盖党领导经济建设、政治建设、文化建设、社会建设、生态文明建设等经济社会发展的方方面面。

（四）保障要素

党内法规依靠党的纪律来保证实施，这是关于党内法规保障要素的规定。任何一种制度，都要有必要的保障机制，以保障其得到有效实施，否则就有可能形同虚设、束之高阁。区别于国家法律由国家强制力保证实施，道德依靠人们的内心信念、社会舆论来保证实施，党内法规是依靠党的纪律来保证实施的。党章第 39 条规定：“党的纪律是党的各级组织和全体党员必须遵守的行为规则，是维护党的团结统一、完成党的任务的保证。党组织必须严格执行和维护党的纪律，共产党员必须自觉接受党的纪律的约束。”毛泽东在中共六届六中全会上作《论新阶段》的政治报告时指出：“党的纪律是带着强制性的；但同时，它又必须是建立在党员与干部的自觉性上面，决不是片面的命令主义。”这就表明，中国共产党作为马克思主义政党，其纪律是建立在自觉基础上的铁的纪律，自觉遵守党的纪律是党员应当履行的义务，任何党组织和党员都必须毫无例外地遵守党的纪律，无论谁违犯党的纪律都要被追究责任，受到纪律处分。党内法规依靠党的纪律保证实施，既通过党组织和党员的政治觉悟使其得到自觉遵从，又通过纪律的刚性约束和强制来保证其得到遵从，二者缺一不可。

（五）形式要素

党内法规作为党的制度的高级形态，必须有自己独特的外在形式特征，这就是党内法规被定义为“专门”规章制度的原因。首先，党内法规具有特定的名称。根据《中国共产党党内法规制定条例》第 5 条的规定，党内法规的名称为党章、准则、条例、规定、办法、规则、细则。有权党组织制定党内法规时应当规范使用这些名称，不得使用这七种名称之外的名称。中央党内法规可以视情使用七种名称，其他党内法规只能使用后四种名称。其次，党内法规一般还应当具有特定的表述形式。根据《中国共产党党内法规制定条例》第6条的规定，“党内法规一般使用条款形式表述，根据内容需要可以分为编、章、节、条、款、项、目”。采用条款形式表述，是党内法规在文字表述方面的一个重要特点。党内法规以条款形式表述，主要是因为条款形式是规范性的基本体现方式，更适于对党员义务权利和党组织职权职责等问题作出刚性规定。最后，党内法规应当根据规定权限、按照规定程序制定。这是对党内法规制定过程的要求。“根据规定权限”，要求党内法规制定主体必须在自身权限范围内制定党内法规。“按照规定程序”，要求制定党内法规必须严格按照规定的程序进行。对党内法规制定过程提出严格要求，是为了更好体现党内法规的重要性，保证党内法规的质量。总的来看，对党内法规的名称、表述形式、制定过程提出特别要求，有利于维护党内法规的严肃性，将党内法规与党的其他制度形式在形式上区分开来。

（六）属性要素

党内法规属于规章制度，这是党内法规的基本属性。制定党内法规就是立规范、定规矩，对党组织和党员以及其他相关主体作出具有约束力的规定，党组织和党员以及其他相关主体应当严格按照党内法规的规定作为或者不作为，否则就需要承担相应的后果。作为规章制度，党内法规的效力是及于不特定对象的，而不是针对特定主体作出具体决定；党内法规可以普遍长期反复适用，凡受其规范的主体应当始终如一遵循其规定。

需要注意的是，实践中，党内法规概念经常在两种意义上使用：第一种是狭义上的，指代的是“文本”意义上的党内法规，即有权的党组织制定的党章、准则、条例等七种名称的党内法规；第二种是广义上的，指代的是“规范”意义上的党内法规，即党内法规是由若干“部”单行党内法规文本和分散在其他有关法规文件文本中的一条条党内法规规范共同构成的一个制度规范集合体。基于历史与现实的考量，本书关于党内法规的概念主要采用广义上的含义。

三、党内法规与相关概念辨析

长期以来，人们在实践中经常使用一些概念，如党的制度、党的规范性文件、党内法规制度建设等。这些概念与党内法规概念都存在密切联系。准确把握党内法规的概念，有必要将党内法规与这些相关概念严格区分开来。

（一）党内法规与党的制度

党的制度，是指中国共产党各级各类组织为实施党的领导、加强党的建设，针对党组织和党员等主体确立的各种规章制度，是一个内涵丰富、表现形式多样的概念。

党内法规属于党的制度，但又在党的制度中独具个性，是党的制度中的高级形态。所谓高级形态，是指党内法规形式更加规范，制定更加严格，权威性也相对较高。党内法规与党的制度这两个概念具有明显的区别：从制定主体看，党内法规只能由特定的党组织制定，而党的制度的制定主体则范围更广，可以是党的各级各类组织；从表现形式看，党内法规都是成文的，而党的制度有的是成文的，有的则是不成文的，如党内传统惯例等；从外延看，党的制度的外延明显大于党内法规，党的制度不仅包含党内法规，还包含党的规范性文件、党内传统惯例等。

（二）党内法规与党的规范性文件

党的规范性文件，是指中国共产党各级各类组织在履行职责过程中形成的具有普遍约束力，可以反复适用的决议、决定、意见、通知等文件。党的规范性文件包括：中共中央制定的规范性文件；中央纪委以及党中央工作机关和省、自治区、直辖市党委制定的规范性文件；不具有党内法规制定权的党组织制定的规范性文件。

党内法规和党的规范性文件都属于党的制度范畴，都由党组织制定并规范党的领导和党的建设活动，但二者也有明显区别。其一，从制定主体看，党内法规的制定主体是特定的，规范性文件的制定主体范围更加宽泛，还涵盖不具有党内法规制定权的党组织。其二，从规范事项看，根据《中国共产党党内法规制定条例》第4条的规定，制定党内法规，主要就以下事项作出规定：（1）党的各级各类组织的产生、组成、职权职责；（2）党的领导和党的建设的体制机制、标准要求、方式方法；（3）党组织工作、活动和党员行为的监督、考核、奖惩、保障；（4）党的干部的选拔、教育、管理、监督。这就标示出了党内法规和党的规范性文件在规范事项上的一般性差别。同时，该条还明确规定，“凡是涉及创设党组织职权职责、党员义务权利、党的纪律处分和组织处理的，只能由党内法规作出规定”，这就确定了党内法规的专属规范事项。对于上述事项，党的规范性文件一律不得进行创设。其三，从名称看，党内法规使用党章、准则、条例、规定、办法、规则、细则七种专属名称，规范性文件一般使用决议、决定、意见、通知等名称。其四，从表述形式看，党内法规一般采用条款形式进行表述，规范性文件一般采用段落形式进行表述。其五，从审批程序看，党内法规的审批程序更为严格，一般需要经过会议审议批准，规范性文件除会议审议批准外，还可采取领导签批、领导传批的形式审批。其六，从功能看，党内法规与规范性文件各有其长，可以相互补充、相互促进，党内法规重在创设党组织职权职责、党员义务权利、党的纪律处分和组织处理等，规范性文件则侧重于提出政策主张、作出工作部署等。

（三）党内法规与党内法规制度建设

与“党内法规”专指党的规章制度不同，“党内法规制度建设”是一个内涵十分丰富的概念，既是一种动态的过程，也是一个系统的工程。从内容上看，党内法规制度建设不仅包括党内法规的制定，还包括党内法规的实施，以及党内法规制度建设的领导体制、工作机制、队伍建设和工作保障等内容，这些方面互联互动、连成一体。党内法规制度建设的目标是形成完善的党内法规制度体系、高效的党内法规制度实施体系、有力的党内法规制度建设保障体系。

四、党内法规与国家法律、社会规范的关系

党内法规、国家法律、社会规范等共同构成了“中国之制”和

“中国之治”的制度基础。全面推进依法治国总目标是建设中国特色社会主义法治体系，建设社会主义法治国家。建设法治中国，各项工作都要围绕这个总目标来部署、来展开。中共十八届四中全会提出，必须加快形成完备的法律规范体系、高效的法治实施体系、严密的法治监督体系、有力的法治保障体系，形成完善的党内法规体系。习近平强调，要坚持立法先行，坚持立改废释并举，加快完善法律、行政法规、地方性法规体系，完善包括市民公约、乡规民约、行业规章、团体章程在内的社会规范体系，为全面推进依法治国提供基本遵循。[①]这一重要论述，深刻揭示了党内法规与国家法律、社会规范的内在联系，为我们理解和把握三者之间的关系提供了根本指引。将这三类规范共同纳入中国特色社会主义法治体系建设中去统筹、去完善，既是对中国法治建设经验的深刻总结，也是对国家治理体系的丰富发展。

（一）党内法规与国家法律

党内法规与国家法律是两个定位和功能不同的制度规范体系，各有其内容和特点，不可相互混淆，更不能相互替代。二者之间的区别主要是：第一，制定主体和制定程序不同。党内法规是由中国共产党的中央组织，中央纪律检查委员会以及党中央工作机关和省、自治区、直辖市党委按规定程序制定的；国家法律是由国家立法机关依据立法程序制定的。第二，适用范围不同。党内法规适用于中国共产党的党组织和党员以及其他相关主体，国家法律适用于国家机关和武装力量、各政党和社会团体、各企业事业组织和公民等。第三，体现的意志不同。党内法规体现的是中国共产党的统一意志，国家法律直接体现的是国家意志。第四，调整对象不同。党内法规侧重规范中国共产党的领导和建设活动、调整中国共产党的党务关系，国家法律侧重规范社会关系、调整社会秩序。第五，实施保障不同。党内法规以中国共产党的纪律作为实施保障，国家法律由国家强制力保证实施。

实践中有一种观点，认为党内法规的存在不利于维护国家法律的

① 参见习近平：《加快建设社会主义法治国家》（2014 年 10 月 23 日），载《习近平谈治国理政》第 2 卷，外文出版社 2017 年版，第 119 页。

权威。这种将党内法规与国家法律割裂开来、对立起来的认识，是完全错误的。我国是中国共产党领导并长期执政的国家。党内法规是由中国共产党制定的，国家法律是在中国共产党领导下制定的，这就从根本上决定了党内法规与国家法律在本质上必然是统一的，都是党和人民意志的体现，党内法规与国家法律都是中国共产党依法执政的重要手段，都是中国特色社会主义法治体系的重要组成部分。实践中还有一种观点，认为党内法规和国家法律既然都是在中国共产党的领导下制定的，因此不必分得太清楚。这种认识模糊了党内法规与国家法律的边界，也是错误的，容易造成以党内法规代替国家法律或者以国家法律代替党内法规的结果。

（二）党内法规与社会规范

"社会规范"的概念有广义和狭义之分。广义上的社会规范泛指在人类社会生活中调整人们之间交互行为的各种规范，包括法律规范、政治规范、道德规范等。狭义上的社会规范专指一定的社会共同体创造的自治规范。这里指的是狭义上的社会规范。党内法规与社会规范属于不同性质的制度规范，主要区别是：第一，制定主体不同。党内法规是中国共产党的特定组织制定的；社会规范是由一定的基层群众自治组织、行业组织、群团组织等制定的。第二，适用范围不同。党内法规适用于中国共产党的党组织和党员以及其他相关主体；社会规范适用于特定的基层群众自治组织、行业组织、群团组织及其成员。第三，功能定位不同。党内法规是管党治党和执政治国的重要依据；社会规范是各类社会主体自我约束、自我管理的重要依据。第四，实施保障不同。党内法规以中国共产党的纪律作为实施保障；社会规范主要靠道德评判、舆论压力、组织内部处理等方式保证实施。

实践中有一种观点，认为党章和社会组织、群众团体等的章程都属于社会规范，没有什么区别。这种观点忽视了处于长期执政地位的中国共产党与社会组织、群众团体的本质差异，忽视了党章和其他党内法规所具有的独特属性和功能，是完全错误的。

总而言之，党内法规与国家法律、社会规范虽然具有不同属性，但又殊途同归，从不同方面同向发力、同时发力，共襄中国特色社会主义法治事业和国家治理现代化，并在根本上统一于中国共产党的领导。中国共产党通过党内法规规范党的领导和党的建设活动，要求党员、干部带头遵守国家法律；依照国家法律领导人民通过各种途径和形式管理国家事务，管理经济文化事业，管理社会事务；通过号召引领完善包括市民公约、乡规民约、行业规章、团体章程在内的社会规范体系，支持各类社会主体自我约束、自我管理，发挥社会规范在国家治理中的积极作用。

关于中国共产党的领导地位，党章这一党的根本大法和宪法这一国家根本法都作了明确规定，一些重要的中共中央文件还要求将坚持党的全面领导体现在国家法律和社会规范中。比如，2019 年印发的《中共中央关于加强党的政治建设的意见》提出，贯彻落实宪法规定，制定和修改有关法律法规要明确规定党领导相关工作的法律地位；将坚持党的全面领导的要求载入人大、政府、法院、检察院的组织法，载入政协、民主党派、工商联、人民团体、国有企业、高等学校、有关社会组织等的章程，健全党对这些组织实施领导的制度规定，确保其始终在党的领导下积极主动、独立负责、协调一致地开展工作。

第二节　党内法规的特征

所谓特征，是指可以作为人或者事物特点的征象、标志等。党内法规的特征，是党内法规本质的外化，是在与其他现象和事物的联系和比较中形成的关于党内法规的基本认识。概括而言，党内法规具有以下三个方面的特征。

一、政治性

政治性，是党内法规的首要特征，是党内法规的“灵魂”。党内法规具有鲜明的政治性，从根本上说是由中国共产党作为马克思主义政党的本质属性决定的。政治性是政党的一般属性。一个政党，就是围绕自己的政治纲领、按照自己的政治路线、为实现自己的政治目标而组织起来的政治组织。不讲政治，离开了自己的政治纲领、政治路线、政治目标，也就不成其为政党。旗帜鲜明讲政治，是中国共产党作为马克思主义政党的根本要求。党的一切活动首先是政治活动。党内法规作为中国共产党管党治党、执政治国的重要制度形式，将政治性作为融入血脉的质的规定，贯穿党内法规制度建设始终，方方面面都体现出鲜明的政治性。党内法规的政治性主要体现在以下几个方面。

从形式上看，党内法规是中国共产党作为马克思主义政党的自我规范。党内法规是由特定的党组织制定，用于规范各级各类党组织和广大党员的。这表明，党内法规是以党的政治属性为基础，是中国共产党为了确保各级各类党组织和全体党员团结统一、行动一致而制定的，体现的是党的统一意志。

从功能上看，党内法规服务于党的政治目标。党内法规通过规范党的领导和党的建设活动，加强党的长期执政能力建设、先进性和纯洁性建设，目的是把中国共产党建设得更加有力，确保中国共产党始终成为中国特色社会主义事业的坚强领导核心，更好地为中国人民谋幸福、为中华民族谋复兴。

从内容上看，党内法规体现中国共产党的性质和要求。无论调整的是哪一方面、哪一领域的党务关系或者哪一个具体事项，党内法规都鲜明彰显着中国共产党的性质和宗旨、指导思想和奋斗目标、理论和路线方针政策，归根结底体现的是中国共产党的统一意志和主张。

从保障上看，党内法规以中国共产党的纪律保证实施。党的纪律是建立在自觉基础上的铁的纪律，基于党组织和党员之间的政治关系而存在。这里的“自觉”主要依靠的是党的思想的政治引领以及由此产生的党组织和党员的政治觉悟。党的纪律的刚性，则主要依赖于党的政治影响力和政治约束力。党的纪律可以对党组织和党员施加特定的政治影响，比如对党组织进行改组、解散，对党员予以警告、撤销党内职务、留党察看、开除党籍等。通过这种政治影响，可以使党组织和党员受到政治惩戒，同时对其他党组织和党员产生政治教育作用。

二、规范性

规范性，是党内法规的基础特征。党内法规的规范性，从根本上说是由党内法规本身是一种制度规范的基本属性决定的。制度都具有规范作用。党内法规通过规范党的领导和党的建设活动，从而实现全党统一意志、统一行动、步调一致向前进。鉴于党内法规的制定主体是特定的党组织，且对制定程序和表现形式等都有更为严格的要求，党内法规较党的其他制度而言具有更强的规范性，属于党的制度中的高级形态。党内法规的规范性主要表现在以下四个方面。

一是抽象性。党内法规旨在规范党的领导和党的建设活动，而党的领导和党的建设活动涵盖广泛、千姿百态。要同时适用于众多形态的党的领导和党的建设活动，就离不开概括和抽象，将对党的领导和党的建设活动的共性要求提炼出来，上升为具有高度抽象性的制度安排。一般而言，党内法规的抽象程度越低，适用范围越窄，效力位阶越低；党内法规的抽象程度越高，适用范围越广，效力位阶越高。

二是普遍适用性。这是就党内法规适用范围而言的。党内法规作为制度规范，应当是针对不特定的党组织和党员制定的，只要相关党组织和党员属于特定党内法规的调整范围，就应当无一例外地接受党内法规的拘束，一旦违反就应当无一例外地承担相应的责任。党内法规的普遍适用性体现的是党内法规的公正性，即在党内法规面前，党组织和党员应当一体遵行、没有例外，不允许搞特殊。

三是反复适用性。党内法规作为一种稳定的制度规范，可以被反复适用，一旦出现党内法规规定的情形，即可依照党内法规进行处理。党内法规的反复适用性，有利于增强党组织和党员的行为预期，实现管党治党的目标，降低管党治党的成本。党内法规的普遍适用性和反复适用性，是党内法规与党内人事任免决定、表彰决定、会议活动通知等的重要区别。

四是对制定程序和表现形式等的严格要求。党内法规的规范性不仅体现在其对外的效力和作用上，还体现在对党内法规本身的要求上。比如，党内法规应当经过比一般文件更为严格的制定程序，党内法规应当规范使用党章、准则、条例、规定、办法、规则、细则七种名称，党内法规一般应当使用条款形式表述，党内法规应当具有逻辑严密的规范结构，等等。这些都是党内法规规范性的外在表现，同时也会反过来强化党内法规的规范性。

三、权威性

权威性，是党内法规的重要特征，也是党内法规与一般的社会规范的重要区别。党内法规的权威性主要体现在对中国共产党的党组织和党员的直接拘束力上，也表现为对国家事务和社会事务的深刻影响力方面。党内法规的权威性，从根本上是由制定主体的特定性决定的，与中国共产党长期执政地位密不可分。作为长期执政党制定的党内法规，它不限于调整政党内部事务，要将其调整功能置于治国理政的战略格局中来考量。

从党内拘束力来看，党内法规是特定的党组织经过严格程序制定的行为规则，是严肃的、刚性的，无论是党组织还是党员，都应当认真遵守执行、受其拘束，一旦党组织或者党员违反了党内法规，就要承担相应的责任后果，这是党内法规强制力的反映，是维护党内法规权威性的必需手段。

从外部性效应来看，中国共产党处于总揽全局、协调各方的领导地位，中国共产党长期执政，其领导和执政活动必然会对国家治理和社会事务产生深刻影响。党内法规作为保障和规范党的领导和执政活动的制度规范，对中国共产党与人大、政府、政协、监察机关、审判机关、检察机关等的领导关系作出规定，对中国共产党与社会组织的关系进行调整，对中国共产党领导经济社会事务的范围、事项、方式等进行规范，深刻地影响着国家机关和社会事务，具有很强的外部性效应。

第三节 党内法规的分类

党内法规的分类，是指从一定角度或者根据一定的标准，将党内法规划分为不同的类别。研究党内法规分类，对于准确把握党内法规的内涵外延具有重要意义。实践中，根据不同的标准，可以将党内法规划分为不同的种类。

一、按照制定主体划分

党内法规制定主体在中国共产党的组织体系中处于不同地位，享有不同的制定权限，因此其所制定的党内法规具有不同的效力等级。根据《中国共产党党内法规制定条例》第 9、10、11 条的规定，可以将党内法规分为中央党内法规、部委党内法规、地方党内法规。

中央党内法规，是指中国共产党的中央组织制定的党内法规。它们对全党重大事项、党中央集中统一领导事项等作出规定，发挥着创设制度、定明方向的重要作用。比如《关于新形势下党内政治生活的若干准则》《中国共产党重大事项请示报告条例》等。

部委党内法规，是指中央纪律检查委员会以及党中央工作机关为贯彻执行中央党内法规，或者履行党章和中央党内法规规定的党的工作相关职责而制定的党内法规。它们是加强和规范党的各方面工作的重要遵循。比如，为贯彻落实中共中央办公厅、国务院办公厅印发的《领导干部干预司法活动、插手具体案件处理的记录、通报和责任追究规定》，中央政法委出台了《司法机关内部人员过问案件的记录和责任追究规定》；为更好履行干部管理职责，中央组织部出台了《关于组织人事部门对领导干部进行提醒、函询和诫勉的实施细则》。

地方党内法规，是指省、自治区、直辖市党委为贯彻执行中央党内法规，或者履行党章和中央党内法规规定的领导本地区经济社会发展和负责本地区党的建设相关职责而制定的党内法规。它们是加强和规范党的各地方工作的重要遵循。比如，《中国共产党地方委员会工作条例》出台后，许多省、自治区、直辖市党委都制定了党委常委会工作规则。

二、按照调整对象划分

根据党内法规调整的党务关系的不同，可以将党内法规分为党章以及党章统领下的党的组织法规、党的领导法规、党的自身建设法规、党的监督保障法规。

党章的全称是《中国共产党章程》。党章是中国共产党的根本大法，是全党必须遵循的总规矩。党章涵盖党的领导和党的建设各方面内容，在党内法规体系中效力位阶最高，具有“母法”地位和“基石”作用。

党的组织法规主要规范党的中央组织、地方组织、基层组织、党组、党的纪律检查机关、党的工作机关等各级各类组织的产生和职责等事项，为管党治党、执政治国提供组织制度基础。比如《中国共产党地方委员会工作条例》《中国共产党支部工作条例（试行）》《中国共产党地方组织选举工作条例》等。

党的领导法规主要规范中国共产党的领导和执政活动，规范调整中国共产党与人大、政府、政协、监察机关、审判机关、检察机关、武装力量、人民团体、企事业单位、基层群众自治组织、社会组织等之间的领导与被领导关系，提高党科学执政、民主执政、依法执政的能力和水平，确保党发挥总揽全局、协调各方的领导核心作用。比如《中国共产党宣传工作条例》《中国共产党统一战线工作条例（试行）》《中国共产党政法工作条例》《中国共产党农村工作条例》等。

党的自身建设法规主要规范中国共产党的政治建设、思想建设、组织建设、作风建设和纪律建设等自身建设活动，坚持把制度建设贯穿其中，深入推进反腐败斗争，深化党的建设制度改革，切实提高党的建设质量，保持和发展党的先进性和纯洁性，不断增强党的创造力、凝聚力、战斗力。比如《中国共产党党委（党组）理论学习中心组学习规则》《党政领导干部选拔任用工作条例》《党政机关厉行节约反对浪费条例》《中国共产党廉洁自律准则》等。

党的监督保障法规主要规范对党组织的工作、活动和党员思想、行为的监督、考核、奖惩、保障等事项，重点是规范党的领导机关、领导干部用权行为，促进党员履行义务，保障党员民主权利，形成有权必有责、有责要担当、用权受监督、失责必追究的权力运行和制约机制。比如《中国共产党党内监督条例》《中国共产党党员权利保障条例》等。

三、按照名称划分

党内法规的名称，反映党内法规的基本内容、适用范围、效力位阶，对于党内法规的制定、遵守、执行具有重要意义。根据《中国共产党党内法规制定条例》第 5 条的规定，党内法规的名称为党章、准则、条例、规定、办法、规则、细则。这就意味着，以党内法规的名称为标准，可以将党内法规分为七种。这七种党内法规大致可以分为四个层次。

1. 党章。党章是最根本的党内法规，是制定其他党内法规的基础和依据。

2. 准则。准则是对党章的重要补充，集中体现了党章的精神，对全党政治生活、组织生活和全体党员行为等作出基本规定。在党内法规体系中，准则是效力仅次于党章的重要党内法规，属于基础主干党内法规，具有很高的权威性和稳定性。现行有效的准则有三部：一是 1980 年 2 月中共十一届五中全会通过的《关于党内政治生活的若干准则》；二是 2016 年 10 月中共十八届六中全会通过的《关于新形势下党内政治生活的若干准则》；三是 2015 年 10 月中共中央印发的《中国共产党廉洁自律准则》。

3. 条例。条例是党章精神和党章规定的具体化，对中国共产党的某一领域重要关系或者某一方面重要工作作出全面规定，是党的领导活动和党的建设工作的基本遵循。党内法规体系各领域都有一定数量的条例，比如《中国共产党机构编制工作条例》《党政领导干部选拔任用工作条例》《中国共产党党内监督条例》《中国共产党纪律处分条例》《中国共产党问责条例》《中国共产党党员权利保障条例》等。

4. 规定、办法、规则、细则。这四种党内法规对中国共产党的某一方面重要工作的要求和程序等作出具体规定，实践中占党内法规的绝大多数。其中，规定是调整党内生活中的一般性问题或者某一方面工作的党内法规，规范的范围和对象比较集中，措施和要求比较具体，比如《党政主要负责人履行推进法治建设第一责任人职责规定》。办法是对开展某项工作的方法、步骤和措施作出规定的党内法规，具有较强的程序性、针对性和可操作性，比如《领导干部个人有关事项报告查核结果处理办法》。规则是对党的有关组织运行机制以及工作程序方法作出规定的党内法规，比如中共中央决策议事协调机构的工作规则、《中国共产党纪律检查机关监督执纪工作规则》等。细则是为保证综合性党内法规正确实施而制定的配套规范，或者对一些具体事项作出规定的党内法规，比如《中国共产党发展党员工作细则》。细则常常对综合性党内法规中有关内容的含义、界限、程序、责任等进行细化、具体化，具有很强的可操作性。

此外，关于党内法规还有其他一些分类，比如以创新程度为标准，可以将党内法规分为创制性党内法规和配套性党内法规；以在党内法规体系中所处的地位为标准，可以将党内法规分为基础主干党内法规和从属性党内法规；以调整领域的范围为标准，可以将党内法规分为综合性党内法规和专门性党内法规；以适用事项的普遍程度为标准，可以将党内法规分为一般党内法规和特别党内法规等。这些分类反映了对党内法规不同的认识角度，都具有一定的理论研究和实践价值。

第四节 党内法规的效力

一、党内法规效力的概念及范围

党内法规效力，简而言之，就是党内法规的约束力；具体而言，是指党内法规在何种范围、何种程度上得以实施的保护力和拘束力。此种力量如果对主体行为是提倡激励的，即为党内法规的保护力；如果对主体行为是抑制约束的，即为党内法规的拘束力。这是党内法规效力的一体两面。党内法规之所以能够存在并发挥作用，就在于它对党组织和党员具有实实在在的效力。

凡效力必有效力范围。党内法规的效力范围，也即党内法规的适用范围或者生效范围，是指党内法规效力所及的范围和界限。具体来说，党内法规的效力范围包括时间效力、对象效力，它们是党内法规效力在时间、对象层面的展开。

（一）党内法规的时间效力

党内法规的时间效力，即党内法规的效力在时间上的延续期间，包括党内法规效力起始和终止的期限以及有无溯及力的问题。

党内法规的生效时间，是指党内法规从何时起开始发生效力。党内法规的生效是党内法规得以适用的前提。关于党内法规生效时间的规定，目前主要有三种情况：一是规定自发布之日起生效。比如，2016 年 10 月 27 日中共十八届六中全会审议通过的《中国共产党党内监督条例》第 47 条规定："本条例自发布之日起施行。"具体发布日期在印发党内法规的通知或者党内法规文本的题注中明确。二是规定具体生效时间。生效时间多数情况下与党内法规发布的时间相同，但有时也会是党内法规发布后的某一个特定时间。比如，2018 年 8 月修订的《中国共产党纪律处分条例》第 142 条规定："本条例自 2018 年 10 月 1 日起施行。"具体生效时间一般在党内法规文本或者印发通知中明确。实践中规定一个与党内法规发布日期不同的生效日期，往往是因为有的党内法规的实施客观上需要具备相应的条件和基础，在发布日期之后、生效日期之前设置一个准备期，有利于相关方面为党内法规实施做好准备，保证党内法规生效后得到较好实施。三是以会议审议通过的日期为生效日期。比如，2016 年 10 月中共十八届六中全会通过的《关于新形势下党内政治生活的若干准则》，文内并未规定具体生效日期，而是在题注中标注"2016 年 10 月 27 日中国共产党第十八届中央委员会第六次全体会议通过"，这表明该准则是从 2016 年

10月27日起生效的。

党内法规的失效时间，是指党内法规的效力从何时开始终结。由于党内法规是一种很正式的较高形态的党的制度，因此，关于党内法规的失效，必须采取明示的方式，而不能采取默认的方式；必须由有权的党组织按照规定程序作出决定，而不能由其他党组织或者党员个人自行判断。实践中，党内法规的失效时间主要包括两种情况：一是新的党内法规明确废止相关的旧的党内法规，旧的党内法规在新的党内法规生效的同时失效。比如，2015年12月中共中央印发的《中国共产党地方委员会工作条例》第33条规定："本条例自2015年12月25日起施行。1996年4月5日中共中央印发的《中国共产党地方委员会工作条例（试行）》同时废止。"二是以专门决定的形式对现行党内法规作出废止或者宣布失效的处理，相关党内法规自决定发布之日起失去效力。比如，2013年7月29日印发的《中共中央关于废止和宣布失效一批党内法规和规范性文件的决定》废止162件中央党内法规和规范性文件，宣布138件中央党内法规和规范性文件失效。

党内法规的溯及力，是指党内法规对其生效之前的事件或者行为是否具有效力，即党内法规能否溯及既往。如果得以适用，则表明党内法规有溯及力；如果不能适用，则表明党内法规无溯及力。通常情况下，只能将制度适用于其生效之后发生的事件或者行为，不能将今天的制度适用于昨天发生的事件或者行为，要求有关主体承担当时不存在的制度确定的责任。国家立法和党内法规都是如此。当然，不溯及既往原则并非没有例外，个别情况下也可以将新的制度适用于过去，但是必须遵循有利追溯原则。比如，在刑法上实行从旧兼从轻原则，即新法不认为是犯罪或者处罚较轻时，可以适用新法。与之相类似，实践中对党内法规溯及力问题一般也按照从旧兼从轻原则处理，即党内法规对其生效之前的事件或者行为原则上不具有溯及力，但当新旧党内法规对同一事项有不同规定且依照新的党内法规对有关党组织或者党员更为有利时，则可以依照新的党内法规处理。比如，2018年10月1日起施行的《中国共产党纪律处分条例》第142条第2款明确规定："本条例施行前，已结案的案件如需进行复查复议，适用当时的规定或者政策。尚未结案的案件，如果行为发生时的规定或者政策不认为是违纪，而本条例认为是违纪的，依照当时的规定或者政策处理；如果行为发生时的规定或者政策认为是违纪的，依照当时的规定或者政策处理，但是如果本条例不认为是违纪或者处理较轻的，依照本条例规定处理。”

（二）党内法规的对象效力

党内法规的对象效力，即党内法规对哪些主体具有效力。国家立法在对象效力上采取“以属地主义为主，属人主义和保护主义为辅”原则，即原则上凡在中国领土上的公民、法人和其他组织，均应受我国立法的拘束；具有中国国籍的公民即使身处海外，仍然受我国立法的拘束和保护；如果损害我国利益，即使违法者是具有其他国家国籍的公民或者无国籍人，也应受我国立法的拘束。与之不同的是，党内法规的对象效力主要限于中国共产党的党组织和党员。这实际上采取的是“属人主义”原则，只不过这里的“人”既包括党员，也包括党组织。中国共产党是由具有共同理想和目标的人自愿结合在一起而形成的。无论这些党组织和党员是在国内还是在国外，只要其具有党组织和党员的特定政治身份，就应当接受党内法规的约束。

根据党内法规制定主体的不同，党内法规适用于不同范围的党组织和党员。党的中央组织制定的党内法规适用于各级各类党组织和全体党员。中央纪律检查委员会以及党中央工作机关制定的党内法规虽然调整的是某一领域或者某一方面的工作，但也是面向全党的，需要适用于各级各类党组织和全体党员。省、自治区、直辖市党委制定的党内法规则仅适用于本省、自治区、直辖市范围内的党组织和党员。

二、党内法规的效力位阶

党内法规的效力位阶，也即党内法规的效力等级，是指不同层级的党内法规具有不同的效力，由此形成相互关联而又层次分明的效力等级体系。《中国共产党党内法规制定条例》第31条规定，“制定党内法规，应当严格遵循效力位阶要求”。党内法规的效力位阶，直接体现的是不同党内法规在党内法规体系中的不同层级，效力层级高的是上位党内法规，效力层级低的是下位党内法规，间接体现的是不同的党内法规制定主体在中国共产党的组织体系中所处的不同地位。根据中国共产党的民主集中制原则，下级党组织服从上级党组织，各个党组织和全体党员服从中国共产党全国代表大会和中央委员会。不同层级的党组织具有不同的党内地位，其制定的党内法规因而具有不同的效力。明确党内法规的效力层级，有利于避免和化解党内法规之间发生的冲突，维护党内法规体系的统一性。以党内法规制定主体这一要素为标准，党内法规的效力位阶可以分为三个层次：中央党内法规、部委党内法规、地方党内法规。

（一）中央党内法规

中央党内法规，即中国共产党的中央组织制定的党内法规，着重解决“面”上的重大问题。由于中央组织在中国共产党的组织体系中地位最高，且中央党内法规规定的都是涉及全党的重大问题，因此，在党内法规体系中，中央党内法规的层级最高，效力最高。《中国共产党党内法规制定条例》第31条规定，“中央党内法规的效力高于中央纪律检查委员会以及党中央工作机关和省、自治区、直辖市党委制定的党内法规，中央纪律检查委员会以及党中央工作机关和省、自治区、直辖市党委制定党内法规不得同中央党内法规和规范性文件相抵触”。党章是由中国共产党全国代表大会制定的，也属于中央党内法规，而且是最重要的中央党内法规。《中国共产党党内法规制定条例》第31条还规定，“党章在党内法规中具有最高效力，其他任何党内法规都不得同党章相抵触”。这表明，党章在整个党内法规体系中居于最高位阶，具有最高效力，其他中央党内法规、部委党内法规、地方党内法规都必须以党章为根本，不得同党章相抵触。

（二）部委党内法规

部委党内法规，即中央纪律检查委员会以及党中央工作机关制定的党内法规，着重解决“条”上的重要问题。在党中央集中统一领导下，中央纪委和党中央工作机关在职责范围内，立足规范本领域本系统工作制定部委党内法规，发挥承上启下的作用。在效力位阶上，部委党内法规效力低于中央党内法规，同时根据《中国共产党党内法规制定条例》第31条规定，“中央纪律检查委员会以及党中央工作机关制定的党内法规的效力高于省、自治区、直辖市党委制定的党内法规，省、自治区、直辖市党委制定党内法规不得同中央纪律检查委员会以及党中央工作机关制定的党内法规相抵触”。部委党内法规的效力高于地方党内法规，这是由中央纪委以及党中央工作机关和省、自治区、直辖市党委在党内所处的不同地位决定的。在中国共产党的组织体系中，中央纪委以及党中央工作机关在中共中央领导下，或者是主管党的某一方面工作，或者是协助党中央办理某一方面重要事务，或者是代表党中央领导相关领域工作，其就职权范围内有关事项制定的党内法规，都是面向全党、普遍适用的，因此，其效力应当高于省、自治区、直辖市党委制定的党内法规。

（三）地方党内法规

地方党内法规，即省、自治区、直辖市党委就职权范围内有关事项制定的党内法规，着重解决“块”上的重要问题。地方党内法规对于贯彻落实党中央重大决策部署，确保全面从严治党、依规治党要求在本地区落实落地发挥着重要作用。从效力层级上看，地方党内法规在党内法规体系中位阶和效力相对较低。制定地方党内法规时，必须以中央党内法规为依据，不得同中央党内法规和规范性文件以及部委党内法规相抵触。

三、党内法规效力冲突的解决

党内法规的效力冲突，是指党内法规之间就同一问题作出不同的规定，在效力上发生矛盾。党内法规的效力冲突，有时是不同党内法规制定主体对同一问题的认识不同造成的，有时是同一党内法规制定主体在不同时期对同一问题的认识不同造成的，具有一定的现实性。主要有四种表现形式：一是不同位阶的党内法规之间的效力冲突；二是同一位阶的党内法规之间的效力冲突；三是同一主体制定的新旧党内法规之间的效力冲突；四是同一主体制定的一般党内法规与特别党内法规之间的效力冲突。

对不同类型的党内法规效力冲突，应当适用不同的冲突规则加以解决。实践中，主要有以下冲突解决规则：一是上位法规优于下位法规。对于不同位阶党内法规之间的效力冲突，应当适用“上位法规优于下位法规”原则，即以效力位阶高的上位党内法规为准。二是新法规优于旧法规。同一主体制定的新旧党内法规之间的冲突，应当适用“新法规优于旧法规”原则，即以新的党内法规为准。《中国共产党党内法规制定条例》第 33 条规定，同一制定机关制定的党内法规，旧的规定与新的规定不一致的，适用新的规定。三是特别法规优于一般法规。同一主体在某一领域制定的一般党内法规与特别党内法规之间的冲突，应当适用“特别法规优于一般法规”原则，即优先适用特别党内法规。《中国共产党党内法规制定条例》第 33 条规定，同一制定机关制定的党内法规，一般规定与特别规定不一致的，适用特别规定。四是提请中共中央处理。同一位阶的不同主体制定的党内法规之间的冲突，应当由中共中央解决。《中国共产党党内法规制定条例》第 32 条规定，不同部委制定的党内法规对同一事项作出的规定相冲突的，提请党中央处理。

第五节　党内法规的作用

一、党内法规的规范作用

党内法规的规范作用，是指党内法规作为一种规章制度，对于党的领导和党的建设活动具有重要的规范作用。党内法规的规范作用，是党内法规的规范性特征的必然产物，是党内法规的基础性作用，党内法规的保障作用和引领作用均以党内法规的规范作用为基础。

党内法规的规范作用主要包括以下方面。一是指引作用。党内法规通过规定党组织的职权职责、党员的义务权利以及违反党内法规所承担的责任，为党组织和党员提供比较明确的方向指引，从而达到规范党的领导和党的建设活动的目的。根据指引的确定性程度，又可分为确定性指引和不确定性指引，前者要求党组织和党员作出或者抑制一定的行为，后者在指引时给党组织和党员一定的选择权。二是评价作用。党内法规将符合党的性质和宗旨、有利于保持党的先进性和纯洁性的行为规范确立下来，据此为党组织和党员确立了行为评价的标准和尺度。这种评价有时是肯定性的，有时是否定性的。通过党内法规的评价，可以影响党员的价值判断和是非观念，进而影响党的领导和党的建设活动。三是预测作用。党内法规具有规范性和稳定性的特征，对行为模式和法规后果都作了明确规定，因此，党组织和党员可以根据党内法规，准确预测某种行为与党内法规相关后果规定的对应关系，从而作出正确的行为选择。预测能防患于未然，将违规违纪行为消灭于萌芽阶段，比纠错惩戒更为重要。四是教育作用。党内法规的制定和实施都体现了中国共产党对相关方面工作的意志和主张，能够对党组织和党员产生教育作用，对其今后的行为发生重要影响。这种教育作用分为正面教育与反面教育，前者是指当党内法规对特定行为进行鼓励和保障时，可以对党组织和党员起到示范、激励作用，后者是指党内法规对特定行为进行否定、制裁时，可以对党组织和党员起到警示、劝诫作用。五是强制作用。党内法规不仅确立行为规范，而且明确规定要对违反这些行为规范的党组织和党员进行惩处追责，这就体现出了党内法规的刚性、权威性以及对党组织和党员行为的强制性，任何党组织和党员都不得违反或者突破，否则就要接受党内法规的不利制裁。党内法规的强制作用是党内法规整体上能够发挥作用的重要支撑。

二、党内法规的保障作用

党内法规的保障作用，是指党内法规作为管党治党、执政治国的制度形式，在强化党的政治属性、保持和发展党的先进性和纯洁性，加强和巩固党的领导、实现党的执政使命方面所发挥的重要作用。党内法规的保障作用，是党内法规内在的政治性基本属性的必然要求，与中国共产党作为马克思主义政党的性质和作为长期执政党的地位密切相连，目标是把中国共产党建设成为始终走在时代前列、人民衷心拥护、勇于自我革命、经得起各种风浪考验、朝气蓬勃的马克思主义执政党。

在保持和发展党的先进性和纯洁性方面，党内法规坚决贯彻新时代党的建设总要求，以党的政治建设为统领，以坚定理想信念宗旨为根基，以调动全党积极性、主动性、创造性为着力点，全面推进党的政治建设、思想建设、组织建设、作风建设、纪律建设，深入推进反腐败斗争，不断提高党的建设质量。比如，通过党内法规将党的政治建设的要求贯彻落实到党的建设的各方面各环节，不断完善保障“两个维护”的制度机制，坚决维护以习近平同志为核心的党中央权威和集中统一领导；通过党内法规不断巩固马克思主义指导地位，推动全党以党的科学理论武装头脑，牢固树立共产主义远大理想和中国特色社会主义共同理想；通过党内法规贯彻落实新时代党的组织路线，强化党组织的政治功能，提高各级各类党组织和党员干部的政治能力；通过党内法规持之以恒正风肃纪，保持党同人民群众的血肉联系，营造风清气正的政治生态，一体推进不敢腐不能腐不想腐，永葆清正廉洁的政治本色。

在加强和巩固党的领导方面，党内法规坚持和加强党的全面领导，加强党的长期执政能力建设，确保中国共产党始终成为中国特色社会主义事业的坚强领导核心。中国共产党的领导是中国特色社会主义最本质的特征，是中国特色社会主义制度的最大优势。通过党内法规健全总揽全局、协调各方的党的领导制度体系，巩固和完善党的领导，将党的领导落实到改革发展稳定、内政外交国防、治党治国治军各领域各方面各环节，为坚持党的领导提供党内法规依据。比如，制定党领导经济社会各方面重要工作的党内法规，完善地方党委、党组、党的工作机关实施党的领导的体制机制等。同时，通过党内法规改进党的领导方式，增强党依法执政的本领，加强和改善党对国家政权机关的领导，善于使党的主张通过法定程序成为国家意志、转化为法律法规，推动党的领导活动规范化、科学化，保证党更好地承担起执政兴国的政治责任。

三、党内法规的引领作用

党内法规的引领作用，是指党内法规对党组织和党员特别是党员领导干部有较之法律对公民、法人和其他组织更严的要求，可以对国家法律和社会规范产生正面引领作用，影响国家法律和社会规范的有关规定在精神和内容要求上对标党内法规的规定，从而实现以党规引领其他制度、以党风引领政风民风的效果。与党内法规的规范作用主要针对党内不同，党内法规的引领作用主要针对党外，某种程度上可以视为党内法规规范作用的溢出效应。

党内法规的引领作用，从根本上说，是由中国共产党的先进性决定的。中国共产党是中国工人阶级的先锋队，同时是中国人民和中华民族的先锋队，是中国特色社会主义事业的领导核心，代表中国先进生产力的发展要求，代表中国先进文化的前进方向，代表中国最广大人民的根本利益。为了保持党的先进性和纯洁性，党内法规对党员提出了较高标准、较严要求。比如，党章规定，共产党员必须模范遵守国家的法律法规，带头实践社会主义核心价值观和社会主义荣辱观，弘扬中华民族传统美德，为了保护国家和人民的利益，在一切困难和危险的时刻挺身而出等。这些都是共产党员先锋模范作用的具体体现，可以对全社会产生良好的示范带动作用，推动国家和社会层面思想观念的统一、法治意识的增强、道德水平的提升，其中许多要求都已经在国家立法的层面逐步确立下来了。同时，党内法规还对党员领导干部提出了更高标准、更严要求。比如，党章规定，党的各级领导干部必须信念坚定、为民服务、勤政务实、敢于担当、清正廉洁，模范地履行党员义务，有强烈的革命事业心和政治责任感，勤政为民、艰苦朴素，加强道德修养，讲党性、重品行、作表率，反对形式主义、官僚主义、享乐主义和奢靡之风。中共中央办公厅、国务院办公厅印发《关于领导干部带头在公共场所禁烟有关事项的通知》，对领导干部不能在公共场所吸烟提出具体明确的要求和规范。中共中央办公厅、国务院办公厅印发《关于党员干部带头推动殡葬改革的意见》，要求党员、干部带头文明节俭办丧事，带头文明治丧，带头火葬和生态安葬，带头文明低碳祭扫等。这些针对党员领导干部提出的要求，在国家和社会层面产生积极反响，许多已经逐步转化为对一般干部、普通公务员的要求，在公共场所禁烟等要求甚至已经转化为对普通公民的要求，对强化公务员的使命情怀和责任担当，提升全社会的文明程度等都发挥了重要作用。

以上这些都是党内法规引领作用的具体表现。党内法规的引领作用，不仅在客观上反映了中国共产党的先进性和纯洁性，而且为这种先进性和纯洁性提供了刚性的制度保障，对于进一步增进全国各族人民对中国共产党领导核心地位的认同，不断巩固中国共产党的执政地位和执政基础具有重要意义。

第六节　党内法规体系

一、党内法规体系的提出和意义

党内法规体系，是党内法规学中的一个重要概念，也是党内法规制度建设的重要目标之一。党内法规体系是党内法规制度体系的核心组成部分，是由党内法规制度体系中的党内法规构成的、在党内法规制度体系中发挥基础骨干作用的“子体系”。2013 年 11 月中共中央印发的《中央党内法规制定工作五年规划纲要（2013—2017 年）》，提出到建党 100 周年时全面建成内容科学、程序严密、配套完备、运行有效的党内法规制度体系。2014 年 10 月中共十八届四中全会提出，要“形成完善的党内法规体系”。2016 年 12 月出台的《中共中央关于加强党内法规制度建设的意见》要求“到建党 100 周年时，形成比较完善的党内法规制度体系”。2017 年 10 月中共十九大报告指出，“增强依法执政本领，加快形成覆盖党的领导和党的建设各方面的党内法规制度体系”。2019 年 9 月新修订的《中国共产党党内法规制定条例》提出，“形成完善的党内法规体系，推进依规治党”。

党内法规制度建设经历了一个由点到线、由线到面、由面到体的发展历程。历史地看，在中国共产党成立、新中国成立乃至改革开放之后很长一个时期内，中国共产党并未明确提出构建党内法规体系的目标，这是因为早期的党内法规数量不多，主要的矛盾是党内法规供给无法满足党内法规需求，体系化问题不是当时的主要问题。近些年来，在中共中央正确领导下，制定了许多重要党内法规，党内生活的主要领域基本实现了有规可依，为党的各方面工作提供了基本遵循。但是，还存在一些亟待解决的问题，比如一些基础主干党内法规还是空白，缺少一些细化具体的配套性党内法规，一些实践急需的党内法规尚未出台，党内法规"碎片化"现象比较突出，比较零散，缺乏系统性，有些党内法规交叉重复甚至相互冲突。这些问题的存在，严重影响了党内法规制度建设的质量和速度，损害了党内法规的严肃性和权威性。从根本上解决这些问题，必须加强顶层设计和统筹谋划，构建党内法规体系。

党内法规的体系化，不仅是党内法规制度建设完备程度的标志，也是一个政党是否成熟的重要标志。构建党内法规体系，事关党长期执政和国家长治久安，具有重大而深远的意义。一是全面提高党的执政能力和领导水平的必然要求。当前，中国共产党正在进行具有许多新的历史特点的伟大斗争，巩固党的执政地位，不断推进中国特色社会主义伟大事业，都需要不断提高党科学执政、民主执政、依法执政的能力。构建党内法规体系，加强和改进党对各方面工作的领导，有利于全面增强党的执政本领，确保党始终总揽全局、协调各方。二是深入推进全面从严治党的必然要求。加强党内法规制度建设是全面从严治党的长远之策、根本之策。全面从严治党，是新时代党加强自身建设的显著特征，基础在"全面"。只有建立健全党内法规体系，才能不断提高党的制度建设科学化水平，真正把权力关进制度的笼子，从根本上解决党内法规"失之于宽""失之于松""失之于软"的问题，使全面从严治党不断向纵深推进。三是深入推进全面依法治国的必然要求。中共十八届四中全会将"形成完善的党内法规体系"确立为建设中国特色社会主义法治体系的重要组成部分。要深入推进全面依法治国，就必须构建党内法规体系。同时，依规治党对依法治国具有重要的引领和保障作用，只有加快构建党内法规体系，不断健全党领导依法治国的制度和体制机制，把党的领导贯彻落实到依法治国全过程和各方面，才能深入推进全面依法治国，为建设社会主义法治国家提供有力保障。

二、党内法规体系的概念和特征

党内法规体系，是以党章为根本，以民主集中制为核心，以准则、条例等中央党内法规为主干，由各领域各层级党内法规组成的有机统一整体。这个概念包含三个基本构成要素：一是以党章为根本。党章是党内法规体系的原点，是党内法规体系的基石，更是党内法规体系建设的总依据。二是以民主集中制为核心。民主集中制是中国共产党的根本组织原则和领导制度，是马克思主义政党区别于其他政党的重要标志。党内法规体系要紧紧围绕这一核心展开，把民主集中制落到实处。三是有机统一整体。党内法规体系不是一个个党内法规的简单相加，而是将许多党内法规按照科学的原则和标准进行安排，形成立体式、全方位，有机组合、协调统一的整体。这三方面要素从不同方面反映了党内法规体系的实质，对党内法规体系而言都是不可或缺的。

根据《中央党内法规制定工作五年规划纲要（2013—2017年）》，完善的党内法规体系的标准是“内容科学、程序严密、配套完备、运行有效”。这是一个高度抽象的概括。具体来说，完善的党内法规体系应当符合以下特征：一是涵盖党的领导和党的建设各个领域。中国共产党是执政党，既要领导中国特色社会主义伟大事业，又要推进党的建设新的伟大工程，这就要求党内法规体系适应管党治党、执政治国需要，把党的领导和党的建设活动全面纳入制度化、规范化、程序化轨道。二是基础主干党内法规齐全，配套党内法规完备。党内法规体系应当是“一体两翼”，以中央党内法规为主体、发挥基础骨干作用，以部委党内法规和地方党内法规为两翼、发挥配套保障作用。三是党内法规各安其位、系统集成。不同领域党内法规功能清晰、左右联动，不重叠不冲突；不同位阶党内法规层次分明、上下配套，不越位不抵触；不同类型党内法规各就各位、相互匹配，实体性程序性规范不缺位不脱节；不同形式党内法规各展其长、相得益彰。四是党内法规同国家法律衔接协调。实现党规同国法分开，党规严于国法，但又不同国法相抵触，形成党规和国法相辅相成、相互促进、相互保障的格局。

三、党内法规体系的构成

从不同的角度看，党内法规体系可以有不同的构成。比如，从内容看，党内法规体系由主体、行为、监督、惩处、救济等不同规范构成。从功能看，党内法规体系由实体性法规与程序性法规两大类构成。从调整方式看，党内法规体系由义务性规范、禁止性规范、授权性规范、激励性规范、号召性规范等构成。

《中共中央关于加强党内法规制度建设的意见》依据调整对象的不同，将党内法规体系的基本框架概括为“1+4”，即在党章之下，分为党的组织法规、党的领导法规、党的自身建设法规、党的监督保障法规四大板块。

党内法规体系“1+4”的构成，具有以下特点：一是凸显党章统帅地位。党章是中国共产党的总章程总规矩，在整个党内法规体系中居于统帅地位。将党章从四大板块单列出来，有利于形成统领之势，有利于维护党章权威，推动党章精神和党章规定的贯彻落实。二是体现主体、行为、监督“三位一体”。一个完善的制度体系应当是主体、行为、监督“三位一体”的完整闭合系统。依规治党，要解决党组织的产生和职责、党的工作和活动、党的监督和保障三个基本问题。将党内法规体系划分为党的组织法规、党的领导法规、党的自身建设法规、党的监督保障法规四个平行板块，反映制度建设一般规律，符合党内法规制度建设实际。三是契合“大党建”格局。全面从严治党要求树立“大党建”理念，既要认真抓好党的自身建设，又要着力加强和改善党的领导。将党的自身建设法规和党的领导法规各自单独成块，凸显了党的领导法规的重要地位，有利于统筹推进党的建设新的伟大工程和中国特色社会主义伟大事业。总之，这种体系划分方法，坚持周延性与开放性相统一，既揭示了党章与其他党内法规的“源与流”关系、主体行为监督的“三位一体”关系、党的建设和党的领导的服从服务关系，又保持了各板块内部结构的开放性，为制度创新预留充足空间；坚持现实性与前瞻性相统一，既照顾到党内法规制度建设现状，合理摆布现有党内法规在体系中的定位，又能较好适应党内法规体系的动态发展，对未来党内法规制度建设发挥引领带动作用。

四、党内法规体系建设的现状与展望

中共十八大以来，在中共中央的坚强领导下，党内法规制度建设取得重大进展和成效，特别是出台了一系列具有标志性、关键性、引领性的党内法规。截至 2019 年底，全党共有 4 929 部党内法规，其中中央党内法规 231 部、部委党内法规 283 部、地方党内法规 4 415 部，为形成完善的党内法规体系打下了坚实基础。但是，当前党内法规体系建设还存在以下主要问题：一是进展不够平衡。党的组织建设、纪律建设、监督保障方面党内法规数量比较多、制度比较健全，但其他领域党内法规制度建设进展相对缓慢。二是基础主干党内法规还不够齐全。一些重要领域的党内法规仍然失之于散、碎片化，一事多规，缺乏综合性、集成性的条例。三是配套党内法规跟不上。一些位阶较高、综合性较强的党内法规出台后，没有及时制定细化具体、有针对性的配套规定，无法形成上下紧密衔接的制度合力。四是一些党内法规冲突重复、叠床架屋，还有一些党内法规明显滞后于实践。这些问题都需要采取切实措施加以解决。

中共十九大后，中共中央印发了《中央党内法规制定工作第二个五年规划（2018—2022 年）》。该规划坚持目标导向和问题导向相结合，着眼到建党 100 周年时形成比较完善的党内法规制度体系，聚焦补短板、强弱项，对此后五年党内法规体系建设进行顶层设计，是推进新时代党内法规制度建设的重要指导性文件，进一步增强了新时期党内法规制度建设的科学性、系统性和前瞻性。目前各地区各部门正在按照中共中央决策部署，以高度的政治责任感和强烈的历史使命感，加快推进党内法规体系建设。

小 结

党内法规是党内法规学最基础的概念，区别于党的制度、党的规范性文件、党内法规制度建设等概念。党内法规具有政治性、规范性、权威性等特征，按照制定主体、调整对象、名称等标准可以对党内法规作出不同分类。党内法规具有时间效力、对象效力，具有规范作用、保障作用、引领作用。党内法规体系具有重大意义，其构成可以概括为“1+4”的基本框架。

思考题

1. 如何理解党内法规概念的内涵和外延？
2. 如何理解党内法规是党的统一意志的体现，但并非每一部党内法规都适用于全部党组织和全体党员？
3. 党内法规的作用是什么？
4. 为什么将党内法规体系的基本框架概括为“1+4”？

▶即测即评

▶拓展资源

第二章　依规治党

导　语

> 依规治党是指依据党内法规管党治党。本章阐释了依规治党的概念，揭示了依规治党的核心要义，论述了依规治党的重大意义，对如何认识与实践依规治党和依法治国有机统一、如何认识与实践依规治党和以德治党相统一作出了深刻阐述。

第一节　依规治党的概念

一、“依规治党” 概念的提出

中共十八大以来，以习近平同志为核心的党中央在全面从严治党的伟大实践中，创造性地提出“坚持依规治党”，发展了马克思主义政党理论，走出了一条通过依规治党推进全面从严治党的管党治党新路。

“依规治党” 概念的提出经历了一个探索和发展的过程。中共十八届四中全会首次提出“依法执政，既要求党依据宪法法律治国理政，也要求党依据党内法规管党治党”。2015 年 6 月 4 日，习近平在听取十八届中央第六轮巡视情况汇报时的讲话中明确提出“要坚持依法治国、依规治党”，这是中国共产党的领导人第一次正式提出“依规治党”。2015 年 6 月 11 日，中共中央在印发《中国共产党党组工作条例（试行）》的通知中要求“各级党委要从全面从严治党、制度治党、依规治党的战略高度……”，这是中共中央文件首次使用“依规治党” 概念。在中国共产党第十八届中央委员会第五次全体会议上的讲话中，习近平首次提出“全面从严治党、依规治党”，这就明确了全面从严治党要走依规治党的路子。中共十八届六中全会修订出台的《中国共产党党内监督条例》第2条提出“尊崇党章，依规治党”，将“依规治党”概念第一次载入中央党内法规。2017年10月，中共十九大审议通过《中国共产党章程（修正案）》，将“依规治党”写入党章，以党的根本大法的形式确立了“依规治党”这一管党治党的基本方式。

“依规治党”概念的提出，将加强党内法规制度建设的重要性提到前所未有的战略高度，体现了中国共产党在治党理念、治党思维、治党方式上的完善和深化。

二、依规治党与制度治党的关系

依规治党是“制度治党”的下位概念。习近平强调，全面从严治党，核心是加强党的领导，基础在全面，关键在严，要害在治。“全面”就是管全党、治全党，面向各级各类党组织和全体党员，覆盖党的建设各个领域、各个方面、各个部门，重点是抓住“关键少数”。“严”就是真管真严、敢管敢严、长管长严。“治”就是从党中央到省市县党委，从中央部委、国家机关部门党组（党委）到基层党支部，都要肩负起主体责任，党委书记要把抓好党建当作分内之事、必须担当的职责；各级纪委要担负起监督责任，敢于瞪眼黑脸，勇于执纪问责。[①] 在此基础上，习近平进一步强调，“从严治党，最根本的就是要使全党各级组织和全体党员、干部都按照党内政治生活准则和党的各项规定办事”[②]。这就深刻地揭示出这样一个道理，制度治党是全面从严治党的“牛鼻子”，全面从严治党在根本上要靠制度治党。

所谓“制度治党”，就是运用规章制度来引领和保障中国共产党管党治党、执政治国，既建立健全党的领导体制和工作机制，在制度轨道上实施党对一切工作的领导，又把制度建设贯穿党的政治建设、

① 习近平：《在第十八届中央纪律检查委员会第六次全体会议上的讲话》（2016年1月12日），人民出版社2016年版，第16页。

② 习近平：《在党的群众路线教育实践活动总结大会上的讲话》，人民出版社2014年版，第19页。

思想建设、组织建设、作风建设、纪律建设之中，实现党的建设制度化，充分发挥制度教育引导、调整规范、考评奖惩党组织和党员的准绳作用，把党的领导和党的建设活动全面纳入制度化、规范化、程序化轨道。

制度治党具有根本性、统领性、长期性，这是由“制度之治”的优势决定的。古今中外法治实践反复证明，依靠普遍适用、反复适用、长期适用、面向未来适用的规章制度来奉行制度之治，是最稳定最可靠的治理方式。习近平强调：“要把制度建设摆在党的建设的重要位置，以制度建设巩固思想建设、组织建设、作风建设、反腐倡廉建设成果，加强制度执行力建设，为党的长治久安提供坚强制度保障。”① “要坚持用制度管权管事管人……把权力关进制度的笼子里。”②“铲除不良作风和腐败现象滋生蔓延的土壤，根本上要靠法规制度。”③《中共中央关于加强党内法规制度建设的意见》开宗明义提出：“治国必先治党，治党务必从严，从严必依法度。”“从严必依法度”，就是要实行制度治党。中共十八大以来，中共中央坚持问题导向推进全面从严治党，抓思想从严、抓监督从严、抓执纪从严、抓治吏从严、抓作风从严、抓反腐从严。“六个从严”各有侧重，共通的一点是每个“从严”都强调发挥制度的引领和保障作用，每个“从严”都要依靠建章立制提供准绳，每个“从严”都要依据制度衡量是非曲直，贯穿“六个从严”始终的是从严建章立制、从严执规执纪。

制度治党中的“制度”外延比较大，就其所涉范围来看，既包括党内各种规章制度，上至党章党规这种“大制度”，下至党的基层组

① 习近平：《在中共十八届五中全会第二次全体会议上的讲话》（2015 年 10 月 29 日），载中共中央纪律检查委员会、中共中央文献研究室编：《习近平关于严明党的纪律和规矩论述摘编》，中央文献出版社、中国方正出版社 2016 年版，第 127—128 页。

② 习近平：《在庆祝全国人民代表大会成立六十周年大会上的讲话》（2014 年 9 月 5 日），载《十八大以来重要文献选编》（中），中央文献出版社 2016 年版，第 58 页。

③ 习近平：《在十八届中央政治局第二十四次集体学习时的讲话》（2015 年 6 月 26 日），载中共中央文献研究室编：《习近平关于全面从严治党论述摘编》，中央文献出版社 2016 年版，第 187 页。

织制定出台的各种“小微制度”；也包括国家法律制度，上至宪法法律，下至法规规章。就制度形态而言，制度治党中的“制度”既包括成文的规定要求，也包括中国共产党在长期实践中形成的不成文的优良传统和工作惯例，它们对党组织和党员都有约束力。在党组织和党员所应遵循的各类制度中，相对而言，国家法律侧重于划出底线，对包括党组织和党员在内的所有组织和个人提出共性要求，而党内法规则是在国家法律之上进行“二次调整”，对党组织和党员提出更高标准更严要求，专为调整党内关系量身定制；党内法规重在创设党组织职权职责、党员义务权利、针对违规违纪行为的处分处理，而“小微制度”则重在落实党内法规、作出细化配套；党务治理主要靠党内法规定规矩、明遵循，不成文的规矩发挥“拾遗补缺”或者“兜底”作用。

在制度治党的诸多“制度”中，居于脊梁地位、发挥中坚作用的是党内法规。因此可以说，制度治党包括了依规治党，核心是依规治党。

三、依规治党的核心要义

依规治党，是党内法规制度建设中的核心概念，对整个党内法规制度建设具有统领作用。贯彻落实习近平关于制度治党、依规治党的重要论述和党中央关于加强党内法规制度建设的重大决策部署，坚定不移推进依规治党，首先需要准确把握依规治党的核心要义。

适应全面从严治党的新形势新任务新要求，将全面从严治党不断向纵深推进，必须全方位、立体式推进依规治党，坚持制定和实施并重，把管党治党各方面纳入制度化、规范化轨道，推动形成比较完善的党内法规制度体系、高效的党内法规制度实施体系、有力的党内法规制度建设保障体系，不断提高党依据党内法规管党治党的能力和水平。基于这一认识，依规治党的核心要义可以归结为“有规可依、有规必依、执规必严、违规必究”，这四个方面涵盖了依规治党的各方面各领域各环节，形成了一个有机统一的整体，缺一不可。其中，“有规可依”强调的是党内法规的制定问题，“有规必依、执规必严、违规必究”强调的是党内法规的实施问题。

依规治党的前提是有规可依。有规可依，意味着必须有完善的党内法规体系，能覆盖党的领导和党的建设各方面，尽可能做到全覆盖无空白；同时坚持科学立规、民主立规、依规立规，坚持立改废释并举，不断提高党内法规的质量，用良规促善治，为中国共产党管党治党、执政治国提供最优的制度规范。

一是党规必成体系。要为各级各类党组织和全体党员的行为提供制度遵循，仅靠几部党内法规不行，虽有很多党内法规但不成体系也不行，必须形成一个完善的党内法规体系。推进党内法规体系建设，首先，必须科学确立党内法规体系的基本框架，按照“规范主体、规范行为、规范监督”相统筹相协调原则，努力构建以“1+4”为基本框架的党内法规体系。其次，必须在党章的基础上抓紧研究制定相关准则、条例，搭建党内法规体系的“四梁八柱”，通过制定一批准则、条例以“立柱架梁”，通过制定一大批规定、办法、规则、细则等配套法规以“添砖加瓦”。

二是立规必重质量。法规质量有优劣之分，质量差的法规不中用。要实现党要管党、全面从严治党的目标，必须提高制度的科学性，牢牢抓住提高党内法规制定质量这个关键。习近平指出，长期以来，我们制定的不少制度规定流于形式，其中一个重要原因就是制度本身不科学，脱离实际、没有可行性，有的规定过于原则、可操作性不强，有的只有要求没有问责、刚性约束力不够，还有的规定交叉重复甚至文件打架。要提高党内法规制定质量，深入调查研究，广泛征求意见，掌握制度建设的周期性规律，及时进行立改废，既保证制度的活力，又注意保持制度的稳定性，不能朝令夕改、频繁“翻大饼”，确保每项法规制度都立得住、行得通、管得了。立规必重质量，要求制定党内法规时必须始终坚持以党章为根本、以民主集中制为核心，把牢政治方向彰显政治性，坚持问题导向突出针对性，切合实际保证可行性，明确具体强化可操作性，确保每一部党内法规都质量过硬，经得起政治检验、实践检验和历史检验。

依规治党的关键是有规必依、执规必严、违规必究。制度的生命力在于实施。有了好的党内法规，就要确保其实施。如果不能得到良好的实施，即便再完美的制度也会成为好看不好用的摆设。因此，依规治党不仅需要加强党内法规体系建设，更要关注和强调党内法规的实施。前者只是解决了依规治党的依据、路径和方法问题，而后者才是实现依规治党的关键所在。2018 年 8 月，习近平深刻指出，“党的十八大以来，我们制定和修订了 140 多部中央党内法规，出台了一批标志性、关键性、基础性的法规制度，有规可依的问题基本得到解决，下一步的重点是执规必严，使党内法规真正落地”①，“诚然，我们的制度体系还要完善，但当前突出的问题在于很多制度没有得到严格执行”②，“现有制度都没执行好，再搞新的制度，可以预言也会是白搭”③。因此，必须坚持有规必依、执规必严、违规必究，着力提高党内法规执行力。

一是注重环环紧扣、形成完整实施链条。必须强化“知规”这个贯彻落实的前提，加大党内法规公开力度、宣讲解读力度、教育培训力度、普及宣传力度等，提高党内法规的公开性、透明度、知晓率。必须强化“执规”这个贯彻落实的重点，实行党内法规执行责任制，做到一级抓一级、层层抓落实，梳理执规职责清单、细化分解执规责任，做到责任到事、责任到岗、责任到人。必须强化“评规”这个推动贯彻落实的抓手，发挥党内法规实施效果评估在推动党内法规贯彻实施中的重要作用，建立健全党内法规执行情况、实施效果评估制度，特别是对准则、条例等重要党内法规要适时进行评估。必须强化“督规”这个推动贯彻落实的关键，强化监督检查，将党内法规实施情况作为各级党委督促检查、巡视巡察的重要内容，对重要党内法规开展定期督查、专项督查，并将监督检查结果在党内一定范围内通报，必要时可在新闻媒体公布，接受社会监督。必须强化“护规”这个保障贯彻

① 习近平：《加强党对全面依法治国的领导》，载《求是》2019 年第 4 期。

② 习近平：《严格执法，公正司法》，载《十八大以来重要文献选编》（上），中央文献出版社 2014 年版，第 719—720 页。

③ 习近平：《在参加河南省兰考县委常委班子专题民主生活会时的讲话》（2014 年 5 月 9 日），载中共中央纪律检查委员会、中共中央文献研究室编：《习近平关于严明党的纪律和规矩论述摘编》，中央文献出版社、中国方正出版社 2016 年版，第 81 页。

落实的“压舱石”，畅通党员群众对违规违纪、执规不严等行为的反映和检举渠道，加大责任追究和惩处力度，严肃查处违反和破坏党内法规的行为，真正让铁规发力、禁令生威。

二是“常”抓抓“长”、健全长效机制。提高党内法规执行力，不可能毕其功于一役，必须在“常”“长”二字上做文章，常抓不懈、久久为功。应当健全党内法规执行机制，加大党内法规执行力度，使刚性约束得到严格遵循，切实做到法规制度面前人人平等、遵守法规制度没有特权、执行法规制度没有例外，坚决防止出现“破窗效应”，切实增强法规制度的严肃性和权威性，维护法规的统一和尊严。健全监督检查机制，明确监督执行的责任部门，完善监督检查方式，加大监督检查力度。完善惩处追责机制，明确保障党内法规执行的惩戒性规定，定期通报党内法规执行情况和对违规行为的查处情况。

三是抓住“关键少数”、坚持以上率下。依规治党重点在各级领导干部。他们既是管党治党的主体，负有在其管辖范围内从严治党的规定义务和主体责任；又是党管理和治理的主要对象，负有服从管理和治理、带头遵守党规党纪和法律法规的特殊义务；还应当是党员群众的标杆，负有保持入党初心、廉洁从政、干事干净行为底线的操守。解决党内法规实施问题，关键是抓住要害、突出领导干部这个重点，只要领导干部尊崇党规、率先垂范，其他党组织和广大党员不信不守规矩问题就容易解决。各级党员领导干部应从自身做起，以身作则、严格要求，带头尊规学规守规用规。同时，要敢于负责、勇于担当，切实抓好分管领域、分管部门的党内法规执行工作。一个时期以来，部分领导干部贪污腐败、违纪违法犯罪的事例表明，党规党纪失之于宽、失之于松、失之于软，权力制约不紧、监督不严是重要原因。《中国共产党纪律处分条例》把党章对纪律的要求整合成政治纪律、组织纪律、廉洁纪律、群众纪律、工作纪律、生活纪律，对每项纪律列出负面清单及相应处分办法，界定了全体党员尤其是各级党员领导干部必须遵守的纪律底线，明确纪委监督执纪依据和标准，必将对党规和党纪的执行起到重要推动作用。党规党纪严于国家法律，党组织和党员干部不仅要模范遵守国家法律，而且要按照党规党纪以更高标准严格要求自己。

第二节 依规治党的意义

一、依规治党是管党治党的基本方式

依规治党作为管党治党的基本方式，首先是由中国共产党的马克思主义政党属性决定的。作为马克思主义政党，纪律严明是与生俱来的要求。习近平指出："古人说：'欲知平直，则必准绳；欲知方圆，则必规矩。'没有规矩不成其为政党，更不成其为马克思主义政党。"[①] 在革命战争年代，中国共产党靠严明的党纪维护党的集中统一领导，不断增强党的凝聚力、战斗力。老一辈无产阶级革命家在长期革命斗争中，把"严守党的纪律，保守党的秘密"融化到血液中，沉淀在骨髓里。依规治党作为管党治党的基本方式，其次是由中国共产党作为大党、长期执政党的特点决定的。在当今世界，中国共产党是首屈一指的大党，有 9 194.4 万名党员、468.1 万个基层党组织、3 202 个地方党委、10.2 万个党组。中国共产党是世界上人口最多的国家的长期执政党，是中国特色社会主义事业的领导核心。党组织和党员数量如此之多、活动范围如此之广、历史使命如此之崇高、职责任务如此之重，要维护习近平总书记党中央的核心、全党的核心地位，维护党中央权威和集中统一领导，要保证各级各类党组织和全体党员的行为规范有序，要保证纵横交错复杂多样的党内关系有条不紊，要保证全党团结统一、行动一致，要实现党的纲领和奋斗目标，没有规矩、没有制度、没有严明法纪是绝对不行的，依规治党是唯一的选择。

二、依规治党是全面从严治党的长远之策和根本之策

中共十八大以来，以习近平同志为核心的党中央深入探索党的执

---

① 习近平：《守纪律，讲规矩》（2015 年 1 月 13 日），载《习近平谈治国理政》第 2 卷，外文出版社 2017 年版，第 151 页。

政规律和建设规律，深刻阐明了全面从严治党的客观需要和内在理据，全面阐述了治国与治党、从严治党与制度治党、制度治党与依规治党、依规治党与依法治国、依规治党与以德治党等若干重要范畴之间的密切联系，作出“加强党内法规制度建设是全面从严治党的长远之策、根本之策”的科学论断。[①] 中共十九大党章修正案进一步强调，坚持从严管党治党，要把严的标准、严的措施贯穿于管党治党全过程和各方面。

坚持全面从严治党是加强党的建设的必然要求。习近平强调：“先进性和纯洁性是马克思主义政党的本质属性，我们加强党的建设，就是要同一切弱化先进性、损害纯洁性的问题作斗争，祛病疗伤，激浊扬清”[②]；“党要管党、从严治党，是党的建设的一贯要求和根本方针”[③]。

坚持全面从严治党是坚持和加强党的全面领导的必然要求。习近平指出，“办好中国的事情，关键在党，关键在党要管党、从严治党”，[④]“如果管党不力、治党不严，人民群众反映强烈的党内突出问题得不到解决，那我们党迟早会失去执政资格，不可避免被历史淘汰。这决不是危言耸听”[⑤]，“新的历史条件下，我们要更好进行具有许多新的历史特点的伟大斗争、推进中国特色社会主义伟大事业，就必须以更大力度推进党的建设新的伟大工程，坚定不移推进全面从严治党，切实把党建设好、管理好，保持党的先进性和纯洁性，增强党的创造力凝聚力战斗力，提高党的领导水平和执政水平，确保党始终

---

① 《习近平就加强党内法规制度建设作出重要指示强调坚持依法治国与制度治党、依规治党统筹推进、一体建设》，载《人民日报》2016 年 12 月 26 日。

② 习近平：《在庆祝中国共产党成立 95 周年大会上的讲话》（2016 年 7 月 1 日），人民出版社 2016 年版，第 22 页。

③ 习近平：《在第十八届中央纪律检查委员会第六次全体会议上的讲话》（2016 年 1 月 12 日），载中共中央文献研究室编：《习近平关于全面从严治党论述摘编》，中央文献出版社 2016 年版，第 10 页。

④ 习近平：《关于〈关于新形势下党内政治生活的若干准则〉和〈中国共产党党内监督条例〉的说明》（2016 年 10 月 24 日），载中共中央文献研究室编：《习近平关于全面从严治党论述摘编》，中央文献出版社 2016 年版，第 14 页。

⑤ 习近平：《在全国组织工作会议上的讲话》（2013 年 6 月 28 日），载《十八大以来重要文献选编》（上），中央文献出版社 2014 年版，第 350 页。

成为中国特色社会主义事业的坚强领导核心"[①]。

那么，中国共产党主要靠什么来推进全面从严治党？习近平对此指出了明确的思路和方略，他说："从严治党靠教育，也靠制度，二者一柔一刚，要同向发力、同时发力。"[②] "思想教育要结合落实制度规定来进行，抓住主要矛盾，不搞空对空。要使加强制度治党的过程成为加强思想建党的过程，也要使加强思想建党的过程成为加强制度治党的过程。"[③] 全面从严治党，既要解决思想问题，也要解决制度问题。制度更带有根本性、全局性、稳定性、长期性。依规治党主要是严明纪律规矩，强化刚性约束，划出行为准则和行为界限，用制度管权管事管人。只有建制度、明法度、严约束，各级党组织和全体党员才能行止有度、步调一致，党的建设各项工作才能有规可依、有章可循，才能持续有效推进。

三、依规治党是依法执政的题中之义

2004 年，中国共产党第十六届中央委员会第四次全体会议提出，依法执政是中国共产党执政的一个基本方式。"依法执政"基本方式的确立，反映了中国共产党人对国家与政权规律的深刻认识，对现代政党制度、政党政治和执政党执政规律的深刻认识，对自己从领导人民为夺取全国政权而奋斗的党到成为领导人民掌握全国政权并长期执政的党这一历史地位的根本性转变的深刻认识，对自己半个多世纪执政经验的深刻总结，对自己如何担当起执政党的使命、如何巩固执政地位、如何提高执政能力、如何执政兴国等根本性问题的深刻认识和理性自觉，对依法执政与依法治国关系的深刻认识，对依法执政与立法、执法、司法、守法等关系的深刻认识，是中国共产党执政理念的

① 习近平：《关于〈关于新形势下党内政治生活的若干准则〉和〈中国共产党党内监督条例〉的说明》（2016 年 10 月 24 日），载中共中央文献研究室编：《习近平关于全面从严治党论述摘编》，中央文献出版社 2016 年版，第 14—15 页。

② 习近平：《在党的群众路线教育实践活动总结大会上的讲话》（2014 年 10 月 8 日），载《十八大以来重要文献选编》（中），中央文献出版社 2016 年版，第 94 页。

③ 习近平：《在党的群众路线教育实践活动总结大会上的讲话》（2014 年 10 月 8 日），载《十八大以来重要文献选编》（中），中央文献出版社 2016 年版，第 95 页。

升华，是治国理政理念和思想的飞跃。

依法执政是中国共产党执政方式的历史性变革，这一变革的意义在于，中国共产党在“党必须在宪法和法律的范围内活动”的要求的基础上，明确提出了“领导立法、保证执法、支持司法、带头守法”，实现了党的领导、人民当家作主、依法治国的有机统一，极大地推动了我国社会主义民主政治和法治文明的进步。依法执政之“法”是广义的法概念，其内涵并非仅仅指国家的法律法规，也包括党内法规。

党内法规也是依法执政的重要依据和支撑力量。对此，邓小平深刻指出：“没有党规党法，国法就很难保障。”① 在此基础上，中共十八届四中全会指出，“依法执政，既要求党依据宪法法律治国理政，也要求党依据党内法规管党治党”，明确了中国共产党依法执政需要“双轮驱动”，一个轮子是宪法法律，另一个轮子是党章党规。也就是说，依法执政既要靠完备的国家法律体系，也要靠完善的党内法规体系。

为了更好地依法执政，提高中国共产党的执政本领，必须建立完善的党内法规体系，以科学完备的制度规范改进党的领导方式和执政方式，实现执政方式的根本转型和变革。中共十九大报告提出，“增强依法执政本领，加快形成覆盖党的领导和党的建设各方面的党内法规制度体系，加强和改善对国家政权机关的领导”。② 中共十九届四中全会提出，“坚持和完善党的领导制度体系，提高党科学执政、民主执政、依法执政水平”。这些论述深刻揭示了形成完善的党内法规体系、依规治党与依法执政的内在逻辑。

四、依规治党是推进国家治理体系和治理能力现代化的必由之路

完善和发展中国特色社会主义制度、推进国家治理体系和治理

---

① 邓小平：《解放思想，实事求是，团结一致向前看》（1978 年 12 月 13 日），载《邓小平文选》第 2 卷，人民出版社 1994 年版，第 147 页。

② 习近平：《决胜全面建成小康社会夺取新时代中国特色社会主义伟大胜利——在中国共产党第十九次全国代表大会上的报告》（2017 年 10 月 18 日），人民出版社 2017 年版，第 68—69 页。

能力现代化，是全面深化改革的总目标，是中国特色社会主义制度创新的重要抓手。中共十九届四中全会对坚持和完善中国特色社会主义制度、推进国家治理体系和治理能力现代化专门作出部署。国家治理体系和治理能力是一个国家制度和制度执行能力的集中体现。国家治理体系是在党领导下管理国家的制度体系，包括经济、政治、文化、社会、生态文明和党的建设等各领域体制机制、法律法规安排，也就是一整套紧密相连、相互协调的党和国家制度；国家治理能力则是运用国家制度管理社会各方面事务的能力，包括改革发展稳定、内政外交国防、治党治国治军等各个方面。国家治理体系和治理能力是一个有机整体，相辅相成，有了好的国家治理体系才能提高治理能力，提高国家治理能力才能充分发挥国家治理体系的效能。国家治理体系和治理能力现代化，核心是党的执政能力的现代化。推进党的建设制度改革，加强党内法规制度建设，为科学执政、民主执政、依法执政提供更加成熟、更加定型的制度，既是国家治理体系和治理能力现代化的重要方面，又是推进国家治理体系和治理能力现代化的重要保障。因此，推进国家治理体系和治理能力现代化，就必然要求加强党内法规制度建设，不断提高中国共产党依据党内法规管党治党的水平。

第三节　坚持依规治党和依法治国有机统一

坚持依规治党和依法治国有机统一，是以习近平同志为核心的党中央在治国理政新实践中探索出来的新经验、概括出来的新理论。依规治党和依法治国有着内在联系，治党与治国相辅相成，缺一不可。中国共产党是马克思主义执政党，在领导改革开放和社会主义现代化建设伟大社会革命的同时，坚定不移推进党的伟大自我革命。坚持依规治党、从严治党，切实解决党自身存在的突出问题，才能使中国共产党始终成为中国特色社会主义事业的坚强领导核心，才能有效引领和推动依法治国，为治国安邦提供有力保障。因此，必须坚持依规治党和依法治国统筹推进、一体建设。

一、党内法规与国家法律的内在统一性

在我国，党内法规和国家法律具有内在的、高度的统一性，这是依规治党和依法治国有机统一的前提条件。

首先，党内法规和国家法律具有本质和价值的一致性。党内法规是规范党的领导和党的建设活动的规章制度，是党的统一意志的体现，而党的统一意志与人民意志和国家意志在本质上是一致的。国家法律是由国家制定和认可的各类行为规范的总称，是国家意志的体现，而国家意志本质上是通过其执政党凝结人民意志的结晶，是党的主张和人民意志的体现。中国共产党强调“要善于通过法定程序使党的主张成为国家意志、形成法律，通过法律保障党的政策有效实施，确保党发挥总揽全局、协调各方的领导核心作用”①，强调党的政策是立法的依据，是执法和司法的指导。本质的一致性使它们的核心价值和功能也具有高度的一致性。党内法规和国家法律尽管发挥作用的场域和方式不同，但都是以人民为中心、以人民为主体，把维护和发展人民的根本利益作为其核心价值，致力于保证中国共产党的领导地位和长期执政，促进公平正义，保障经济和社会发展，维护社会和谐稳定，建设富强民主文明和谐美丽的社会主义现代化强国，推动国际关系民主化、法治化、公正化，构建人类命运共同体。

其次，二者同属于中国特色社会主义法治体系。全面推进依法治国，涉及立法、执法、司法、守法、法治监督、法治保障、法学教育，涉及依法治国、依法执政、依法行政共同推进，法治国家、法治政府、法治社会一体建设，涉及国家法治、地方法治、社会法治统筹互动、协调发展。全面依法治国在实际工作中必须有一个总揽全局、牵引各方的总抓手，这个总抓手就是建设中国特色社会主义法治体系。明确提出“中国特色社会主义法治体系”这一概念，并把建设中

---

① 习近平：《在中央政法工作会议上的讲话》（2014 年 1 月 7 日），载中共中央文献研究室编：《习近平关于全面依法治国论述摘编》，中央文献出版社 2015 年版，第 20 页。

国特色社会主义法治体系作为全面依法治国的总目标、总抓手，是重大的理论创新、制度创新和实践创新。法治体系是与法律体系不同的概念。从本体论上看，法律体系是指由一国现行的全部法律规范按照不同的法律部门分类组合而形成的一个体系化的、有机联系的统一整体。法治体系是指一个国家从立法、执法、司法、守法、普法、督法到法治保障的全部法治运行体制和机制。法律体系是法律的规范体系，而法治体系则是法律的运行体系，一个是静态，一个是动态，一个是平面，一个是立体。法治体系是表征法治运行与操作各个环节彼此衔接、结构严整、运转协调状态的概念，也是一个规范法治运行与操作、使之充分体现和有效实现社会主义核心价值观的概念。习近平深刻阐述了中国特色社会主义法治体系的科学内涵和实践面向，指出建设中国特色社会主义法治体系就是“在中国共产党领导下，坚持中国特色社会主义制度，贯彻中国特色社会主义法治理论，形成完备的法律规范体系、高效的法治实施体系、严密的法治监督体系、有力的法治保障体系，形成完善的党内法规体系”①。这就清晰地说明建设中国特色社会主义法治体系，既要形成完备的法律规范体系，也要形成完善的党内法规体系，得出了“党内法规既是管党治党的重要依据，也是建设社会主义法治国家的有力保障”② 的科学结论。

再次，二者同属于国家治理体系。中共十九届四中全会通过的《中共中央关于坚持和完善中国特色社会主义制度、推进国家治理体系和治理能力现代化若干重大问题的决定》提出，“坚持和完善党的领导制度体系，提高党科学执政、民主执政、依法执政水平”，“必须坚持党政军民学、东西南北中，党是领导一切的，坚决维护党中央权威，健全总揽全局、协调各方的党的领导制度体系，把党的领导落实到国家治理各领域各方面各环节”。习近平指出，国家治理体系是党领导下管理国家的制度体系。国家治理体系由一整套制度构成，以党

---

① 《中共中央关于全面推进依法治国若干重大问题的决定》，载《〈中共中央关于全面推进依法治国若干重大问题的决定〉辅导读本》，人民出版社2014年版，第4页。

② 《中共中央关于全面推进依法治国若干重大问题的决定》，载《〈中共中央关于全面推进依法治国若干重大问题的决定〉辅导读本》，人民出版社2014年版，第36页。

章为根本的党内法规体系和以宪法为统领的国家法律体系构成其基础性、主干性制度，是其两块基石。习近平强调，把加强党的长期执政能力建设同提高国家治理水平有机统一起来。作为党依法执政和依法治国的治理体系，党内法规和国家法律通过规定治理主体及其权能、治理客体和内容、治理任务与事务、治理程序等而得以规范化、精细化、定型化，把国家治理制度的“分子结构”精细化为“原子结构”，从而增强其执行力和运行力。

最后，二者统一于中国特色社会主义“五位一体”总体布局和“四个全面”战略布局。我国宪法和党章有一个鲜明特色，就是宪法的序言、党章的总纲都规定党和国家的历史使命、奋斗目标和根本任务，集中表达党和国家的奋斗纲领。中共十八大以来，我国逐步形成了“五位一体”总体布局和“四个全面”战略布局。“五位一体”是内生的有机体系，“四个全面”更是相辅相成、相得益彰的系统布局。“五位一体”和“四个全面”是建设富强民主文明和谐美丽的社会主义现代化强国，实现“两个一百年”奋斗目标和中华民族伟大复兴的中国梦的总战略总抓手。2017 年中共十九大修改的党章规定：“在现阶段，我国社会的主要矛盾是人民日益增长的美好生活需要和不平衡不充分的发展之间的矛盾。”“必须坚持以人民为中心的发展思想，坚持创新、协调、绿色、开放、共享的发展理念。”“跨入新世纪，我国进入全面建设小康社会、加快推进社会主义现代化的新的发展阶段。必须按照中国特色社会主义事业‘五位一体’总体布局和‘四个全面’战略布局，统筹推进经济建设、政治建设、文化建设、社会建设、生态文明建设，协调推进全面建成小康社会、全面深化改革、全面依法治国、全面从严治党。在新世纪新时代，经济和社会发展的战略目标是，到建党一百年时，全面建成小康社会；到新中国成立一百年时，全面建成社会主义现代化强国。”2018 年宪法修改时按照党章已经作出的规定，调整充实了中国特色社会主义事业总体布局、战略布局和第二个百年奋斗目标的内容，明确规定“推动物质文明、政治文明、精神文明、社会文明、生态文明协调发展，把我国建设成为富强民主文明和谐美丽的社会主义现代化强国，实现中华民族伟大复兴”。

上述党章和宪法的修改反映了中国共产党对社会主义建设规律和社会主义现代化发展规律认识的深化，体现了党章和宪法的内在统一性。

二、党内法规同国家法律的衔接和协调

坚持依规治党和依法治国有机统一，有其深厚的法理逻辑。除了党内法规和国家法律在本质、价值、体系上的一致性外，二者相统一的必然性还体现在党内法规同国家法律的衔接和协调上。

尽管党内法规和国家法律具有高度的统一性，但它们毕竟不是一个规范实体。这就涉及它们之间如何衔接和协调的问题。中共十八届四中全会明确提出“注重党内法规同国家法律的衔接和协调”要求；《中国共产党党内法规制定条例》第 7 条有关党内法规制定工作应当遵循的原则第 5 项规定，“坚持党必须在宪法和法律的范围内活动，注重党内法规同国家法律衔接和协调”。落实这一任务和基本要求，要把握好“衔接”和“协调”这两个具体要求。

所谓“衔接”，是指党内法规与国家法律这两个制度链条要无缝对接，既不能脱节断档，也不能交叉重复，更不能错位越位。制定党内法规时，如果涉及国家机关的法定职权职责或者追究党组织和党员涉嫌违法的法律责任等问题的，党内法规的规定只能点到为止，不作出具体规定。比如，对于党员涉嫌违法的责任追究问题，党内法规不能设定具体的违法情形以及相应的法律责任，只能原则性规定“涉嫌违法犯罪的，按照国家有关法律规定处理”。同样，在制定国家法律时，也不宜对党的活动作出具体规定。比如，在宪法确认党的领导地位基础上，相关法律可强调坚持党对相关工作的领导，至于党组织如何设立、应当怎么开展领导工作，就应由党内法规作出具体规定，国家法律不能更不宜作出过多过细的规定。关于“衔接”这个要求，类似两个圆的相切。倘若将党内法规与国家法律二者规范的事项看作两个独立的圆，那么注重党内法规同国家法律的“衔接”，就是要让党内法规之“圆”与国家法律之“圆”保持相切。所谓“协调”，是指党内法规与国家法律虽可针对同一事项作出各有侧重的规定，但党内法规的要求不能与国家法律的规定相左，以免造成规范冲突、令人无

所适从。比如，作为党内法规的《党政领导干部选拔任用工作条例》与作为国家法律的《公务员法》，分别从不同角度规定选人用人问题，但关于领导干部晋升年限、任职条件等相关规定，《党政领导干部选拔任用工作条例》及其配套规定就要注意同《公务员法》及相关法律关于公务员晋升年限、任职条件标准等规定保持一致，不能作出相左规定。关于“协调”这个要求，形象地讲，就是党内法规之“圆”与国家法律之“圆”部分相交，交集部分属于党内法规与国家法律皆可调整的事项，但党内法规不得与国家法律相冲突。

在党的领导和党的建设实践中，在党内法规和国家法律的制定与实施两个层面上，我们只有把“注重党内法规同国家法律的衔接和协调”基本要求落实到位，才能形成国家法律和党内法规相辅相成、相互促进、相互保障的格局。“相辅相成”强调的是二者各有侧重、功能互补。党内法规是党的统一意志的体现，规范党的领导和党的建设活动，依靠党的纪律保障实施；而国家法律则体现党的主张和国家意志的融合，调整社会关系、规范社会行为，依靠国家强制力保证实施。“相互促进”强调的是二者交替引领、相互强化。一方面，国家法律的完善会推动党内法规的完善，比如，《公务员法》确立的公务员分类管理规定，直接推动了《行政执法类公务员管理规定（试行）》《专业技术类公务员管理规定（试行）》等相关党内法规的制定出台，而这两个规定的出台又反过来推动《公务员法》的修订完善；另一方面，党内法规变革会有力引领国家法律的完善，比如，中共中央、国务院制定出台《党政机关厉行节约反对浪费条例》，直接推动了《中央和国家机关差旅费管理办法》《因公临时出国经费管理办法》等一大批法规规章的出台。“相互保障”强调的是二者互为依托、互相借力。党内法规的主要任务是把党的领导和党的建设活动纳入制度化轨道，而国家法律已为包括党组织在内的各类组织、包括党员在内的全体公民的行为提供了遵循，国家法律的强制性要求为党内法规解决党组织和党员行为的规范化问题提供了共性的、“底线”上的要求。同时，通过制定加强和规范党领导立法、保证执法、支持司法、带头守法等方面的党内法规，对党组织和党员提出模范守法的纪律要求，也为国家法律的制定和实施提供了党内法规保障。

注重党内法规同国家法律的衔接和协调，在具体实践中还要求定期开展党内法规清理工作，重点解决党内法规同国家法律不适应、不协调、不衔接、不一致的问题；加强法律法规的立改废释工作，适时修改法律法规，清理与党内法规不适应的立法，消除由于立法相对于党内法规和政策的滞后而引起的矛盾。

党内法规同国家法律的衔接和协调集中体现为党章同宪法的衔接和协调。改革开放以来，党章和宪法互为参照，分别进行了多次修改，在各自完善发展的同时形成了制度合力，更好地发挥了它们在治国理政中的共同作用。以中共十九大对党章的修改和第十三届全国人大一次会议对宪法的修改为例。我国现行《宪法》于 1982 年就规定了中央军事委员会实行主席负责制，但是党章一直没有相应的规定，中共十九大通过的党章修正案把原党章第 22 条第 5 款“党的中央军事委员会组成人员由中央委员会决定”修改为“党的中央军事委员会组成人员由中央委员会决定，中央军事委员会实行主席负责制”，首次明确规定中央军事委员会实行主席负责制，实现了与宪法的对接，加强了党对人民军队的绝对领导。中共十九大对党章进行新的修改之后，现行《宪法》参照党章修正案进行了相应的重大修改。把科学发展观、习近平新时代中国特色社会主义思想纳入宪法序言，与马克思列宁主义、毛泽东思想、邓小平理论、“三个代表”重要思想一道，共同作为国家的指导思想，实现了国家指导思想的与时俱进；把“中国共产党领导是中国特色社会主义最本质的特征”增写至《宪法》总纲第 1 条，这一修改既反映了我国政治体制和政治生活的现实，符合人民的根本利益和要求，又真实地体现了中国共产党是长期执政党的本质特征。参照党章有关规定删去了国家主席“连续任职不得超过两届”的具体规定，从制度上完善了“三位一体”领导体制，有利于维护党中央权威和集中统一领导，有利于加强和完善国家领导体制，有利于在法治的轨道上推进国家治理体系和治理能力现代化。根据中共中央有关健全反腐败的体制机制、深化国家监察体制改革的精神，《宪法》第三章“国家机构”中增加“监察委员会”一节，就国家监察委员会和地方各级监察委员会的性质、地位、名称、人员组成、任期任届、领导体制、工作机制等作出规定，使宪法更好适应整合反腐败资源力量、加强党对反腐败工作集中统一领导、建立集中统一权威高效的国家监察体制的改革目标。参照党章已经作出的规定，《宪法》也调整充实了中国特色社会主义事业总体布局和第二个百年奋斗目标的内容，明确规定“贯彻新发展理念”“推动物质文明、政治文明、精神文明、社会文明、生态文明协调发展，把我国建设成为富强民主文明和谐美丽的社会主义现代化强国，实现中华民族伟大复兴”。作出这些修改，有利于引领全党全国人民把握规律、科学布局，在新时代不断开创党和国家事业发展新局面，齐心协力为实现“两个一百年”奋斗目标、实现中华民族伟大复兴的中国梦而不懈奋斗。参照党章修正案的规定，在《宪法》序言中增加“坚持和平发展道路，坚持互利共赢开放战略”“推动构建人类命运共同体”的内容，这将有利于为我国发展拓展广阔的空间、营造良好的外部环境，为维护世界和平、促进共同发展作出更大贡献。参照党章修正案关于加强社会主义核心价值体系建设的有关规定，《宪法》规定“国家倡导社会主义核心价值观”，有利于在全社会树立和践行社会主义核心价值观，巩固全党全国各族人民团结奋斗的共同思想道德基础；参照党章修正案，《宪法》对涉及民族关系的表述作了相应的修改，致力于维护和发展各民族的平等团结互助和谐关系。党章和宪法是我们党治国理政的总依据。它们之间的有机衔接、协调一致，使宪法原则和规则与党章所规定的党和国家指导思想、路线、方针、政策、主张等保持高度一致，是建设中国特色社会主义法治体系的必然要求，是在宪法和党章的轨道上推进国家治理体系和治理能力现代化的必然要求。宪法修正案与党章修正案的紧密衔接与协调，也为党内法规同国家法律的衔接与协调提供了新范例新依据。

三、统筹推进依规治党和依法治国

从注重党内法规同国家法律的衔接和协调、探索党内法规和国家法律在治国理政中的相辅相成作用，到提出坚持依规治党和依法治国统筹推进、一体建设，体现了全面依法治国和全面从严治党的重大理论和实践创新，是以习近平同志为核心的党中央对马克思主义国家理论、政党理论和法治理论的新发展。统筹推进依规治党和依法治国意义重大。中国共产党能不能履行好执政兴国的重大历史使命、能不能赢得具有许多新的历史特点的伟大斗争胜利、能不能实现党和国家的长治久安，关键一条就是能不能统筹推进、一体建设依规治党和依法治国，能不能做到依规治党和依法治国有机统一、同向发力。从中共十八大以来中国共产党管党治党、执政治国的实践看，统筹推进依规治党和依法治国，有利于促进党的制度优势与国家制度优势相互转化，产生治国理政的合力和效能，提高党的执政能力和领导水平，促进国家治理体系和治理能力现代化，推动中国特色社会主义事业不断从胜利走向胜利。基于这一宝贵的经验总结，中共十九大报告将“依法治国和依规治党有机统一”确立为“坚持全面依法治国”这一新时代中国特色社会主义基本方略的重要内容。

依规治党是依法治国的必然要求和重要前提。治国必先治党。中国共产党是长期执政党，其使命和责任决定了治国必先治党，治好党、建好党的根本目的和宗旨就是更好地执政兴国、执政为民，更好地为中国人民谋幸福、为中华民族谋复兴。党内法规对党组织和党员活动的规范，其核心功能是保证党的长期执政权正确行使。正如习近平强调的，中国共产党要履行好执政兴国的重大职责，必须依据党章从严治党、依据宪法治国理政。依法治国和依规治党在核心价值上的一致性以及相辅相成的内在关系决定了可以而且必须统筹推进、一体建设。中国共产党的领导是社会主义法治最根本的保证。只有坚持依规治党、制度治党、从严治党，切实解决党自身存在的突出问题，才能使中国共产党始终成为中国特色社会主义事业的坚强领导核心，才能为全面依法治国确立正确的方向和道路，才能发挥好党领导立法、保证执法、支持司法、带头守法的政治优势。只有坚持依规治党，使各级党组织和全体党员牢固树立规则意识、程序意识、法治意识，弘扬党章精神和宪法精神，才能对科学立法、严格执法、公正司法、全民守法实行科学有效的领导，在全面依法治国中起到引领和保障作用。正所谓："依规治党深入党心，依法治国才能深入民心。"[①]

那么，如何推进依规治党和依法治国有机统一呢？

第一，全面加强党对立法工作的领导。习近平从巩固党的执政地位、提高党的执政能力的战略高度，强调指出，"推进科学立法，关键是完善立法体制""优化立法职权配置""明确立法权力边界"，核心是全面加强党对立法工作的领导，把党的领导贯彻到立法工作全过程，确保立法反映党和国家事业发展要求、体现社会主义核心价值观、回应人民群众的关切和期待，实现良法善治。在加强党对立法工作的领导中，要"完善党对立法工作中重大问题决策的程序"。[②] 党领导立法工作，把党的理论和路线、方针、政策通过法定程序转化为宪法原则和规范，制定成法律法规，可以保证党内法规和国家法律在政治立场、价值取向、功能定位、制度安排、重大体制机制、贯彻实施等方面的契合，促进党内法规同国家法律的衔接和协调，有利于依规治党和依法治国有机统一。

第二，促进党内法规和法律法规同频共振。由于中国共产党是长期执政党，是中国特色社会主义事业的领导核心，在国家治理中总揽全局、协调各方，很多党务和政务是交叉重叠的。因而，有些党内法规采取了党委、政府联合发文的形式，促进党内法规与法律法规的联动。中共中央和国务院、中共中央办公厅和国务院办公厅联合发布了数量众多的法规文件，内容涉及经商办企业、公文处理、厉行节约反对浪费、法治建设、公务员管理、环保督察等。比如，1988 年，中共中央办公厅、国务院办公厅印发《关于县以上党和国家机关退（离）休干部经商办企业问题的若干规定》；2012 年，中共中央办公厅、国务院办公厅印发《党政机关公文处理工作条例》；2013 年，中共中央、国务院印发《党政机关厉行节约反对浪费条例》；2015 年，中共中央办公厅、国务院办公厅印发《领导干部干预司法活动、插手具体案件处理的记录、通报和责任追究规定》；2016 年，中共中央办公

① 习近平：《加强党对全面依法治国的领导》，载《求是》2019 年第 4 期。

② 《中共中央关于全面推进依法治国若干重大问题的决定》，载《〈中共中央关于全面推进依法治国若干重大问题的决定〉辅导读本》，人民出版社 2014 年版，第 9 页。

厅、国务院办公厅印发《保护司法人员依法履行法定职责规定》；2017年，中共中央办公厅、国务院办公厅印发《聘任制公务员管理规定（试行）》；2019年，中共中央办公厅、国务院办公厅印发《中央生态环境保护督察工作规定》。

第三，推进党章与宪法、党内法规与国家法律统一实施。中共十八届四中全会指出，“党内法规既是管党治党的重要依据，也是建设社会主义法治国家的有力保障。党章是最根本的党内法规，全党必须一体严格遵行。完善党内法规制定体制机制，加大党内法规备案审查和解释力度，形成配套完备的党内法规制度体系。注重党内法规同国家法律的衔接和协调，提高党内法规执行力，运用党内法规把党要管党、从严治党落到实处，促进党员、干部带头遵守国家法律法规”。①

要正确认识和处理好党内法规与国家法律在实施中的关系。党内法规和国家法律各有自己的优势、各有自己的调整范围和方式、各有保证其实施的体制机制，正因如此，实践中对二者的关系时常有模糊认识。习近平关于政策和法律的关系的论述，为我们正确认识和处理党内法规和国家法律的关系指明了基本原则和方法。他指出：“我们党的政策和国家法律都是人民根本意志的反映，在本质上是一致的。党的政策是国家法律的先导和指引，是立法的依据和执法司法的重要指导。要善于通过法定程序使党的主张成为国家意志、形成法律，通过法律保障党的政策有效实施，确保党发挥总揽全局、协调各方的领导核心作用。党的政策成为国家法律后，实施法律就是贯彻党的意志，依法办事就是执行党的政策。政法工作要自觉维护党的政策和国家法律的权威性，确保党的政策和国家法律得到统一正确实施，不能把两者对立起来、割裂开来。如果两者之间出现矛盾，就要努力做好统一正确实施工作。”② 这段论述也深刻说明了确保党内法规与国家法律统一实施的重大原则和方法。

---

① 《中共中央关于全面推进依法治国若干重大问题的决定》，载《〈中共中央关于全面推进依法治国若干重大问题的决定〉辅导读本》，人民出版社2014年版，第36页。

② 习近平：《在中央政法工作会议上的讲话》（2014年1月7日），载中共中央文献研究室编：《习近平关于全面深化改革论述摘编》，中央文献出版社2014年版，第75—76页。

要建立、健全和完善执纪与执法有效衔接的体制和机制。中共十八大以来，党中央强调严肃执纪和严格执法，着力构建执纪与执法有效衔接的体制机制，在党规与国法之间设置了一系列制度接口和联动机制。

第四，建立健全依规治党和依法治国统筹协调体制机制。统筹推进、一体建设，在具体实践中必然需要依规治党和依法治国协调推进。为此，有必要在中共中央的集中统一领导下，进一步加大依规治党和依法治国的统筹协调力度，加强整体谋划、注重协同推进，不断完善统筹协调的体制机制和工作程序，推动形成依规治党和依法治国相辅相成、相得益彰的良好局面，确保统筹推进依规治党和依法治国的要求在实践层面真正得到贯彻落实。中央全面依法治国委员会的设立进一步加强了党对全面依法治国的集中统一领导，促进了依规治党和依法治国统筹推进。

第五，探索职能相近的党政机关合并设立或者合署办公。《中共中央关于深化党和国家机构改革的决定》提出，统筹设置党政机构，党的有关机构可以同职能相近、联系紧密的其他部门统筹设置，实行合并设立或者合署办公。科学设立党和国家机构，探索职能相近的党政机关合并设立或者合署办公，不仅是坚持和加强党的全面领导的客观要求，也是推进国家治理体系和治理能力现代化的必然要求，有利于整合优化力量资源，防止机构重叠、职能重复、工作重合。纪律检查机关与监察机关合署办公，就是这方面的成功实践和生动实例。党和国家机构改革的实践表明，职能相近的党政机关合并设立或者合署办公重构性地健全了党的领导体系、政府治理体系、武装力量体系、群团工作体系，系统性地增强了党的领导力、政府执行力、武装力量战斗力、群团组织活力，为完善和发展中国特色社会主义制度、推进国家治理体系和治理能力现代化提供了有力组织保障。

第四节　坚持依规治党和以德治党相统一

坚持依规治党和以德治党相统一，是管党治党的内在要求，其中的道理类似于依法治国和以德治国相结合。依规治党和以德治党二者相辅相成、协同发力，统一于管党治党的全过程全领域。

一、依规治党和以德治党相统一的必要性

习近平在第十八届中央纪律检查委员会第六次全体会议上指出："我们深入研究探索，汲取全党智慧，坚持依规治党和以德治党相统一，坚持高标准和守底线相结合，把从严治党实践成果转化为道德规范和纪律要求。"[①] 这段论述深刻揭示了依规治党和以德治党的科学内涵以及二者相统一的必然性和必要性。

第一，党内法规和道德规范相辅相成必然导向依规治党和以德治党相统一。党内法规和道德规范是良性互动的关系。一方面，党内法规只有富有道德精神、得到道德的涵养和支撑、站在道德的制高点，才能具有道德的感染力、号召力，发挥管党治党的预期效果。另一方面，道德只有得到党内法规的制度支持和维护，才能有效发挥对党组织活动和党员行为的评价和引导作用。历史经验和教训反复告诉我们，管党治党既需要道德的教化，也需要法规的约束。在一定意义上，党内法规是他律，道德规范主要是自律，自律是基础，他律是后盾，只有把自律与他律结合起来，在强调道德自律的同时，让党员干部对党内法规心存敬畏、行有底线，发挥党内法规无可替代的他律作用，全面从严治党才能落到实处。在管党治党方面，依规治党和以德治党具有内在的相辅相成、协同发力作用，这种相辅相成和协同发力常态化长效化，中国共产党的治理就达到了"善治"。如同法治和德治有机结合一样，依规治党和以德治党的统一，根源于它们都属于"文明"范畴，依规治党属于制度文明，以德治党属于精神文明，两种文明的契合对中国共产党管党治党很有推动作用。

第二，坚持依规治党和以德治党相统一，是全面从严治党的必然要求。全面从严治党内在地要求依规治党和以德治党相结合，即治党

---

① 习近平：《在第十八届中央纪律检查委员会第六次全体会议上的讲话》（2016 年 1 月 12 日），人民出版社 2016 年版，第 3 页。

不仅要坚持严格的底线标准，也应强调更高的道德要求，这就是习近平所讲的，要坚持高标准与守底线相结合，依规治党是底线，以德治党是高标。例如，纪律处分条例是党员不可触碰的底线，而公私兼顾、先公后私、大公无私则是党所提倡的高标准。共产党员必须守住底线，遵守“党规党法”，严格执行党的纪律，决不碰触底线。同时，又要向高标准对标对表，树立高尚的道德情操，作出模范的道德实践，努力引领社会风尚。

道德使人向善，党规令人禁恶。既要依规治党，善于用党内法规把权力关进制度的笼子，用纪律约束党员干部，用监督和惩戒有效纠错；也要以德治党，用是与非、真与假、善与恶、美与丑的评价机制和舆论压力防范道德失范，抑制违反道德现象的发生。对丑恶行为，当道德力量无法遏制其发生时，则动用纪律的强制力予以取缔。邓小平说过，“有理想，有纪律，这两件事我们务必时刻牢记在心”[①]，讲的就是这个道理。

第三，坚持依规治党和以德治党相统一是永葆党的先进性和纯洁性的必然要求。中国共产党是中国工人阶级的先锋队，同时是中国人民和中华民族的先锋队，是代表中国先进生产力的发展要求、代表中国先进文化的前进方向、代表中国最广大人民的根本利益的马克思主义执政党。中国共产党的性质和使命决定了它必须始终保持政治上的先进和道德上的纯粹，决定了其党员应当尊德守德护德，做有道德之人、讲有道德之言、行有道德之事、兴有道德之风。否则，就无法体现其先进性，难以保持其纯洁性，无法显现其政治上经济上文化上的代表性。这也就决定了中国共产党必须实行以德治党，永葆其先进性和纯洁性，永立道德和正义的制高点。同时，中国共产党作为一个大党，党的组织、党的结构、党的体制十分复杂，党的权力运行、党员履行义务和行使权利、党组织开展活动，都离不开明晰、刚性、普遍、稳定的党内法规的规范和程序引导，以维护习近平总书记党中央

① 邓小平：《一靠理想二靠纪律才能团结起来》（1985 年 3 月 7 日），载《邓小平文选》第 3 卷，人民出版社 1993 年版，第 112 页。

的核心、全党的核心地位，维护党中央权威和集中统一领导，确保个人服从组织、少数服从多数、下级服从上级、全党服从中央，保持并不断增强党的创造力、凝聚力、战斗力。

第四，依规治党和以德治党相统一是德法共治优秀文化传统和政治文明的创新性发展。法治与德治结合是饱含政治智慧的优秀文化传统。在春秋战国时期，儒家、法家两派围绕着德治与法治曾进行了长期论战。儒家主张："安上治民，莫善于礼"①；"事无礼则不成，国无礼则不宁"②；"道之以政，齐之以刑，民免而无耻。道之以德，齐之以礼，有耻且格"③；"阳为德，阴为刑，刑主杀而德主生"④。而法家则主张："不务德而务法"⑤；"仁义礼乐者，皆出于法"⑥。这一论战到汉代时被融合为"隆礼重法""德主刑辅""德法兼治"，并成为封建社会正统的治国理政的核心理念。在其后历史上，有时候偏重德治，有时候偏重法治，但在总体上都是法德共治。中国共产党借鉴古代优秀的政治法律文化，择善而用，提出了"依法治国和以德治国相结合"。进入新时代之后，习近平深刻论述了坚持依法治国和以德治国相结合的法理意涵和实践意义，并把"坚持依法治国和以德治国相结合"作为中国特色社会主义法治道路必须坚持的基本原则之一，作为"坚持全面依法治国"这一新时代中国特色社会主义基本方略的重要内容。习近平指出，"法律是成文的道德，道德是内心的法律"；"法律和道德……在国家治理中都有其地位和功能。法安天下，德润人心。法律有效实施有赖于道德支持，道德践行也离不开法律约束。法治和德治不可分离、不可偏废，国家治理需要法律和道德协同发力"；"法律是准绳，任何时候都必须遵循；道德是基石，任何时候都不可忽视。在新的历史条件下，我们要把依法治国基本方略、依法执政基本方式落实好，把法治中国建设好，必须坚持依法治国和以德治

① 《孝经·广要道》。
② 《荀子·修身》。
③ 《论语·为政》。
④ 《汉书·董仲舒传》。
⑤ 《韩非子·显学》。
⑥ 《管子·任法》。

国相结合，使法治和德治在国家治理中相互补充、相互促进、相得益彰，推进国家治理体系和治理能力现代化”。[①] 这些深刻的论述是对古代治国理政智慧的创造性转化，是对中华法治文明的创新性发展。把这些精深理论和治理智慧延伸到党的建设和治理中，就要求依规治党和以德治党相结合。

二、依规治党和以德治党相统一的主要路径

依规治党的“规”，广义上包括党组织和党员必须遵守的一切“规矩”，狭义上仅指党内法规。以德治党的“德”，不是一般的社会公德，而是源于社会公德又高于社会公德的“党德”，包括共产主义道德理想和信念、社会主义核心价值观、中国共产党在革命建设改革伟大实践中形成和发展起来的道德规范、中华优秀道德文化等。此处所讲的二者有机统一，指的是狭义的党内法规与党德党风相统一。依规治党和以德治党相统一的主要路径包括：

其一，培育和践行社会主义核心价值观。社会主义核心价值观是当代中国精神的集中体现，凝结着全体人民共同的价值追求。中共十九大报告提出，以培养担当民族复兴大任的时代新人为着眼点，强化教育引导、实践养成、制度保障，发挥社会主义核心价值观对国民教育、精神文明创建、精神文化产品创作生产传播的引领作用，把社会主义核心价值观融入社会发展各方面，转化为人们的情感认同和行为习惯。中共十九大党章修正案也明确要求“加强社会主义核心价值体系建设，坚持马克思主义指导思想，树立中国特色社会主义共同理想，弘扬以爱国主义为核心的民族精神和以改革创新为核心的时代精神，培育和践行社会主义核心价值观”。因此，无论是党内法规制度建设还是党德党风建设，都应当贯彻社会主义核心价值观，把“富强、民主、文明、和谐，自由、平等、公正、法治，爱国、敬业、诚信、友善”的社会主义核心价值观融入党内

---

① 习近平：《坚持依法治国和以德治国相结合》（2016年12月9日），载《习近平谈治国理政》第2卷，外文出版社2017年版，第133页。

法规，使党内法规成为社会主义核心价值观的重要载体，提升党内法规的内在价值，使之成为党组织和党员践行社会主义核心价值观的重要遵循。

其二，高度重视理想信念在依规治党和以德治党中的共同的基础性作用。中共十九大报告提出，要把坚定理想信念作为党的思想建设的首要任务，教育引导全党牢记党的宗旨，挺起共产党人的精神脊梁，解决好世界观、人生观、价值观这个“总开关”问题，自觉做共产主义远大理想和中国特色社会主义共同理想的坚定信仰者和忠实实践者。坚定理想信念是全面从严治党的关键。中国共产党之所以具有先进性和战斗力，之所以能够战胜各种艰难险阻从胜利走向胜利，首先是因为拥有崇高的理想信念。在世界百年未有之大变局中，中国共产党要战胜各种风险挑战、建成社会主义现代化强国，必须更加强调坚定共产主义理想信念、坚守共产党人的精神追求。理想信念也是依规治党和以德治党相结合的精神纽带。习近平指出：“坚持党要管党、从严治党……全体共产党员特别是党的领导干部，要坚定理想信念。”① “坚定理想信念，坚守共产党人精神追求，始终是共产党人安身立命的根本。对马克思主义的信仰，对社会主义和共产主义的信念，是共产党人的政治灵魂，是共产党人经受住任何考验的精神支柱。形象地说，理想信念就是共产党人精神上的‘钙’，没有理想信念，理想信念不坚定，精神上就会‘缺钙’，就会得‘软骨病’。现实生活中，一些党员、干部出这样那样的问题，说到底是信仰迷茫、精神迷失。全党要按照党的十八大部署，深入学习实践中国特色社会主义理论体系特别是科学发展观，讲党性、重品行、作表率，矢志不渝为实现中国特色社会主义共同理想而奋斗。”② 只有用理想信念练就“金刚不坏之身”，党员干部才能“道德当身，不以物惑”，在大是大非面前旗帜鲜明，在风浪考验面前无所畏惧，在关键时刻敢于斗

① 习近平：《在第十二届全国人民代表大会第一次会议上的讲话》（2013 年 3 月 17 日），载《习近平谈治国理政》，外文出版社 2014 年版，第 43 页。

② 习近平：《紧紧围绕坚持和发展中国特色社会主义学习宣传贯彻党的十八大精神》（2012 年 11 月 17 日），载《习近平谈治国理政》，外文出版社 2014 年版，第 15 页。

争、善于斗争，靠得住、信得过、能放心。习近平还强调：“一个政党的衰落，往往从理想信念的丧失或缺失开始。我们党是否坚强有力，既要看全党在理想信念上是否坚定不移，更要看每一位党员在理想信念上是否坚定不移。”① 理想信念的培养首先靠科学理论武装，靠坚持不懈的教育，但仅此是不够的，还必须有党规党纪的支撑。单纯的理想信念教育作用往往是有限的，对于大多数党员来说，既需要教育和内在养成，也需要党规党纪的指引、规范和监督。所以，必须在理论武装和教育养成的同时，注重以党内法规宣示和体现中国共产党的理想信念，以规范约束、违纪惩戒支撑理想信念和道德情操的引领作用。

其三，以全心全意为人民服务的宗旨统一依规治党和以德治党。全心全意为人民服务是中国共产党的根本宗旨。党章规定：“党除了工人阶级和最广大人民群众的利益，没有自己特殊的利益。党在任何时候都把群众利益放在第一位，同群众同甘共苦，保持最密切的联系”；“坚持全心全意为人民服务”。中共十八大以来，中国共产党鲜明提出“以人民为中心”的执政理念。习近平强调指出：“为中国人民谋幸福，为中华民族谋复兴，是中国共产党人的初心和使命，也是改革开放的初心和使命。我们党来自人民、扎根人民、造福人民，全心全意为人民服务是党的根本宗旨，必须以最广大人民根本利益为我们一切工作的根本出发点和落脚点，坚持把人民拥护不拥护、赞成不赞成、高兴不高兴作为制定政策的依据，顺应民心、尊重民意、关注民情、致力民生，既通过提出并贯彻正确的理论和路线方针政策带领人民前进，又从人民实践创造和发展要求中获得前进动力，让人民共享改革开放成果，激励人民更加自觉地投身改革开放和社会主义现代化建设事业。”“我们必须始终把人民对美好生活的向往作为我们的奋斗目标，践行党的根本宗旨，贯彻党的群众路线，尊重人民主体地位，尊重人民群众在实践活动中所表达的意愿、所创造的经验、所拥有的权利、

---

① 习近平：《不忘初心，继续前进》（2016 年 7 月 1 日），载《习近平谈治国理政》第 2 卷，外文出版社 2017 年版，第 34—35 页。

所发挥的作用，充分激发蕴藏在人民群众中的创造伟力。我们要健全民主制度、拓宽民主渠道、丰富民主形式、完善法治保障，确保人民依法享有广泛充分、真实具体、有效管用的民主权利。我们要着力解决人民群众所需所急所盼，让人民共享经济、政治、文化、社会、生态等各方面发展成果，有更多、更直接、更实在的获得感、幸福感、安全感，不断促进人的全面发展、全体人民共同富裕。”① 在依规治党和以德治党中，必须牢记全心全意为人民服务的宗旨信念，秉持以人民为中心的执政理念，自觉地把为人民服务、对人民负责并自觉接受人民监督作为行为的最高准则，下大气力解决好形式主义、官僚主义、懒政怠政和消极腐败问题，确保党始终同人民心连心、同呼吸、共命运。

其四，以优良传统统一依规治党和以德治党。在长期的革命实践中，中国共产党形成了理论联系实际、密切联系群众、批评和自我批评等优良传统，提出坚持民主集中、维护核心、尊重党员、严明纪律、反对“四风”等明确要求。优良传统关乎党的坚强领导，关乎党的事业兴旺发达，关乎党的生死存亡。必须在依规治党和以德治党的结合中继承、弘扬和创新优良传统，狠抓党风建设，把党风建设与反对形式主义、官僚主义、享乐主义、奢靡之风的斗争和反腐败斗争紧密结合起来。习近平指出：“坚持坚持再坚持，把作风建设抓到底。……要用铁的纪律整治各种面上的顶风违纪行为，……有多少就处理多少。抓作风建设要返璞归真、固本培元。”②

其五，以领导干部的表率作用推动依规治党和以德治党相统一。无论是依规治党，还是以德治党，都要立足“绝大多数”、抓住“关键少数”，依规治党和以德治党的成效由绝大多数检验，由关键少数引领。关键少数就是各级党员领导干部，他们具体行使党的执政权、领导权，是全面从严治党和全面依法治国的关键。如果他们带头尊崇党规、敬畏党规、遵守党规、捍卫党规，在党规之下而不是党规之

① 习近平：《在庆祝改革开放40周年大会上的讲话》（2018年12月18日），人民出版社2018年版，第24—25页。

② 习近平：《坚定不移推进党风廉政建设和反腐败斗争》（2016年1月12日），载《习近平谈治国理政》第2卷，外文出版社2017年版，第165页。

外，更不是在党规之上想问题、作决策、办事情，切实做到守规则、重程序，自觉接受监督，党规就有其权威、尊严，就能在全党得到有效实施。如果他们求真尚善、情操高尚，严以修身、严以用权、严以律己，谋事实、创业实、做人实，廉洁修身、清廉齐家，就能在全党全社会树立起榜样的力量，产生巨大的感召力和深远的影响力，营造风清气正的党内生活和社会环境。

三、推进依规治党和以德治党相统一

第一，坚持思想建党和制度治党相结合。依规治党和以德治党相统一是思想建党和制度建党相结合的题中之义。中国共产党成立之初就以党纲的形式提出用马克思列宁主义武装全党，并制定了党章，进行了思想建党和制度治党的探索。20 世纪 50 年代，邓小平在中共八大提出："党除了应该加强对于党员的思想教育之外，更重要的还在于……从国家制度和党的制度上作出适当的规定，以便对于党的组织和党员实行严格的监督。"[①] 中共十八大以来，习近平总结中国共产党近百年管党治党的思想和经验，在新的历史时代，强调"坚持思想建党和制度治党紧密结合"，指出"思想教育要结合落实制度规定来进行，使加强制度治党的过程成为加强思想建党的过程，也要使加强思想建党的过程成为加强制度治党的过程"。[②] 这一重要论述，深刻阐述了思想建党和制度治党之间的辩证关系，深刻揭示了新形势下全面从严治党的重要规律。思想建党是马克思主义政党建设的根本所在，也是党的建设的优良传统，中国共产党从小到大、由弱变强，从根据地和解放区局部执政到新中国全国长期执政，靠的就是马克思主义以及马克思主义中国化的理论成果的教育和武装。但是，党的历史经验教训也充分表明，仅靠思想建党、靠理论武装是不够的，全面从严治党要以制度治党为保证，将制度建设贯穿全面从严治党的始终。

---

① 邓小平：《关于修改党的章程的报告》（1956 年 9 月 16 日），载《邓小平文选》第 1 卷，人民出版社 1994 年版，第 215 页。

② 《历史使命越光荣奋斗目标越宏伟，越要增强忧患意识越要从严治党》，载《人民日报》2014 年 10 月 9 日。

思想建党需以制度治党为保障，制度治党需以思想建党为基础，法规制度强化思想教育的效能，思想教育支撑法规制度的实施。

第二，坚持内外兼修、标本兼治。管党治党重在标本兼治，“明制度于前，重威刑于后”①，发挥思想教育和制度约束两个优势，把欲望关进自律的笼子，从根本上减少消极腐败现象的发生。中共十九大党章明确规定：“坚持依规治党、标本兼治”。“标本兼治”并不是说依规治党只能解决表面的外在行为问题，以德治党则可以从根本上解决内在思想问题。实际上，它们都具有标本兼治的功能，在这个前提下各有侧重。在党风廉政问题上，目标是“不敢为、不能为、不想为”，依规治党重点达到“不敢为”和“不能为”的效果，以德治党重点达到“不想为”的效果，以此达到标本兼治、内外兼修的良好效果，实现全面从严治党的目标。

第三，坚持依规治党底线与以德治党高标相照应。统筹推进依规治党和以德治党，一个重要的具有方法论意义的做法是，为党组织和党员设立必须做到的最低限度的行为标准，即“底线标准”，同时要求党组织和党员尤其是党员领导干部向较高的道德规范对表，向道德楷模和先锋人物看齐，即“高线标准”。就党内法规和党的道德而言，党内法规可谓“底线标准”，党的道德则是“高线标准”。管党治党，必须设置不可逾越的底线标准，以确保立党为公、执政为民、廉洁从政、公正用权。同时，需要树立较高的标准尤其是道德标准，以保持和发展党的先进性和纯洁性。当然，法规有度，底线不能太低，不能将党员的行为规范降低为对普通公民的要求，脱离先锋队的性质；道德是一个历史范畴，高线不能太高，不切实际地超越社会主义初级阶段的道德义务和责任而盲目拔高、强人所难，那样就会脱离实际、脱离广大党员。依规治党和以德治党也应坚持科学精神，实事求是、求真务实，在保持和发展党的先进性、纯洁性的基点上，合理设置底线标准和高线标准，底线不可逾越，高线适度倡导。

---

① 习近平：《在第十八届中央纪律检查委员会第五次全体会议上的讲话》（2015年1月13日），载中共中央纪律检查委员会、中共中央文献研究室编：《习近平关于严明党的纪律和规矩论述摘编》，中央文献出版社、中国方正出版社2016年版，第85页。

第四，坚持以党内法规促进道德和以道德滋养党内法规。法律与道德、法治与德治的关系是中外法学史上的恒久话题。习近平精辟阐述了二者之间的辩证关系，指出："法律和道德都具有规范社会行为、维护社会秩序的作用。治理国家、治理社会必须一手抓法治、一手抓德治，既重视发挥法律的规范作用，又重视发挥道德的教化作用，实现法律和道德相辅相成、法治和德治相得益彰。"[①] "发挥好法律的规范作用，必须以法治体现道德理念、强化法律对道德建设的促进作用。一方面，道德是法律的基础，只有那些合乎道德、具有深厚道德基础的法律才能为更多人所自觉遵行。另一方面，法律是道德的保障，可以通过规范人们行为、惩罚违法行为来引领道德风尚。要注意把一些基本道德规范转化为法律规范，使法律法规更多体现道德理念和人文关怀，通过法律的强制力来强化道德作用、确保道德底线，推动全社会道德素质提升。"[②] "发挥好道德的教化作用，必须以道德滋养法治精神、强化道德对法治文化的支撑作用。再多再好的法律，必须转化为人们内心自觉才能真正为人们所遵行。'不知耻者，无所不为。'没有道德滋养，法治文化就缺乏源头活水，法律实施就缺乏坚实社会基础。在推进依法治国过程中，必须大力弘扬社会主义核心价值观，弘扬中华传统美德，培育社会公德、职业道德、家庭美德、个人品德，提高全民族思想道德水平，为依法治国创造良好人文环境。"[③]把这些深刻论述运用于依规治党和以德治党，我们可以更加科学地把握党规与道德的关系，更加有力地统筹推进依规治党和以德治国，以依规治党和以德治党的有机结合促进党内善治。

第五，以党性培养为总抓手推进依规治党和以德治党相统一。党性是党的性质、党的宗旨、党的使命、党的作风的集中体现。党作为一个整体而言，永葆中国共产党的党性，不断增强党的生机和

---

① 习近平:《加快建设社会主义法治国家》(2014 年 10 月 23 日)，载《习近平谈治国理政》第 2 卷，外文出版社 2017 年版，第 116 页。

②③ 习近平:《加快建设社会主义法治国家》(2014 年 10 月 23 日)，载《习近平谈治国理政》第 2 卷，外文出版社 2017 年版，第 117 页。

活力，提升党的创造力、凝聚力、战斗力，是依规治党和以德治党的总目标。对于党员个人来说，就是要通过法规制度和思想道德两个方面强化党性修养，不忘初心，牢记使命，始终坚持全心全意为人民服务的宗旨。制度层面的党性修养主要是政治修养、规则修养、纪律修养等，养成政治思维和法治思维，增强政治意识、大局意识、核心意识、看齐意识，始终做到坚决维护习近平总书记党中央的核心、全党的核心地位，坚决维护党中央权威和集中统一领导。思想道德层面的修养主要是“教育引导广大党员、干部……明大德、严公德、守私德，重品行、正操守、养心性”。[①] 牢固树立党的理想、信念与宗旨，强化人文、人品与德性修养，坚定中国特色社会主义道路自信、理论自信、制度自信、文化自信，始终做到讲道德、遵操守、强党性。

小 结

依规治党，事关中国共产党长期执政和国家长治久安，事关中国特色社会主义事业的前途命运。在新时代中国特色社会主义战略布局中，依规治党是全面从严治党的必然要求，是全面依法治国、推进国家治理体系和治理能力现代化的题中之义，是党的领导与党的建设、管党治党与制度建设、党内法规与国家法律等若干重大主题的交汇点，应当高度重视、大力推进。坚持依规治党，必须坚持依规治党和依法治国相统一、依规治党和以德治党相统一。

思考题

1. 如何把握依规治党的核心要义？
2. 如何把握依规治党和制度治党的关系？

① 习近平：《严肃党内政治生活》（2016 年 10 月 27 日），载《习近平谈治国理政》第 2 卷，外文出版社 2017 年版，第 181 页。

3. 如何实现依规治党和依法治国的有机统一？
4. 如何实现依规治党和以德治党相统一？

▶即测即评

▶拓展资源

第三章 党内法规的历史发展

导 语

准确把握党内法规在中国共产党历史上的地位，是正确认识党内法规的重要基础。在中国共产党百年的发展历程中，党内法规始终与党的建设同呼吸、共命运，在党不断加强自身建设的过程中逐步发展和完善，在不同时期反映着不同的历史特征，既一脉相承又与时俱进。回答党内法规从何而来、缘何而来、怎样而来等问题，需要追溯党内法规的历史发展轨迹。

第一节 萌芽和形成时期（1921年至1949年）

一、中国共产党的创建和大革命阶段

中国共产党诞生于国难当头、民族危亡的动荡年代，创建之初的环境决定了其建党目标就是要带领中国人民摆脱内忧外患，追求幸福生活，实现民族独立和解放，实现中华民族伟大复兴，亦即习近平指出的，中国共产党人的初心和使命，就是为中国人民谋幸福，为中华民族谋复兴。中国共产党从诞生之始就是一个以马克思主义为理论武器、以实现共产主义为最高理想和最终目标的新型无产阶级政党。根据马克思和列宁的观点，无产阶级政党是具有明确政治纲领和严密组织体系的团体，需要有一定的规范来约束党的组织及每名成员。因此，中国共产党从建党之初就致力于建立一个纪律严明的政党，重视发挥党内法规的作用。

第一，高度重视党章建设。1921年7月，中国共产党第一次全国代表大会在上海召开，宣告了中国共产党的成立，这是中国近代以来开天辟地的大事变。会议通过了《中国共产党的第一个纲领》，共15条、800余字，这是中国共产党历史上第一部党内法规，具有党章的

性质，规定了党的名称、性质，提出了党的最终奋斗目标，明确了推翻资产阶级、承认无产阶级专政、消灭资本家私有制、联合第三国际四条纲领，对党的组织章程、组织原则、组织机构和发展党员作了明确规定，尽管还比较简单和原则，却由此拉开了中国共产党依规治党的序幕。建党后，随着党的工作不断拓展，党迫切需要一部正式的党章，以确立党内各种关系，发展壮大党的组织，保证党的政治任务的实现。1922 年 7 月，中国共产党第二次全国代表大会通过了《中国共产党章程》，这是中国共产党历史上第一部党章，分为党员、组织、会议、纪律、经费及附则六章，共 29 条。中共二大党章第一次明确提出了彻底地反对帝国主义和反对封建主义的民主革命纲领，即党的最低纲领；第一次详尽地规定了党员条件和入党手续，对党的组织原则、组织机构、党的纪律和制度都作了具体规定，其核心内容和最大贡献是建立严密的组织并加强党的纪律。中共二大党章的产生，标志着党的自身建设在创建时期取得了初步成果，使党能够以无产阶级先锋队的面貌迅速从中国各政党和团体中脱颖而出，获得中国工人阶级和其他劳动群众的信赖，为以后党的建设奠定了坚实基础。由于中国革命形势的复杂多变以及党自身发展的需要，中共二大党章制定之后进行了多次修改。1923 年 6 月，中国共产党第三次全国代表大会对中共二大党章进行了第一次修改，进一步严格了入党手续，首次对党员的候补期作了规定。1925 年 1 月，中国共产党第四次全国代表大会对中共二大党章进行了第二次修改，主要是为了解决组织问题。在大革命局部失败的危急情势下，1927 年 4 月至 5 月，中国共产党第五次全国代表大会没有来得及讨论修改党章，而是要求中央政治局会后完成。同年 6 月，中央政治局会议通过了《中国共产党第三次修正章程议决案》，这是中国共产党历史上唯一一部非由全国代表大会修改的党章。此次修改的党章第一次将民主集中制规定为党的指导原则，第一次将党的组织划分为党的中央机关、省的组织、市及县的组织、区的组织、党的支部五级体系，第一次规定了中央政治局和中央政治局常务委员会的设置，第一次对入党的年龄作了明确规定。党章的不断修改完善，表明了党对自身定位与任务的逐渐明确，也体现了党与时俱进的革命品格。

第二，加强党的组织制度建设。如何生存发展，是中国共产党建党之初面临的重大问题。1923 年 6 月，中共三大通过了《中国共产党中央执行委员会组织法》，这是党的第一部组织法规，对党的中央领导机构的组织结构、人员构成、职责分工、工作制度等作了规定，改变了建党初期中共中央缺乏组织机构和工作机制、领导不力的状况。1923 年 10 月，中共中央局发布了《教育宣传委员会组织法》，这是党内第一部规范党的工作部门的党内法规。1925 年 1 月，中共四大通过了《对于组织问题之决议案》，规定党的支部是党的最基本的组织，党的组织体制是中央集权制，并对党员和党组织提出了严格的组织纪律要求。在此基础上，1927 年 5 月，中共五大通过了《组织问题决议案》，确立了党的集体领导制度，明确规定党部的指导原则是民主集中制，并规定“支部是党的命令传达所和宣传机关”。

第三，开始重视党的纪律建设。出于斗争需要，中国共产党在建党初期就很重视党的纪律的制定和执行。中共二大党章中专设“纪律”一章，明确规定“全国大会及中央执行委员会之议决，本党党员皆须绝对服从之”，并规定了开除党员的六种情况，包括言论行动有违背本党宣言章程及大会各执行委员会之议决案、无故连续二次不到会、欠缴党费三个月、无故连续四个星期不为党服务、经中央执行委员会命令其停止出席留党察看期满而不改悟、泄漏本党秘密。中共五大党章专设“监察委员会”一章，以确保党的权威和行动一致。这些规定标志着党的纪检监察制度建设开始起步。

二、土地革命战争阶段

1927 年大革命失败使得中国革命形势发生了重大变化，中国革命开始进入由中国共产党独立高举革命大旗、领导人民进行土地革命战争的历史阶段。在这一阶段，中国共产党需要直面进一步强化党的组织建设、确立党对军队的领导权等一系列问题，党内法规制度建设进入初创探索阶段。

第一，进一步修改党章。1928 年 6 月至 7 月，中国共产党第六次全国代表大会在莫斯科召开。大会通过了《中国共产党党章》，共 15 章 53 条，对之前的党章进行了较大修改，删除了党的建设、党的中央机关、监察委员会、经费等章，增加了党的名称、党的组织系统、党的全国大会、中央委员会、审查委员会、党的财政等章。中共六大党章是唯一一部在国外制定的党章，规定中国共产党为“共产国际支部”，应无条件执行共产国际代表大会决议的规定。①

第二，应对白色恐怖改革组织制度。1927 年 8 月 7 日，中共中央召开紧急会议，通过了《党的组织问题决议案》，规定党的六大前由中央临时政治局执行中央委员会的职权，并规定了白色恐怖时期党的组织和各级党委的工作方式、职责任务和纪律要求等。1927 年 11 月，中共中央临时政治局在上海召开扩大会议，通过了《最近组织问题的重要任务决议案》。在此基础上，中共中央又先后发出《中央通告第十七号》《中央通告第二十号》等一系列重要文件，对调整党团关系、加强党的组织建设、强调党的纪律等起到了重要作用，为恢复和发展党组织、保留革命力量和继续革命提供了制度保障。

第三，强调党领导军队原则。1927 年，毛泽东领导秋收起义部队三湾改编，确立了“将党的支部建在连队上”制度。1929 年 12 月，中国工农红军第四军在福建省龙岩市上杭县古田村召开第九次党的代表大会，通过了毛泽东主持起草的《中国共产党红军第四军第九次代表大会的决议案》，史称“古田会议决议”。该决议是关于党和红军建设的一个纲领性文件，直面解决军队存在的现实问题，在强调加强党的思想建设的同时，指出必须加强党的组织建设，坚持民主集中制，反对极端民主化、非组织观点等错误倾向，提出“每连建设一个支部，每班建设一个小组，这是红军中党的组织的重要原则之一”，对红四军和党的军队建设产生了深刻影响。

第四，创立党内巡视制度。1928 年 10 月 8 日，中共中央发布第五号通告，颁布《巡视条例》，初步尝试建立巡视制度，要求各级党

① 直到 1935 年 8 月，共产国际七大作出决议指出“解决任何问题都要从各国的具体情况和特殊条件出发，通常应该避免直接干涉各国共产党内部的组织事务”，这一状况才发生改变。

部切实执行。1931 年 5 月，中共中央通过《中央巡视条例》，要求各省各地参照条例建立自己的巡视制度，该《条例》于 1932 年 3 月 12 日重新审查通过，标志着党内巡视制度正式建立。

三、全民族抗日战争阶段

1937 年 7 月 7 日，日军发动“卢沟桥事变”，标志着中国人民抗日战争全面爆发。在此背景下，中国共产党适应形势任务需要，对党的建设作出相应调整。为使中国共产党成为成熟的马克思主义政党，领导中国人民夺取抗日战争的胜利，中国共产党紧紧围绕党的思想路线与政治路线，进一步加强党的建设，党内法规制度建设开始真正进入奠基阶段。

第一，独立自主制定党章。1945 年 4 月至 6 月，中共七大在延安召开。会议通过了《中国共产党党章》，共 11 章 70 条，增加了总纲部分，创新了党章结构，第一次将毛泽东思想确立为党的指导思想，第一次将“为人民服务”宗旨规定到党章中，第一次规定了党员的义务与权利，进一步完善了党的民主集中制。中共七大党章是中国共产党第一部完全独立自主制定的党章，是新民主主义革命时期最为完备的一部党章，对于确保党内团结和统一行动，争取抗日战争最后胜利以及全国解放战争胜利发挥了重要作用。

第二，提出党内法规概念。1938 年 9 月至 11 月，在延安召开的扩大的六届六中全会上，毛泽东作了《论新阶段》的政治报告。鉴于张国焘分裂党中央事件和王明在长江局工作期间违反党的政治纪律的行为，毛泽东在中国共产党的历史上第一次提出了“党内法规”的概念。在这次会议上，刘少奇代表中共中央规则起草委员会就《关于中央委员会工作规则与纪律的决定》《关于各级党部工作规则与纪律的决定》《关于各级党委暂行组织机构的决定》作了《党规党法的报告》，提出“中央委员及政治局委员在执行此党规党法上应表现为模范”①。

① 中共中央文献研究室、中央档案馆：《建党以来重要文献选编（一九二一—一九四九）》第 15 册，中央文献出版社 2011 年版，第 753 页。

第三，加强党的集中统一领导。1942 年 9 月，为适应残酷的战争环境，解决抗日根据地党政军民关系中存在的不协调问题，中央政治局通过了《关于统一抗日根据地党的领导及调整各组织间关系的决定》，强调党的各级委员会为各地区的最高领导机关，统一各地区的党政军民工作的领导，要求严格执行下级服从上级、全党服从中央的原则，同时注意防止和纠正党委包办政权、民众团体工作的现象。1943 年 3 月，中央政治局作出《关于中央机构调整及精简的决定》，规定在两次中央全会之间，中央政治局担负领导整个党工作的责任，有权决定一切重大问题；书记处会议中所讨论的问题，主席有最后决定权。

第四，强化党的自身建设。全面抗战时期，伴随着党员数量的增加，党的组织和党员队伍出现了不少问题。加强党的自身建设以使其更有能力领导中国革命走向胜利，成为党内关注的重要问题。1939 年 10 月，毛泽东发表《〈共产党人〉发刊词》，提出了党的建设伟大工程的总目标和总任务，指出党的建设必须围绕党的政治路线，坚持马列主义普遍真理和中国革命具体实际相结合的原则。在此基础上，20 世纪 40 年代，中国共产党以延安为中心，在全党范围内开展了一场整风运动，推动广大党员干部提高马克思主义理论水平，端正思想方法并明确政治路线，使党在政治上、组织上、思想上达到空前统一和团结。中共中央围绕党的自身建设制定了《关于大量发展党员的决议》《关于增强党性的决定》《关于调查研究的决定》《关于审查干部的决定》等多部重要法规文件。

第五，推进宣传教育工作。为扩大党内党外的宣传教育，深入动员群众参加抗战，中共中央分别于 1939 年 5 月、1940 年 3 月发出《关于宣传教育工作的指示》《关于开展抗日民主地区的国民教育的指示》。1941 年 7 月，中央宣传部发出《关于各抗日根据地群众鼓动工作的指示》，改进宣传鼓动工作。为加强各级领导干部的马克思列宁主义教育，提高他们的素质能力和工作水平，1940 年初，中共中央先后发出《关于干部学习的指示》《关于办理党校的指示》《关于在职干部教育的指示》；1941 年 12 月和 1942 年 2 月作出《关于延安在职干部学习的决定》《关于在职干部教育的决定》。

四、全国解放战争阶段

抗日战争胜利后，中国革命进入了全国解放战争阶段。这一时期，为了确保党的路线方针政策得到贯彻落实，加强党的建设，维护党的集中统一领导，强调组织性和纪律性，党内法规制度建设得到初步加强。

第一，健全党的集体领导制度。1948 年 9 月，中共中央发布毛泽东起草的《关于健全党委制》决定，要求必须建立健全党委会议制度，指出“党委制是党保证集体领导、防止个人包办的重要制度”，强调“集体领导和个人负责，二者不可偏废”。党委制对于充分发挥党的集体领导与分工负责制度的优势、夺取新民主主义革命胜利起到非常重要的作用。同年，中央政治局会议通过了《中共中央关于召开党的各级代表大会和代表会议的决议》，要求按照中共七大党章的规定召开党的各级代表大会和代表会议。

第二，建立健全请示报告制度。1947 年 2 月，中共中央发布《关于在军队中组织党委会的指示》，加强党对军队的领导。1948 年 1 月，毛泽东为中共中央起草《关于建立报告制度》的指示，要求必须建立严格的报告制度，克服党内和军队内存在的无纪律无政府状态。之后，中共中央又先后印发了《关于建立报告制度的补充指示》《关于宣传工作中请示与报告制度的规定》《关于在全党全军中开展对执行请示报告制度之检讨的指示》等多部文件，使该制度得到进一步健全。1948 年 9 月，中共中央政治局扩大会议通过《关于各中央局、分局、军区、军委分会以及前委会向中央请示报告制度的决议》，对何者决定权属于中央、何者必须事前请示中央并得到中央批准后才能付诸实行、何者必须事后报告中央备审作出了具体规定，加强了党的集中统一领导。

第三，进一步加强党的自身建设。随着革命形势的发展，中国共产党的组织迅速壮大。至 1947 年底，党员数量已经由 1945 年的 120 万人发展到 270 万人。但由于长期处于战争环境，缺少严格的组织生活以及缺乏对党员的思想政治教育，党内出现了思想不纯、官僚主义作风严重等问题，这在农村基层党组织中表现得尤为突出。为此，刘少奇在 1947 年 7 月召开的中国共产党全国土地会议上指出了整党的必要性。同年 12 月 25 日，毛泽东在中共中央扩大会议上提交了《目前形势和我们的任务》的书面报告，充分肯定了整党的重要性。在此背景下，党内开展了以“开展批评与自我批评，以说服教育为主，惩前毖后，治病救人”为基本方针的整党。为此，中共中央先后发出《关于目前党的政策中的几个重要问题》《一九四八年的土地改革工作和整党工作》等多部重要文件。1949 年 3 月 5 日，毛泽东在党的七届二中全会报告中提出“两个务必”要求，全会根据毛泽东的提议作出了纪律方面的“六条规定”。这些对于加强党的自身建设、保持党的纯洁性都发挥了重要作用。

总的来看，在新民主主义革命时期，党内法规制度建设主要围绕革命任务需要而展开，重视党章的制定和修改，确立了党的民主集中制，初步建立了党的组织制度，健全了党的集体领导制度、工作制度和党的纪律，保证了党的纲领和路线方针政策的贯彻执行。基于当时的历史条件，这一时期的党内法规一般都比较简便，强调保密性与时效性，但规范性与稳定性不够。这些初步探索，适应了中国共产党在革命战争年代生存和发展的客观需要，对保证和推动新民主主义革命胜利发挥了重要作用，同时在党内法规制度建设方面也积累了一些宝贵经验，为新中国成立以后党内法规制度建设的发展奠定了坚实基础。

第二节　探索和曲折时期（1949 年至 1978 年）

一、新中国成立和向社会主义过渡阶段

从新中国成立到社会主义改造基本完成，我国相继实现了从半殖民地半封建的旧社会到民族独立、人民当家作主的新社会，从新民主主义到社会主义两个历史性转变。中国共产党积极适应这两个历史性

转变，领导全国各族人民进行了社会主义改造，确立了社会主义基本制度，成功实现了中国历史上最深刻最伟大的社会变革，为当代中国一切发展进步奠定了根本政治前提和制度基础。与这一历史进程相适应，中国共产党开始全面探索在全国执政条件下进行党内法规制度建设的路子，在继承和发展新民主主义革命时期行之有效制度的基础上，对加强党对各方面工作的领导、推进执政党自身建设方面的党内法规作出重要探索和创新，为党领导人民进行社会主义革命和建设提供了有力制度保障，推动党内法规制度建设取得重要成就。

第一，健全强化党的一元化领导制度。新中国成立之初，各级政权机构尚处于初创阶段，而党的领导机关和各级组织则比较严密、健全，对党政军民各项工作的具体领导有着丰富的经验。为适应错综复杂的国际国内形势和艰巨繁重的工作，党将抗日战争时期形成的一元化领导方式延续下来，应用于对国家事务的领导和管理。相关规定迅速出台，明确各级党委是各级领导机关，健全党的集中统一领导体制。① 1949 年 11 月，中共中央作出《关于在中央人民政府内组织中国共产党党委会的决定》和《关于在中央人民政府内建立中国共产党党组的决定》，前者解决了在中央政府任职的党员中建立党组织的问题，后者是“为了实现和加强中国共产党中央对中央人民政府的领导，以便统一并贯彻党中央的政治路线和政策的执行”②，初步确立了党的一元化领导制度，形成了我国党政关系的基本格局。1953 年 3 月，中共中央出台《关于加强中央人民政府系统各个部门向中央请示报告制度及加强中央对政府工作领导的决定（草案）》，强调政府工作中一切主要的和重要的方针、政策、计划和重大事项，必须经过党中央的讨论和决定或批准以后始得执行。③ 在一元化领导格局下，党注意到要防止党政不分、以党代政问题。1949 年 10 月，根据中共中

① 参见中共中央党史研究室：《中国共产党历史 · 第 2 卷（1949—1978）》上册，中共党史出版社 2011 年版，第 173 页。

② 中央档案馆、中共中央文献研究室编：《中共中央文件选集（1949 年 10 月—1966 年 5 月）》第 1 册，人民出版社 2013 年版，第 76 页。

③ 中央档案馆、中共中央文献研究室编：《中共中央文件选集（1949 年 10 月—1966 年 5 月）》第 11 册，人民出版社 2013 年版，第 289—290 页。

央要求，中央宣传部和新华总社发出《关于中央人民政府成立后宣传工作中应注意事项的指示》，明确规定“凡属政府职权范围者应由中央人民政府讨论决定，由政府命令颁布实施”，“不要再如过去那样有时以中国共产党名义向人民发布行政性质的决定、决议或通知”。

第二，加强党对各方面领导的制度建设。为加强党对各方面工作的领导，对全国执政条件下党的领导方式和执政方式进行探索完善，中国共产党建立中央秘书长工作会议制度，在中央政治局和书记处下成立中央军事委员会、建立军事领导制度，制定实施了一系列党的领导方面的党内法规，党的领导法规取得重要进展。1949 年 12 月，中共中央出台《关于中央人民政府成立后党的文化教育工作问题的指示》，对文化教育工作的领导和管理体制作出规定。在此基础上，中共中央先后出台《关于在全党建立对人民群众的宣传网的决定》《关于健全各级党委宣传机构和加强党的宣传教育工作指示》，强调要“建立必要的制度”，使党对人民群众的宣传工作成为全体共产党员的经常性工作。① 1951 年 2 月，中共中央出台《关于加强理论教育的决定（草案）》，要求全体党员“在统一的制度下无例外地和不间断地”加强理论学习，② 此后又出台《关于国际时事宣传的规定》《关于引用毛泽东或中央其他负责同志言论应注意事项的规定》等，进一步规范宣传思想工作的内容。

第三，完善党的自身建设制度。新中国成立后，为应对并克服党全国执政条件下容易脱离群众和消极腐败的危险，中国共产党把自身建设摆上重要议事日程，特别是在制度建设方面作了大量探索。一是加强党员队伍建设。中共中央先后出台《关于发展和巩固党的组织的指示》《关于接收新党员手续的规定》《关于党员交纳党费的规定》等，对党员发展、管理等工作作出规定。这一时期，中国共产党在全党范围开展了整风、整党运动，批判居功自傲等错误思想，进行共产

① 中央档案馆、中共中央文献研究室编：《中共中央文件选集（1949 年 10 月—1966 年 5 月）》第 5 册，人民出版社 2013 年版，第 1、197 页。

② 中央档案馆、中共中央文献研究室编：《中共中央文件选集（1949 年 10 月—1966 年 5 月）》第 5 册，人民出版社 2013 年版，第 307—308 页。

党员标准八项条件等教育，并在此基础上发展了一批新党员。二是加强干部管理工作。1949 年 11 月，中央组织部发出《关于干部鉴定工作的规定》，将建立干部鉴定制度作为正确执行党的干部政策的主要方法。1953 年 11 月，中共中央出台《关于加强干部管理工作的决定》，将对干部的统一管理方法改革为分部分级管理方法，逐步建立在中央及各级党委统一领导下、组织部门统一管理下的分部分级管理干部的新体制。此后，又逐步建立了对干部的检查、巡视、轮训制度。三是制定增强党内团结的规定。1954 年 2 月，中国共产党第七届中央委员会第四次全体会议通过了《关于增强党的团结的决议》，总结高岗、饶漱石反党分裂活动的教训，强调增强和维护党的团结的极端重要性，指出党的团结必须是也只能是在马克思列宁主义基础上的团结，在正确的政治原则和正确的组织原则的基础上的团结，同时以党的高级干部为主要对象、兼顾全党，作出六条规定①，提出增强党内团结的基本要求。这是党在执政条件下颁行的规范党内政治生活和组织生活，特别是高级干部行为的重要规定。

第四，健全党内监督制度。新中国成立后，中国共产党对加强党内监督高度重视，决定建立健全各级纪检机构。1949 年 11 月，中共中央发布《关于成立中央及各级党的纪律检查委员会的决定》，对中央和各级党的纪律检查委员会的设置、任务和职权进行规定。1950 年 2 月，中共中央出台《关于各级党的纪律检查委员会领导关系的指示》，规定各级党的纪律检查委员会是各级党委的一个工作部门，受同级党委的领导和上级纪委的指导。1952 年 2 月，中共中央出台《关于加强纪律检查工作的指示》，强调要加强党委对纪委的领导，

① 六条规定是：党的团结的利益高于一切，因此应当把维护和巩固党的团结作为指导自己言论和行动的标准；党是工人阶级先进分子的统一的集中的组织，党的团结的唯一中心是党的中央；党的团结的重要保证之一是严格遵守民主集中制，严格遵守集体领导的原则；全党高级干部的重要的政治活动和政治意见应经常向所属的党的组织报告和反映；全党高级干部应根据增强党的团结的原则来检查自己的言论和行动；对于任何有损党的团结的言论和行动应当进行批评和斗争。参见中央档案馆、中共中央文献研究室编：《中共中央文件选集（1949 年 10 月—1966 年 5 月）》第 15 册，人民出版社 2013 年版，第 253—254 页。

各级纪委与各级人民监察委员会可酌情实行合署办公。此后，中共中央先后出台《关于处理贪污浪费问题的若干规定》《关于在“三反”运动中党员犯有贪污、浪费、官僚主义错误给予党内处分的规定》《关于处理控告、申诉案件的若干规定》《关于处分党的组织及党员的批准权限和手续的规定（草案）》《关于处理受刑事处分的共产党员党籍问题的规定》等，对加强党委对纪委的领导、党员违纪处分及程序等作出明确规定，推动纪律检查工作制度建设取得重要进展。为适应大规模社会主义改造和社会主义建设的需要，1955 年 3 月召开的党的全国代表会议，总结新中国成立以来的经验，通过《关于成立党的中央和地方监察委员会的决议》，决定成立各级监察委员会以代替各级纪律检查委员会，同时对党的监察委员会的设置、任务和职权等作出规定。1955 年 5 月，中共中央转发中央监察委员会工作细则，对中央监察委员会的工作任务、工作关系、领导机构和内部机构设置、职权等作出具体规定。实践中，党还加强了农村、肃反等工作中的纪检监察制度建设。

二、开始全面建设社会主义阶段

从 1956 年中国共产党第八次全国代表大会召开到 1966 年“文化大革命”爆发，是党领导全国各族人民开始全面建设社会主义的十年。在这十年中，党对适合中国国情的社会主义建设道路进行了艰辛探索。以中共八大制定的党章为标志，党内法规制度建设取得新的进展。但由于党在指导思想方面的“左”的错误越来越严重，党内生活和党的集体领导遭到破坏，很多党内法规在实践中并没有得到认真贯彻执行，党内法规制度建设经历了诸多曲折和反复。

第一，修改形成全国执政后第一部党章。1956 年 9 月，中共八大对党的建设问题进行了认真研究，通过了修改后的《中国共产党章程》。修改后的党章延续了七大党章“总纲”和“条文”两部分的结构，删除了七大党章中“党的地下组织”和“经费”两章，共九章 60 条。八大党章总纲总结党执政初期的经验，增写了全面建设社会主义的任务、实现现代化的目标以及党的内政外交政策内容，突出了党的领导地位和如何加强领导的问题；对民主集中制作了充分论述，对党的组织机构及组织制度作出重大调整，规定党的各级代表大会实行常任制，强调要维护党的团结和统一；对党员特别是党的干部提出更高更严格要求，完善了党的纪律处分的种类。八大党章是中国共产党探索社会主义建设规律和执政党建设规律的初步成果，为社会主义时期党的建设指明了正确方向。

第二，完善党的领导体制和领导方式。中共八大提出经济管理体制改革的任务，从 1958 年初开始了“权力下放”的改革进程。随着“大跃进”和人民公社化运动给经济造成严重困难，中共中央决定加强党的集中统一领导。1961 年 1 月，中国共产党第八届中央委员会第九次全体会议作出《关于成立中央局的决议》，决定成立六个党的中央局，要求把经济管理权集中到中央、中央局和省（市、自治区）三级，两三年内更多地集中到中央、中央局，以加强中央对各大区各项工作的统一领导和全面安排。① 随后，中共中央出台《关于调整管理体制的若干暂行规定》，贯彻落实“大权独揽、小权分散”原则，对党和国家的管理体制进行调整。② 此外，1958 年 1 月，毛泽东主持起草《工作方法六十条（草案）》，对中央和地方党委抓社会主义建设的理论原则、工作任务和工作方法提出了明确要求。在全党大兴调查研究之风的基础上，进一步制定了“农村人民公社十二条”“农业六十条”“工业七十条”“林业十八条”“手工业三十五条”“商业四十条”“科研十四条”“文艺八条”“高教六十条”等制度，总结相关领域工作的经验教训，为规范党对各方面工作的领导提供了重要依据。在这一过程中，毛泽东等中央领导同志对制定制度的群众路线方法进行了积极探索，恢复和发扬了党的实事求是等优良传统，积累了推进党内法规制度建设的重要经验。

第三，加强党的组织制度建设。为适应社会主义建设对广大党员

---

① 中共中央文献研究室编：《建国以来重要文献选编（1949. 9—1965. 12）》第 14 册，中央文献出版社 2011 年版，第 65 页。

② 中共中央文献研究室编：《建国以来重要文献选编（1949. 9—1965. 12）》第 14 册，中央文献出版社 2011 年版，第 87—89 页。

干部提出的新要求，1961 年 9 月，中共中央出台《关于轮训干部的决定》，对干部轮训的对象、内容、措施、方法、组织领导等作出规定。1962 年 9 月，中国共产党第八届中央委员会第十次全体会议通过《关于有计划有步骤地交流各级党政主要领导干部的决定》，建立定期交流干部制度。为加强党的基层组织建设，1963 年 1 月，中共中央对《组织工作会议纪要》作出批示，强调必须把党的基层工作的正常秩序建立起来，各级党委可以根据中央组织部草拟的《中国共产党农村基层组织工作条例（试行草案）》《中国共产党国营工业企业基层组织工作条例（试行草案）》和《中国共产党商业企业基层组织工作条例（试行草案）》进行试点，在试行一个时期后，再对这些条例进行修正。

第四，加强党内监督制度建设。为保证党章和党的路线方针政策贯彻执行，加强对党员特别是党员干部的监督，1962 年 9 月，中共八届十中全会通过《关于加强党的监察机关的决定》，规定加强中央和地方各级监察委员会，扩大各级监察委员会委员名额，并要求各级监察委员会加强对同级国家机关党员的监督。1963 年 1 月，中共中央批转中央监察委员会报请审批的《党的监察工作人员守则（草案）》《中央监察委员会常驻各中央局、国务院所属各部门监察组试行工作条例（草案）》等文件作为试行草案下达，《中央监察委员会工作细则》附发供参考。

三、“文化大革命” 阶段

1966 年至 1976 年的“文化大革命”，是一场由领导者错误发动，被反革命集团利用，给党、国家和人民造成严重灾难的内乱。党的集体领导原则从反右派斗争扩大化后不断受到破坏，民主集中制原则在执行中出现偏差，党内生活制度逐渐走向不正常。[①] 党内法规制度建设也遭受严重挫折，这既是“左”的错误的结果和体现，也是“左”

① 中共中央党史研究室：《中国共产党的九十年（社会主义革命和建设时期）》，中共党史出版社、党建读物出版社 2016 年版，第 558 页。

的错误不断恶化的重要原因。

1966年8月，中国共产党第八届中央委员会第十一次全体会议通过《中国共产党中央委员会关于无产阶级文化大革命的决定》，提出了16条要求，对“文化大革命”的对象、依靠力量、方式方法等根本问题作出有严重错误的规定。1969年4月，中国共产党第九次全国代表大会召开，对党章进行了修改。九大党章仅六章12条，取消了党内民主、集体领导、党员义务和权利以及预备期等条文，取消了党的监察机关，对党内生活和党内关系的许多方面都没有作出明确规定。1973年8月，中国共产党第十次全国代表大会召开，仍然肯定九大的政治路线和组织路线都是正确的，仍然号召全党“坚持无产阶级专政下的继续革命”，坚持“无产阶级文化大革命”。十大党章沿袭了九大党章的内容和结构，只是作了个别修改。九大、十大党章是在“文化大革命”这一特殊历史条件下的产物，是在错误的“无产阶级专政下继续革命”的理论指导下制定的。正如邓小平后来总结的那样：“九大、十大搞的党章，实际上不大像党章，党员有些什么权利和义务，究竟怎么样才算个共产党员，不合条件怎么办，都没有规定好，需要修改。”①

四、徘徊中前进阶段

粉碎“四人帮”后，“文化大革命”中被打乱的党和国家政治生活的正常秩序逐步得到恢复。1977年8月，中国共产党第十一次全国代表大会通过的党章纠正了九大、十大党章的一些错误，比如，恢复了八大党章关于指导思想的表述，提出把党的工作重心转移到社会主义现代化建设上来，在20世纪末基本实现“四个现代化”的奋斗目标，增写了坚持民主集中制原则的内容。但由于特殊的历史条件，十一大党章仍然坚持“文化大革命”的理论方针，特别是关于“无产阶级专政下继续革命”“以阶级斗争为纲”等提法。十一大党章是一

① 邓小平：《目前的形势和任务》（1980年1月16日），载《邓小平文选》第2卷，人民出版社1994年版，第269页。

部既有积极作用又有严重缺陷的党章，反映了党和国家的工作总体上还处在徘徊中前进的局面。

总的来看，在社会主义革命和建设时期，中国共产党对全国执政条件下的党内法规制度建设进行了积极探索，取得了一定发展，也经历了一些曲折。一方面，将新民主主义革命时期一些行之有效的制度继承了下来；另一方面，积极适应在全国范围内执掌国家政权的地位变化以及社会主义革命和建设新形势新任务的需要，建立健全了党的领导和党的建设方面的许多法规制度。这些实践为新的历史条件下如何通过党内法规制度建设加强党的领导和执政党自身建设提供了正反两方面的重要经验，对于改革开放和社会主义现代化建设时期更加重视发挥党内法规作用、推动党内法规制度建设健康快速发展提供了有益借鉴。

第三节　恢复和发展时期（1978年至2012年）

一、改革开放起步到全面展开阶段

1978年12月召开的中共十一届三中全会作出把党和国家工作中心转移到经济建设上来、实行改革开放的历史性决策，实现了新中国成立以来党的历史上具有深远意义的伟大转折。伴随着对“文化大革命”惨痛教训的反思，党和国家各项事业开始在拨乱反正中恢复发展，改革开放正式起步并逐步展开，与此相适应，党内法规制度建设也开始得到恢复和加强。

第一，重视制度治党。从拨乱反正和改革开放一开始，邓小平就提出要加强党的建设特别是党的制度建设问题，强调这是关系党和国家前途命运最根本的问题，是治国兴国的最根本的问题。他指出：“我们过去发生的各种错误，固然与某些领导人的思想、作风有关，但是组织制度、工作制度方面的问题更重要。”[①]“制度问题不解决，

① 邓小平：《党和国家领导制度的改革》（1980年8月18日），载《邓小平文选》第2卷，人民出版社1994年版，第333页。

思想作风问题也解决不了”[①]。为了维护制度的权威性，邓小平强调必须加强党的纪律，指出：“文化大革命期间，党的纪律废弛了，至今还没有完全恢复，这也是党不能发挥应有作用的一个重要原因。由于纪律相当废弛，许多党员可以自行其是，对党的路线、方针、政策，党的决定，党规定的任务，可以不执行或不完全执行。一个党如果允许它的党员完全按个人的意愿自由发表言论，自由行动，这个党当然就不可能有统一的意志，不可能有战斗力，党的任务就不可能顺利实现。”[②] 特别是，在1978年中央工作会议闭幕会上，邓小平从党规与国法关系的角度，深刻揭示了党内法规的重要地位和作用，强调“国要有国法，党要有党规党法。党章是最根本的党规党法。没有党规党法，国法就很难保障”。1987年10月，中共十三大提出，要“在新的历史条件下，在党的建设上走出一条不搞政治运动，而靠改革和制度建设的新路子”。

第二，修改完善党章。1982年9月，中国共产党第十二次全国代表大会通过的党章深刻总结了党执政的经验教训，根本摒弃了自九大以来蒙在党章上的“左”的阴影，是一部体现马克思主义政党原则、中国共产党党情和时代特点的党章。该党章对党的性质、指导思想、奋斗目标和国际国内政策作出正确阐述；对党员和党的干部在思想上、政治上、组织上提出更高标准；对党员的义务和权利作出新的规定；对坚持党的民主集中制、加强基层党组织建设、改善党的各级领导体制、严格党的纪律等提出了新的要求。十二大党章第一次比较全面而正确地回答了新时期执政党建设的目标、途径和方法等基本问题，是一部至今仍在发挥重要作用的好党章。1987年10月，中共十三大召开，对十二大党章进行了第一次修改，规定党委讨论重大问题必须进行表决，充实了发展党内民主和完善组织制度等方面的内容。但同时，十三大党章取消了设在中央和地方国家机关、经济组织和文

① 中共中央文献研究室编：《改革开放三十年重要文献选编》（上），中央文献出版社2008年版，第147页。

② 邓小平：《目前的形势和任务》（1980年1月16日），载《邓小平文选》第2卷，人民出版社1994年版，第271页。

化组织领导机关中的党组，一定程度上削弱了党的领导，实践中产生了一些消极影响。

第三，改革并完善党和国家领导制度。1980 年 8 月，邓小平在《党和国家领导制度的改革》讲话中指出：“领导制度、组织制度问题更带有根本性、全局性、稳定性和长期性。”[①]“改革党和国家的领导制度，不是要削弱党的领导，涣散党的纪律，而正是为了坚持和加强党的领导，坚持和加强党的纪律。”[②] 1982 年 2 月，中共中央作出《关于建立老干部退休制度的决定》，废除了实际上存在的领导干部职务终身制。此外，中共中央还采取了一系列重大改革措施，包括：坚持和改善党的领导，加强中央常委会领导，改党中央主席制为总书记制，规定“少宣传个人”等；坚持和完善人民代表大会制度，加强各级人民代表大会的权威，建立健全民主决策、民主监督的程序和制度；实行首长负责制，建立统一的、强有力的、高效率的行政系统，中央一部分主要领导同志不兼任政府职务，改善政府领导制度等。

第四，恢复并加强党的自身建设法规。“文化大革命”结束后，中国共产党在深刻反思中认识到，党的民主集中制受到严重破坏、难以发挥应有作用是“文化大革命”发生的重要原因。严肃党内政治生活成为党加强自身建设的重要任务。1980 年 2 月，中共十一届五中全会通过了《关于党内政治生活的若干准则》，系统梳理和总结了党内政治生活的优良传统和有效措施，对于恢复和健全党内民主、维护党的集中统一、严肃党的纪律、促进党的团结，实现政治上、思想上、组织上、作风上的拨乱反正，实现全党工作中心的转移，发挥了重要历史作用，为改革开放新时期党内政治生活的开展提供了基本规范。1985 年 2 月，中央组织部印发《关于党的地方各级代表大会若干具体问题的暂行规定》，对党的代表大会代表名额及产生等作了全面规定，进一步健全了党的代表大会制度。为了打击改革开放初期的

① 邓小平：《党和国家领导制度的改革》（1980 年 8 月 18 日），载《邓小平文选》第 2 卷，人民出版社 1994 年版，第 333 页。

② 邓小平：《党和国家领导制度的改革》（1980 年 8 月 18 日），载《邓小平文选》第 2 卷，人民出版社 1994 年版，第 341 页。

腐败现象，党及时地、有针对性地制定出了若干作风建设、纪律建设方面的法规，如《关于高级干部生活待遇的若干规定》《关于党政机关在职干部不要与群众合办企业的通知》《关于各级纪检干部不得担任各种经济组织的职务的通知》《关于严格控制党政机关干部出国问题的若干规定》《党员领导干部犯严重官僚主义失职错误党纪处分的暂行规定》等，对于促进党风政风好转，恢复和发扬党的艰苦朴素、密切联系群众的优良传统，改善党群干群关系起到了积极作用。

第五，恢复和发展党内监督制度。“文化大革命”结束后，中国共产党纪检工作进入拨乱反正新时期。1978 年 12 月，中共十一届三中全会选举产生中央纪律检查委员会。1979 年 1 月，中央纪委第一次全会通过《中共中央纪律检查委员会关于工作任务、职权范围、机构设置的规定》，规定“中央纪律检查委员会的根本任务是，维护党规党法，切实搞好党风”。1983 年 3 月，中央纪委发出《关于健全党的纪律检查系统加强纪检队伍建设的暂行规定》，规定了各级纪律检查机构的设置、任务、职责范围、委员名额及机关编制、干部配备、管理原则等内容。1987 年 7 月，中央纪委印发《党的纪律检查机关案件审理工作条例》，规范了案件审理工作；印发《关于对党员干部加强党内纪律监督的若干规定（试行）》，规定了监督的任务、内容、方式等。

二、改革开放和社会主义现代化建设新阶段

以邓小平南方谈话和中共十四大为标志，中国改革开放和社会主义现代化建设进入新的发展阶段。与之相伴随，党内法规制度建设也进入新的发展时期。2002 年 5 月，江泽民在中央党校省部级干部进修班毕业典礼上强调，“一定要把思想建设、组织建设、作风建设有机结合起来，把制度建设贯穿其中”。在党中央领导下，这一时期党内法规制度建设取得一系列创新性成就，程序化、规范化大大加强。

第一，进一步修改完善党章。1992 年 10 月，中共十四大对党章进行修改，明确提出党的各级纪委的主要任务之一是“维护党的章程和其他的党内法规”。这标志着“党内法规”这个概念首次得到党章

的正式确认，在党内法规史上具有里程碑意义。它还在党的历史上首次把“从严治党”写入党章，要求加强党的纪律和纪律检查工作，党员在党的纪律面前一律平等，任何人违犯党的纪律，都必须给予应有的处理，各级领导干部要“带头做坚持原则、严守纪律、维护大局、加强团结的模范”。此外，进一步扩大了各级纪委的权限，规定党的中央纪律检查委员会根据工作需要，可以向中央一级党和国家机关派驻党的纪律检查组或纪律检查员。纪律检查组组长或纪律检查员可以列席该机关党的领导组织的有关会议。1997 年 9 月，中国共产党第十五次全国代表大会再次对党章进行修改，确立了邓小平理论在全党的指导地位。

第二，推动党内法规工作走上制度化轨道。1990 年 7 月，中共中央印发被称为党内“立法法”的《中国共产党党内法规制定程序暂行条例》，在党的历史上首次以党内法规的形式界定“党内法规”概念，并对党内法规的名称、适用范围、制定主体、制定程序等作出规定，标志着党内法规制定工作从此迈入制度化、规范化、程序化的新阶段。同年 11 月，中共中央办公厅印发《关于党内法规备案工作的有关问题的通知》，首次对党内法规备案工作作出专门规定。

第三，进一步建立健全党的组织制度。在党内选举方面，中共中央先后发布《中国共产党基层组织选举工作条例》《中国共产党地方组织选举工作条例》，规范了党的基层组织和地方组织的选举工作。在规范地方党委设立和运行方面，1996 年 4 月，中共中央印发《中国共产党地方委员会工作条例（试行）》，规定了党的地方各级委员会的职责、组织原则和议事决策程序等。为了实现党的基层组织建设的制度化、规范化，中共中央相继颁布了《中国共产党普通高等学校基层组织工作条例》《中国共产党党和国家机关基层组织工作条例》《中国共产党农村基层组织工作条例》。

第四，加强党的领导法规制度建设。着眼于坚持和改善党的领导，推进党的领导制度改革，中共中央下发《关于加强社会主义精神文明建设若干重要问题的决议》《关于加强和改进思想政治工作的意见》《关于进一步加强和改进国有企业党的建设工作的通知》《关于改革开放和发展社会主义市场经济条件下军队思想政治建设若干问题的决定》《关于加强专业技术人才队伍建设的若干意见》《关于地方党委向地方国家机关推荐领导干部的若干规定》等，完善了党领导社会主义精神文明、国有企业、军队等方面的体制机制，有力推进了党的领导法规制度建设。

第五，完善党的自身建设法规。1994 年 9 月，中国共产党第十四届中央委员会第四次全体会议通过《中共中央关于加强党的建设几个重大问题的决定》，着力加强党的自身建设，提高党的领导水平和执政水平。2001 年 9 月，中国共产党第十五届中央委员会第六次全体会议通过《中共中央关于加强和改进党的作风建设的决定》，对加强和改进党的作风建设专门作出部署。在干部管理方面，2002 年 7 月，中共中央印发《党政领导干部选拔任用工作条例》，规定了民主推荐、考察、酝酿、讨论决定、任职以及党向人大或人大常委会推荐领导干部人选等程序，是规范新时期党政领导干部选拔任用工作的基础性党内法规。在党内民主生活方面，1990 年 5 月，中共中央印发《关于县以上党和国家机关党员领导干部民主生活会的若干规定》，促进了县以上党组织民主生活会质量普遍提高。在党员发展管理方面，1994 年 1 月，中央组织部印发《关于加强党员流动中组织关系管理的暂行规定》，要求流动党员及时参加党的组织生活，接受党组织的教育和监督。

第六，健全党内监督法规。随着改革开放的深化、计划经济体制向社会主义市场经济体制的转轨以及由此带来的社会生活各领域的变化，腐败问题较之于改革开放头十年更加突出。中共中央明显加大了纪律建设的力度，先后出台多部重要党内法规，比如《中国共产党纪律处分条例（试行）》《中国共产党党员领导干部廉洁从政若干准则（试行）》《中国共产党纪律检查机关控告申诉工作条例》《中国共产党纪律检查机关案件检查工作条例》《关于实行党风廉政建设责任制的规定》等。此外，中共中央还出台了党政领导干部配备小汽车、经商办企业、收受礼品礼金、公款旅游、配备使用通信工具等方面的一系列规定，对经济方面各种违法乱纪行为作出限制性要求并规定了处理办法，对于遏制腐败现象滋生蔓延发挥了重要作用。

三、全面建设小康社会、加快推进社会主义现代化阶段

跨入新世纪，中国进入全面建设小康社会、加快推进社会主义现代化的新的发展阶段。随着党和国家各项事业蓬勃发展，党内法规制度建设进入了快速发展的新阶段。

第一，继续修改完善党章。2002 年 11 月，中共十六大通过《中国共产党章程（修正案）》，将“三个代表”重要思想确立为党的指导思想，对党的性质作出新的表述，实现了从“一个先锋队”到“两个先锋队”的转变，充实了全面建设小康社会等内容，并增写了“党徽党旗”一章，增加了依法治国、建设社会主义法治国家的内容，提升了中国共产党对“建设什么样的党，怎样建设党”的认识。2007 年 10 月，中国共产党第十七次全国代表大会通过党章修正案，增加了关于中国特色社会主义道路和理论体系、中国特色社会主义事业总体布局、构建社会主义和谐社会等问题的论述，增写了党的组织制度、工作制度方面的内容，回答了“新形势下实现什么样的发展、怎样发展”这一时代命题。

第二，党内法规工作得到进一步加强。2006 年 1 月，胡锦涛在中国共产党第十六届中央纪律检查委员会第六次全体会议上提出，要“加强以党章为核心的党内法规制度体系建设”。2009 年 9 月，中国共产党第十七届中央委员会第四次全体会议将“建立健全以党章为根本、以民主集中制为核心的制度体系，推进党的建设科学化、制度化、规范化”作为执政党加强自身建设的基本经验。2012 年 5 月，中共中央印发《中国共产党党内法规制定条例》，对党内法规的制定权限、制定原则、规划与计划、起草、审批与发布、适用与解释、备案、清理与评估等作出明确规定。这是规范党内法规制定工作的基础主干法规，对推进党的建设制度化、规范化、程序化具有重要意义。同年 6 月，中共中央办公厅印发《中国共产党党内法规和规范性文件备案规定》，对党内法规和规范性文件备案的原则、范围、期限、审查、通报等作出具体规定，为党内法规和规范性文件备案审查工作的

起步和发展奠定了制度基础；印发《关于开展党内法规和规范性文件清理工作的意见》，首次对党内法规和规范性文件清理工作作出专门部署，推动实现清理工作的经常化、制度化、规范化。

第三，进一步完善党的领导法规。2004 年 9 月，中共十六届四中全会通过《中共中央关于加强党的执政能力建设的决定》，对提高党的执政能力进行部署，提出许多新举措、新要求。为加强党的执政能力建设，确保党始终成为中国特色社会主义事业的坚强领导核心，这一阶段党的领导法规得到进一步加强。中共中央就中国共产党领导的多党合作和政治协商、严格控制机构编制、“三重一大”决策、大学生思想政治教育等出台了一系列重要法规制度。

第四，党的自身建设法规更加科学化。2009 年 9 月，党的十七届四中全会通过《中共中央关于加强和改进新形势下党的建设若干重大问题的决定》，提出要“提高党的建设科学化水平”“推进党的建设科学化、制度化、规范化”，第一次鲜明提出党的建设科学化的重大命题和重大任务，并着眼于加强相关制度的协调、衔接和确保各项制度得到有效贯彻执行，提出了覆盖党的建设各领域的 40 多项制度建设要求。这一阶段，《公开选拔党政领导干部工作暂行规定》《党政领导干部职务任期暂行规定》《关于党的基层组织实行党务公开的意见》《关于党政机关厉行节约若干问题的通知》先后印发，党的自身建设法规制度得到大大加强，科学性、规范性明显提升。

第五，党内监督追责方面的法规不断健全完善。2003 年 12 月，中共中央印发《中国共产党党内监督条例（试行）》，全面阐述了监督职责、监督制度、监督保障等内容，确立了十项监督方式。这是党的历史上关于党内监督的第一部条例，成为中国共产党解决自身问题的一大创举。2009 年 7 月，中共中央印发《中国共产党巡视工作条例（试行）》。2010 年 3 月，中共中央办公厅印发《党政领导干部选拔任用工作责任追究办法（试行）》，强化了责任考核和责任追究内容。随后，中央组织部印发《党政领导干部选拔任用工作有关事项报告办法（试行）》《地方党委常委会向全委会报告干部选拔任用工作并接受民主评议办法（试行）》《市县党委书记履行干部选拔任用工作职责离任检查办法（试行）》，为贯彻《党政领导干部选拔任用工作条例》提供了配套支撑和问责保障，形成了事前要报告、事后要评议、离任要检查、违规失责要追究的干部选拔任用监督体系。2003 年 12 月，中共中央印发《中国共产党纪律处分条例》，根据新形势新情况进一步完善了党纪处分规定，对于严肃党的纪律、纯洁党的组织、维护党的团结统一、保证党的路线方针政策贯彻执行发挥了重要作用。

总的来看，在改革开放和社会主义现代化建设新时期，与改革开放不断深入的进程相适应，党内法规制度建设进入了一个健康、稳定、较快的发展时期，出台了一大批重要的基础主干党内法规，为党领导人民开创和发展中国特色社会主义事业提供了重要制度保障。同时，注重总结历史经验教训，把握党内法规制度建设规律，不断推进党内法规工作制度化、规范化、程序化，党内法规制度建设质量和水平得到显著提升。

第四节 创新和完善时期（2012 年至今）

中共十八大以来，以习近平同志为核心的党中央统筹推进“五位一体”总体布局，协调推进“四个全面”战略布局，把管党治党作为治国理政的先手棋，坚持全面从严治党、依规治党，立体式全方位推进党内法规制度建设，党内法规制定力度之大、推进速度之快前所未有，党内法规制度建设实现跨越式发展、取得历史性成就。

第一，中共中央高度重视党内法规制度建设。中共十八大以来，习近平从管党治党、执政治国的战略高度，就制度治党、依规治党作出一系列重要论述：强调加强党内法规制度建设是全面从严治党的长远之策、根本之策；强调党内法规制度建设要坚持正确政治方向，坚持以党章为根本遵循，确保全党坚定维护党中央权威和集中统一领导；要扭住提高党内法规制定质量这个关键，该补的基础主干法规要补上；要把制度规范体系凸显出来，抓紧构建系统完备、科学规范、运行有效的制度体系；要把执行体系凸显出来，各级党组织和党员领导干部要把执规责任扛起来，不能只重制定不重执行；要坚持依法治国和依规治党有机统一，充分发挥两者的互补性作用。这些重要论述是习近平新时代中国特色社会主义思想的重要组成部分，为新时代党内法规制度建设指明了方向、提供了遵循。中共中央将党内法规制度建设摆到更加重要位置，作出一系列重大决策部署。2013 年 11 月，中国共产党第十八届中央委员会第三次全体会议提出“深化党的建设制度改革”这一重大命题，并将其纳入全面深化改革布局中统筹推进。2014 年 10 月，中共十八届四中全会将“形成完善的党内法规体系”纳入全面推进依法治国总目标，确立为建设中国特色社会主义法治体系的重要内容。2016 年 10 月，中共十八届六中全会审议通过《关于新形势下党内政治生活的若干准则》《中国共产党党内监督条例》，这是中共中央首次以中央全会的形式专题审议党内法规。2016 年 12 月，印发《中共中央关于加强党内法规制度建设的意见》，明确了加强党内法规制度建设的指导思想、总体目标、主要任务和保障措施，这是中国共产党历史上第一个党内法规制度建设纲领性文件。2016 年 12 月 24 日至 25 日，中共中央批准召开党的历史上第一次全国党内法规工作会议，全面总结中共十八大以来党内法规制度建设的经验做法，就新形势下加强党内法规制度建设明确任务要求、作出工作部署。2017 年 10 月，中共十九大强调要坚持依法治国和依规治党有机统一，思想建党和制度治党同向发力，以党的政治建设为统领全面推进党的各项建设并把制度建设贯穿其中，加快形成覆盖党的领导和党的建设各方面的党内法规制度体系。

第二，与时俱进修改党章。2012 年 11 月 14 日，中共十八大通过《中国共产党章程（修正案）》，将科学发展观确立为党的指导思想，增写了中国特色社会主义制度等重要论述，把生态文明建设纳入中国特色社会主义事业总体布局，充实了关于党的建设总体要求的内容，对党员、党的基层组织、党的干部提出了新要求。2017 年 10 月 24 日，中共十九大通过《中国共产党章程（修正案）》，最大的亮点和历史性贡献是将习近平新时代中国特色社会主义思想确立为党的指导思想和确认习近平总书记的核心地位，同时增写了中国特色社会主义文化、“两个一百年”奋斗目标、中华民族伟大复兴的中国梦等重要论述，相应修改了我国社会主要矛盾的表述，调整充实了社会主义初级阶段、党的基本路线、党的建设总体要求等方面的内容，对党员、党的干部和党的各级组织提出了新要求，调整完善了党的纪律、党的纪律检查机关、党组等方面的内容。经过这两次修改完善，党章更加体现时代性、把握规律性、富于创造性。

第三，明确提出党内法规制度体系这一目标。2013 年 11 月，中共中央印发《中央党内法规制定工作五年规划纲要（2013—2017 年）》，这是中国共产党历史上第一个中央党内法规制定工作五年规划，首次提出到建党 100 周年时全面建成内容科学、程序严密、配套完备、运行有效的党内法规制度体系，明确了党内法规制定工作的指导思想、工作目标、基本要求、主要任务，标志着党内法规制定工作从此走上体系化道路。2018 年 2 月，中共中央印发《中央党内法规制定工作第二个五年规划（2018—2022 年）》，着眼于到建党 100 周年时形成比较完善的党内法规制度体系，对此后五年党内法规制定工作进行了顶层设计和系统谋划，是推进新时代党内法规制度建设的重要指导性文件。

第四，统筹推进党内法规制度建设各项工作。中共十八大以来，党中央统揽党内法规制度建设全局，以扎实有力的举措，稳步推进党内法规制定、解释、备案、清理、执行、研究等各项工作，不断拓展党内法规工作格局，形成了一个全面系统、环环相扣的工作链条。为了统筹推进党内法规制度建设各项工作，2015 年 8 月，中央党内法规工作联席会议制度建立，搭建起了统一、权威、高效的跨部门会商协作机制；从 2015 年起，中共中央书记处每年听取中共中央办公厅报告上年度全国党内法规工作情况和下年度工作安排。2019 年 9 月，中共中央印发修订后的《中国共产党党内法规制定条例》《中国共产党党内法规和规范性文件备案审查规定》以及新制定的《中国共产党党内法规执行责任制规定（试行）》。这三部法规的修订制定，是党中央加强新时代党内法规制度建设的重要举措，体现了党的十八大以来坚持全面从严治党、依规治党的实践成果、理论成果和制度成果，体现了对党内法规制度建设规律性认识的深化，连同此前印发的党内法规解释、党内法规清理等相关法规文件，对党内法规工作进行了全链条的制度规范，对于党内法规制度建设全方位推进和形成整体合力，是一个有力的保证。

第五，进一步夯实管党治党、执政治国的组织制度基础。2015 年 6 月，中共中央印发《中国共产党党组工作条例（试行）》，为党组在所在单位发挥领导作用、切实担负起管党治党主体责任提供了制度遵循。2019 年 4 月，中共中央印发修订后的《中国共产党党组工作条例》，进一步完善党组制度，为新形势下加强和改进党组工作提供了基本遵循。2015 年 12 月，中共中央印发《中国共产党地方委员会工作条例》，从突出全面从严治党政治责任、健全发挥领导作用制度基础、规范组织架构和成员配备、强化全会决策和监督作用、完善运行机制等方面对地方党委工作作出规定。2017 年 3 月，中共中央印发《中国共产党工作机关条例（试行）》，对党的工作机关设立、职责和运行等作出明确规范。2018 年 10 月，中共中央印发《中国共产党支部工作条例（试行）》，这是中国共产党历史上第一部关于党支部工作的基础主干党内法规，规范了党支部的功能定位、设置、基本任务、工作机制、组织生活、支委会建设等内容，是新时代党支部建设的基本遵循。2018 年 12 月，中共中央印发修订后的《中国共产党农村基层组织工作条例》，进一步强化党对农村工作的全面领导，对新时代农村基层党组织建设提出明确要求。2019 年 12 月，中共中央印发修订后的《中国共产党党和国家机关基层组织工作条例》，根据新形势新任务对机关基层党组织工作作出全面规范，是新时代机关党的建设的基本遵循；印发《中国共产党国有企业基层组织工作条例（试行）》，对国有企业党组织工作作出全面规范，是新时代加强国有企业党的建设的基本遵循。此外，在机构编制领域，中共中央办公厅还印发了一大批“三定”规定，为深化党和国家机构改革提供制度保障。

第六，健全坚持和加强党的全面领导的法规制度。在领导法治建设方面，中共十八届四中全会审议通过《中共中央关于全面推进依法治国若干重大问题的决定》，把党的领导贯彻到依法治国全过程和各方面，对推进科学立法、严格执法、公正司法、全民守法作出重大部署，对健全党领导依法治国的制度和工作体制，完善保证党确定依法治国方针政策和决策部署的工作机制和程序提出明确要求。2019 年 1 月，中共中央印发《中国共产党政法工作条例》，这是中国共产党历史上第一部专门规定政法工作的条例，阐明了党领导政法工作的方针政策，明确了政法工作的领导主体及职责，规范了党领导政法工作的运行机制，为做好新时代党的政法工作、坚持和加强党对政法工作的绝对领导提供了基本规范。此外，还先后印发《领导干部干预司法活动、插手具体案件处理的记录、通报和责任追究规定》《保护司法人员依法履行法定职责规定》《党政主要负责人履行推进法治建设第一责任人职责规定》等。在宣传工作方面，2019 年 6 月，中共中央印发《中国共产党宣传工作条例》，这是宣传领域的基础主干党内法规，以刚性的法规制度为全党开展宣传工作提供了有力支撑，标志着宣传工作科学化、规范化、制度化建设迈上新的台阶。在统一战线工作方面，2015 年 5 月，中共中央印发《中国共产党统一战线工作条例（试行）》，这是中国共产党历史上第一部关于统一战线工作的党内法规，也是第一部全面规范党领导某一方面工作的基础主干党内法规，具有标志性意义。在机构编制工作方面，2019 年 8 月，中共中央印发《中国共产党机构编制工作条例》，对机构编制工作的体制、内容、程序、监督等作出规范，是加强党对机构编制工作集中统一领导的制度成果，是贯彻落实党管机构编制原则的重要保障，是做好新时代机构编制工作的基本遵循。在农村工作方面，2019 年 8 月，中共中央印发《中国共产党农村工作条例》，完善党管农村工作的组织体系、制度体系和工作机制，为坚持和加强党对农村工作的全面领导提供了基本遵循。在强化党政领导干部领导职责方面，以责任制、考核为抓手，先后围绕生态环境损害责任追究、社会治安综合治理领导责任制、扶贫开发工作成效考核、脱贫攻坚责任制、信访工作责任制、生态文明建设目标评价考核、安全生产责任制、食品安全责任制等出台相关法规。

第七，完善党的自身建设法规制度。在党的政治建设方面，2016年10月，中共十八届六中全会审议通过《关于新形势下党内政治生活的若干准则》，继承和发扬党的优良传统和政治优势，确立了坚决维护党中央权威等12个方面的党内政治生活基本规范；2019年1月，印发《中共中央关于加强党的政治建设的意见》，深刻总结历史经验和新鲜经验，对新时代加强党的政治建设作出重要部署，为进一步加强党的政治建设提供了有力制度保障。在思想建设方面，中共中央出台《干部教育培训工作条例》《中国共产党党员教育管理工作条例》《2013—2017年全国干部教育培训规划》《2018—2022年全国干部教育培训规划》，中共中央办公厅出台《中国共产党党委（党组）理论学习中心组学习规则》《2014—2018年全国党员教育培训工作规划》等。在组织建设方面，为深入贯彻中共中央在发展党员工作中提出的“控制总量、优化结构、提高质量、发挥作用”总要求，2014年5月，中共中央办公厅印发《中国共产党发展党员工作细则》，进一步细化了发展党员工作流程；2015年7月，中共中央办公厅印发《推进领导干部能上能下若干规定（试行）》，推动形成能者上、庸者下、劣者汰的用人导向和从政环境，建设高素质干部队伍；2018年5月，中共中央办公厅印发《关于进一步激励广大干部新时代新担当新作为的意见》，从树立正确用人导向、发挥考核评价作用、建立健全容错纠错机制等方面提出一系列要求，激励广大干部在新时代担当新使命、展现新作为；2019年3月，中共中央印发修订后的《党政领导干部选拔任用工作条例》，进一步坚持党管干部原则，把政治标准放在首位，贯彻新时期好干部标准，推进干部选拔任用工作制度化、规范化、科学化。在作风建设方面，2012年12月，中共中央印发《十八届中央政治局关于改进工作作风、密切联系群众的八项规定》，提出改进调查研究、精简会议活动、精简文件简报、规范出访活动、改进警卫工作、改进新闻报道、严格文稿发表、厉行勤俭节约八项举措，以实际行动向全党发出转变作风、改进党风的号令；以制定出台《党政机关厉行节约反对浪费条例》为引领，相继出台了涵盖公务差旅、因公出国、公务接待、预算管理、领导干部待遇等方面法规制度，配套形成了党的作风建设的制度框架，推动中央八项规定精神落实落细落地；中共十九大召开后不久，十九届中央政治局审议通过《中共中央政治局贯彻落实中央八项规定的实施细则》，彰显“作风建设永远在路上”。在纪律建设方面，2015 年 10 月，中共中央印发《中国共产党廉洁自律准则》，坚持正面倡导，变“不准”为“自觉”，既面向全体党员，又突出“关键少数”，向全党提出“四个必须”和“八条规范”，集中展现共产党人的高尚道德追求；2015 年、2018 年，中共中央两次修订《中国共产党纪律处分条例》，用“六大纪律”列出负面清单，明确党组织和党员不可触碰的底线，着力提高纪律建设的政治性、时代性、针对性，推动党纪国法“无缝衔接”，凸显纪律建设新成就；2018 年 11 月，中共中央办公厅印发《党组讨论和决定党员处分事项工作程序规定（试行）》，对党组讨论和决定党员处分事项作出规范。

第八，进一步强化党的监督保障法规制度建设。2016 年 10 月，中共中央修订《中国共产党党内监督条例》，突出尊崇党章，聚焦全面从严治党；突出民主集中制，维护党的集中统一；突出主体责任，强化担当精神；突出“关键少数”，重点盯住一把手。及时总结吸纳中共十八大以来巡视理论和实践创新成果，2015 年、2017 年，中共中央两次修改《中国共产党巡视工作条例》，深化政治巡视，聚焦坚持党的领导、加强党的建设、全面从严治党，发现问题、形成震慑。2017 年 12 月，中共中央印发《中国共产党党务公开条例（试行）》，对党务公开“公开什么”“向谁公开”“怎么公开”等问题作出系统规定，为党务公开工作提供了基本遵循。2018 年 12 月，中共中央办公厅印发《中国共产党纪律检查机关监督执纪工作规则》，总结党的十八大以来纪检监察体制改革理论、实践、制度创新成果，强化内控机制，细化监督职责，着力建设一支忠诚坚定、担当尽责、遵纪守法、清正廉洁的纪检监察干部队伍，推动全面从严治党向纵深发展。2019 年 4 月，中共中央办公厅印发《党政领导干部考核工作条例》，对于进一步发挥干部考核的指挥棒、风向标、助推器作用，激励引导广大干部以更好状态、更实作风贯彻落实党中央决策部署，推动全党统一意志、统一行动、步调一致向前进，具有重要意义。2019 年 8 月，中共中央修订《中国共产党问责条例》，坚持和加强党对问责工作的统一领导，聚焦管党治党政治责任，坚持严字当头，针对实践中出现的问责不力、泛化简单化等问题，丰富细化问责情形，提出更高更严标准，进一步提高党的问责工作的政治性、精准性、实效性。

总的来看，进入新时代以来，以习近平同志为核心的党中央在领导人民进行伟大社会革命的同时勇于进行自我革命，把党内法规制度建设作为全面从严治党的长远之策、根本之策，摆在更加突出位置，推动各位阶、各领域、各层面、各环节的党内法规制度建设有序展开，党内法规制度体系建设取得重大进展和显著成效，同时以踏石留印、抓铁有痕的劲头狠抓制度执行，强化监督执纪问责，有效推动了党内政治生态好转，为新时代持续深入推进党的建设新的伟大工程，推动全面从严治党向纵深发展提供了有力制度支撑，为党和国家事业发展取得历史性成就提供了重要制度保障。

小　结

中国共产党从建党之初就十分重视党内法规。从新民主主义革命时期的萌芽形成，到社会主义革命和建设时期的曲折发展，到改革开放和社会主义现代化建设新时期的改革创新，再到新时代的全面发展，党内法规制度建设经历了由不规范到规范、由单一零散到体系化、由曲折探索到加速推进的发展历程。历史表明，什么时候重视党内法规制度建设，党和国家事业就兴旺发达；什么时候忽视党内法规制度建设，党和国家事业就会遭受挫折。必须毫不动摇地加强党内法规制度建设，把党建设得更加坚强有力，确保党在坚持和发展中国特色社会主义的历史进程中始终成为坚强领导核心。

思考题

1. 党内法规在不同历史时期的发展有什么特点？
2. 党内法规在不同历史时期对中国共产党的发展产生了什么作用和影响？
3. 从党内法规历史发展的角度，如何理解加强党内法规制度建设是全面从严治党的长远之策、根本之策？
4. 如何把握党内法规的未来发展趋势？

▶即测即评

▶拓展资源

第四章 党 章

导 语

> 党章是最根本的党内法规，是管党治党的总规矩。本章介绍了党章的概念，阐释了党章作为党的总章程、总遵循、总依据的根本地位，介绍了党章修改的主体和程序，阐述了党章修改的原则，从党章体系框架背后的考虑和机理出发，分析了党章的框架体例，分板块介绍了党章总纲和条文部分的主要内容。

第一节 党章的概念和地位

一、党章的概念

一般意义上的"党章"，是政党章程的简称，是一个政党为实现其政治纲领而制定的作为开展活动根本遵循的总章程。从各国情况看，并非所有政党都有党章，一些组织松散的政党，比如美国民主党和共和党，就没有系统而严格的党章，党的组织和活动主要由党内各项规定和惯例调整。马克思和恩格斯认为，无产阶级政党肩负着解放全人类、实现共产主义的历史使命，为了完成这一使命，必须制定科学的章程来引领党员为之奋斗。1847 年，由马克思和恩格斯起草、在共产主义者同盟第一次代表大会上拟订、由第二次代表大会审查批准的《共产主义者同盟章程》是第一个无产阶级政党章程。这个章程体现了马克思主义建党学说的基本原理，从思想上、政治上、组织上保证了"同盟"的无产阶级性质。此后，马克思和恩格斯在帮助法国和美国无产阶级政党建立过程中，进一步发展了有关党章的思想，认为党的纲领是党诞生的标志。俄国共产党坚持并发展了马克思主义建党思想，在列宁领导下制定了俄国共产党章程，为包括中国共产党在内的其他国家无产阶级政党制定章程提供了基本范式。

本书所称的"党章"，是《中国共产党章程》的简称，是指由中国共产党全国代表大会制定，集中体现党的统一意志，对党的性质和宗旨、路线和纲领、指导思想和奋斗目标、组织原则和组织机构、党员义务和权利以及党的纪律等作出根本规定的党内法规。对于中国共产党而言，党章是建党的历史经验的制度结晶，是适应党的任务和现实需要的制度基石，是贯穿党的一切活动和规范党员思想行为的最高准则。具体来说，党章具有以下四个特点。

一是政治性。党章是中国共产党的总章程，集中体现党的性质和宗旨、党的理论和路线方针政策、党的重要主张，规定党的重要制度和体制机制，鲜明体现党的政治属性，阐明党的政治立场、政治使命、政治目标、政治追求，是统一全党思想、引领全党前进的"公开的旗帜"，为全党确立根本行为规范。

二是思想性。党章集中体现中国共产党重要理论创新、实践创新和制度创新成果，体现全党的重大理论观点和重大战略思想，是党和人民实践经验和集体智慧的结晶，体现共产党执政规律、社会主义建设规律和人类社会发展规律的高度统一，是中国特色社会主义思想的集大成者。

三是实践性。党章是马克思主义政党学说的基本原理同中国实践相结合的产物，其规范内容既源于中国共产党管党治党、执政治国的实践，反映党的领导和党的建设的实践成果，又引领、指导、规范实践，指引全党团结统一、步调一致向前进。

四是时代性。党章的历次修改完善，都紧扣时代脉搏，将党的全国代表大会确立的重大理论观点和重大战略思想转化为制度规定，充分体现马克思主义中国化最新成果，充分体现党的领导和党的建设的新鲜经验，展现出与时俱进的鲜明品质。

二、党章的地位

党章在党的生活中占据着极其重要的位置。党章对于党的影响就像宪法对国家的影响一样。马克思、恩格斯认为党章是党的"法律"，强调党章是党的各个组成部分的“共同法律”，是“一个有生命力的党所借以进行活动的法律基础”[①]。邓小平在改革开放初期说过：“党章是最根本的党规党法。”[②] 习近平指出，党章就是党的根本大法。[③]这是对马克思主义建党理论的继承和发展，精辟概括了党章的重要性。具体而言，党章作为“党的根本大法”的地位，主要体现在三个方面。

（一）党章是党的总章程

恩格斯曾经指出：“一个新的纲领毕竟总是一面公开树立起来的旗帜，而外界就根据它来判断这个党。”[④] 习近平指出，“党章是我们立党、治党、管党的总章程，是全党最基本、最重要、最全面的行为规范”。[⑤] 从内容来看，党章对党内各种关系、党的组织形式、党内生活的规则和党的一切活动作出全面的原则性规定，解决的是举什么旗、走什么路和建设什么样的党、怎样建设党等根本问题，是党的政治主张和组织规范的集中体现。其中，党章总纲部分集中体现了全党的政治主张，是统一全党思想和行动的政治纲领；条文部分对党员、党的组织制度、党的组织、党的干部、党的纪律等作了明确规定，确立了全党最基本、最重要、最全面的行为规范。由这两个部分有机统一构成的党章，体现出了党的总章程的地位。

（二）党章是党的总遵循

习近平强调，全党要牢固树立党章意识，真正把党章作为加强党性修养的根本标准，作为指导党的工作、党内活动、党的建设的根本依据，把党章各项规定落实到行动上、落实到各项事业中。[⑥]党章在

① 《马克思恩格斯文集》第10卷，人民出版社2009年版，第440页。

② 《解放思想，实事求是，团结一致向前看》（1978年12月13日），载《邓小平文选》第2卷，人民出版社1994年版，第147页。

③⑥ 习近平：《认真学习党章，严格遵守党章》（2012年11月16日），载《人民日报》2012年11月20日。

④ 《马克思恩格斯选集》第3卷，人民出版社2012年版，第350页。

⑤ 习近平：《全面贯彻落实党的十八大精神要突出抓好六个方面工作》，载《求是》2013年第1期。

党内生活中起着根本指导作用，是统一全党思想和行动最重要的基础。党章是党的总遵循，主要原因是：

1. 党章具有最高权威性。作为党的根本大法，党章由党的全国代表大会制定和修改，是全党统一意志的集中体现。这一判断包含三个关键词：一是“意志”，党章体现的是党的意愿和志向，反映党的立场、思想和追求；二是“全党”，党章体现的是全党统一意志，这严格区别于某个地区某个部门党组织的意志；三是“集中”，党章是全党统一意志的集中体现，这严格区别于指向某一领域或者某一方面工作的其他党内法规。这实际上赋予了党章最高权威性。

2. 党章是全面从严治党的根本遵循。中国共产党是按照民主集中制原则组织起来，由各级组织构成的严密的统一整体。作为一个严密的政治组织，党必须有一套约束全党的行为规范，党章就是全党各级党组织和全体党员的普遍行为规范。党章规定涉及党的政治建设、思想建设、组织建设、作风建设、纪律建设和制度建设以及反腐败斗争方方面面，对党员标准及义务权利、党的制度和各级党组织的行为规范、党的干部的基本条件、党的纪律等作出明确规定，具有调整党内关系、指导党的工作、严明党的纪律、纯洁党的组织等重要作用，对全党各级组织和全体党员具有最普遍的约束力。判断各级党组织和党员、干部的表现，要以党章为基本标准；解决党内矛盾，要以党章为根本规则；加强党性修养，要以党章为根本标准。要把全面从严治党向纵深推进，使党始终保持先进性和纯洁性，保持组织上的团结和思想上政治上行动上的统一，最根本的是要用党章来规范党组织和党员的言行。

3. 党章是中国共产党实施领导和执政活动的根本遵循。党章总纲部分聚焦坚持和加强党的全面领导，阐明了党领导人民推进中国特色社会主义伟大事业的重大政治主张，提出党在社会主义初级阶段的基本路线，提出党领导经济社会发展的战略部署，是党制定方针政策、充分发挥领导作用的根本依据。中国特色社会主义进入新时代，中共十九大及时将党的领导有关内容写入党章，使党在中国特色社会主义事业中的领导核心地位更加明确，同时充实了经济建设、政治建设、文化建设、社会建设、生态文明建设等方面的新要求，完善了“五位一体”总体布局、“四个全面”战略布局，丰富了坚持和发展中国特色社会主义的行动纲领。这些重大调整和修改，为中国共产党更好承担起执政兴国的历史使命提供了根本遵循。一百年来，中国共产党正是遵循党章来建设自己、领导人民，不断提高党的执政能力和领导水平，始终成为革命、建设、改革事业的坚强领导核心。

（三）党章是党的总依据

在党内法规制度体系中，党章位阶最高，具有最高效力，是党的根本大法，其他党内法规都以党章为根本、以党章为源头，是党章的延伸或者具体化，从属于党章；党章是整个党内法规制度体系的基石，明确了制度建设的基本准则和要求，其他党内法规都是在党章基础之上立柱架梁、添砖加瓦；党章是党的领导和党的建设各方面党内法规的统领，位于效力“金字塔”的顶端，各领域各层级党内法规都要与党章对标对表，其他任何党内法规都不得同党章相抵触。可以说，党章是“母法”，其他党内法规则为“子法”，集中体现了制度建设中“源”与“流”的关系。党章的每次修改完善，都适时把经过实践检验的正确理论认识和实践经验转化为党的最高行动指南和根本规范依据，以此引领带动其他党内法规的立改废释，从而大大增强了党内法规的体系性，有力推进了依规治党。

第二节 党章的修改

党章根据形势和任务的发展变化进行适当修改，伴随党的事业和党的建设的发展与时俱进，这是党章的发展规律。回顾党章的历史，自中共二大制定第一部党章开始，除因特殊原因中共五大没有修改党章外，历次党的全国代表大会都对党章进行了不同程度的修改，截至中共十九大共对党章进行了 17 次修改。党章修改的历史，是中国共产党奋斗历史的浓缩和反映，也是马克思主义中国化伟大实践的浓缩和反映。

一、党章修改的主体

根据党章第 20 条规定，修改党的章程是党的全国代表大会的职权。确立党的全国代表大会作为党章修改的主体，主要基于以下考虑：一是与党章的地位相匹配。党章是党的根本大法，必须由最具权威的党组织来修改。党的全国代表大会在党内居于最高地位，由其作为修改主体，与党章的根本大法地位是相匹配的。二是确保制定和修改主体相统一。党章是由党的全国代表大会制定的，其修改也应当由同一主体作出，以确保党章所反映的党的意志的一致性。《中国共产党第三次修正章程议决案》于 1927 年 6 月由中央政治局会议通过，虽然不是由党的全国代表大会通过的，但也是根据中共五大决议进行修改的，其效力仍然来源于党的全国代表大会。三是及时适应党的发展。党章既要保持总体稳定，又要坚持与时俱进，修改过频过缓，都不利于维护党章的权威。党的全国代表大会一般每五年举行一次，修改党章与之保持同步，有利于将党的理论创新和实践发展的重大成果及时在党章中确立下来。四是充分反映全党统一意志。党的全国代表大会的代表素质优良、分布广泛、结构合理，能够最有效地将全党统一意志凝聚并体现到党章修改中。

二、党章修改的程序

根据长期实践特别是近几次修改党章的实践，党章修改主要遵循以下程序。

（一）作出修改党章的决定

在党的全国代表大会筹备工作开始后，中共中央一般会就党代会报告议题向各地区各部门征求意见。根据各地区各部门的意见建议，中共中央作出对党章进行修改的决定，并成立党章修改小组，在中央政治局常委会直接领导下工作。

（二）深入开展调查研究

党章修改工作正式启动后，中共中央一般会发出专门通知，就党章修改向各地区各部门征求意见。同时，党章修改小组会以各种方式进行调研，了解各方面关于党章修改的意见和建议。

（三）研究提出修改方案

在广泛听取各方面意见和建议的基础上，党章修改小组进行深入研究，提出党章修改方案。

（四）广泛征求意见

中央政治局常委会会议、中央政治局会议先后对党章修改方案进行审议，形成党章修正案征求意见稿，并印发各地区各部门和党的全国代表大会部分代表征求意见。党章修改小组对反馈的意见和建议进行认真研究吸收。

（五）全会审议

党章修正案稿经中央政治局常委会会议、中央政治局会议审议后，提交党的中央委员会全体会议审议。全会审议通过《中国共产党章程（修正案）》并决定提请党的全国代表大会审议。

（六）党的全国代表大会审议

党的全国代表大会期间，根据与会代表意见和建议，对党章修正案作进一步修改完善后，由党的全国代表大会审议通过党章修正案。

从程序上来看，党章修改是中共中央综合考虑各方面意见和建议、根据新形势新任务新要求作出的重大决策，集中了全党智慧，凝聚了全党共识，体现了全党统一意志。

三、党章修改的主要原则

（一）坚持马克思主义基本原理同中国实践相结合

党章中的理论概括之所以能够不断继往开来、守正出新，就是因为中国共产党人始终坚持把马克思主义基本原理同中国具体实际和时代特征有机结合，始终坚持推进实践基础上的理论创新和思想革命，始终保持将马克思主义中国化进行到底的政治定力。中国共产党从成立时起就把马克思主义作为党的指导思想，特别注重把马克思主义基本原理同中国革命、建设和改革的实际结合起来，不断推动党的事业发展壮大和党的理论创新。中共一大通过的《中国共产党的第一个纲领》，确立了马克思主义的指导地位。中共七大第一次把毛泽东思想写入党章，作为党一切工作的指针。此后，陆续把邓小平理论、“三个代表”重要思想、科学发展观、习近平新时代中国特色社会主义思想写入党章，作为党的指导思想，充分彰显了党高超的创新思维和与时俱进的时代追随。每一次党章修改的时候，中国共产党都注重把最新的理论创新成果载入党章，在确保一脉相承、一以贯之的同时实现党的指导思想的与时俱进。历史证明，以马克思主义中国化最新成果为基础而修改完善的党章，都是充满活力、富有成效的党章，为管党治党增添了强劲动力。从这个角度看，党章发展史就是一部中国共产党不断推进马克思主义中国化理论创新的历史。

（二）坚持反映党的发展进程和基本经验

党章修改的重中之重，就是充分体现党的实践创新成果，丰富党的政治纲领和行动纲领，以适应新形势新任务对党的事业和党的建设提出的新要求。一部中国共产党的历史，就是不断适应形势任务发展变化、及时标定历史方位的历史。每部党章都有自身的时代特点，是党所处的地位、条件、任务以及自身发展需要的客观反映。在新民主主义革命时期，除了七大党章以外，其他几次党章的制定修改都是在共产国际直接指导帮助下完成的。七大党章由中国共产党独立自主制定，是马克思主义建党思想同中国革命实践相结合的典范，是党在政治上走向成熟的标志。八大党章是中国共产党全国执政后的第一部党章，总结了执政初期的经验，是党探索社会主义建设规律和执政党建设规律的初步成果，为社会主义建设时期党的建设指明了正确方向。九大和十大党章肯定并坚持“无产阶级专政下继续革命”的理论，突出强调“以阶级斗争为纲”，一定程度上反映了当时党的建设情况。十一大党章仍然肯定了十大的政治路线和组织路线，没能清除“左”倾错误影响。十二大党章是党章发展史上的重要里程碑，发挥了重大历史作用。它以从思想上、组织上拨乱反正，适应历史性的伟大转变和伟大任务，努力把党建设成为社会主义现代化事业的坚强领导核心为主旨，成为党在新的历史时期加强自身建设的强大武器。之后，随着改革开放伟大事业的不断推进，党章的内容也不断更新，充分体现了改革开放以来中国特色社会主义事业经验总结的成果。特别是中共十九大报告指出中国特色社会主义进入了新时代，对我国社会主要矛盾作出新的政治论断，是在回顾和总结中共十八大以来党和国家事业取得历史性成就、发生历史性变革的基础上作出的，充分体现了中国共产党对于社会实践经验和规律的深刻把握。由此可见，党章的制定修改是中国共产党不断总结经验，认识和运用党的建设规律的过程。党章的修改完善体现的是党对世情国情党情的深刻把握，揭示了中国共产党尊重历史和社会发展规律、逐步深化对社会主义建设规律以及共产党执政规律认识的历史进程。

（三）坚持处理好稳定性同创新性的关系

中共十二大以来，历次党章修改都坚持保持党章总体稳定，注意维护基本内容的连续性，只修改那些必须改的、在党内已经形成共识的内容，可改可不改的不改，不成熟的意见不吸收，努力使修改后的党章充分体现马克思主义中国化最新成果，充分体现党中央最新的决策部署，充分体现党的领导和党的建设的新鲜经验，以适应新形势新任务提出的新要求，维护党章的权威性。同时，党章修改既注意体现历史经验，也照顾到可以预见到的将来。历次党章在继承和发扬党的优良传统的同时，注意实现现实性和前瞻性的统一，做到原则性和灵活性相结合。党章修改稳定性、连续性和创新性、前瞻性的统一，避免了党章的频繁变动。

（四）坚持发扬民主，集中全党智慧

党章的修改，凝聚着全党的智慧和心血，是坚持解放思想、实事求是、集思广益的过程，将发扬党内民主体现在各个环节和各个方面，始终坚持对党员知情权、参与权、表达权、监督权的尊重。如十九大党章修改，在启动修改环节，对各地区各部门提出的修改党章建议，中共中央通篇考虑、慎重决策，作出适当修改党章的决定；起草伊始，先后多次向各地区各部门广泛征求意见。对各级党组织和广大党员关于党章修改的意见和建议，除个别因主要精神已经体现在中共十九大报告中、还需要在实践中进一步研究探索、可以在其他党内法规中体现等情况外，党章修改小组作了充分采纳，以确保充分体现党的建设实践成功经验，充分体现和反映全党统一意志。

正因为坚持上述原则，经过修改和完善后的党章更加体现时代性、把握规律性、富于创造性。党章发展史记录着中国共产党改革开放波澜壮阔的伟大进程，体现着马克思主义中国化的伟大进程，展现出中国共产党不断成熟、日益自信的精神风貌。

第三节　党章的主要内容

从马克思和恩格斯的建党理论与实践看，纲领和章程是共产党最基本的两大文献形式。在各国共产党的党建实践中，既有党的纲领和章程作为两个文件并存的，也有把党的纲领和章程纳入一个文件的。中国共产党即属于后一种情况。1921 年中国共产党成立时制定的《中国共产党的第一个纲领》，既包含了党的纲领，也包含了作为组织规程的章程内容。从 1922 年中共二大到 1928 年中共六大所制定和修改的章程都是纯粹的组织规程，党的纲领有关内容则往往以决议案、宣言等形式加以公布。从 1945 年中共七大起，中国共产党就把纲领和章程一并纳入《中国共产党章程》，即在一部党章中分为总纲（纲领）部分和条文（章程）部分，总纲部分是党的简要纲领，既是党章的一部分，又是章程的前提和总则。条文部分的组织规程以党的纲领为指导，为实现党的纲领服务。在党章中增写总纲部分，使党章兼有了纲领和章程的双重性质和双重作用。这一做法延续至今。

一、党章的总体框架

现行党章采用“总纲+条文”体例，由总纲与条文两大部分构成，既有原则性规定，又有规则性条文，这是党章区别于其他党内法规和文件的一个重要特点。这一体例是历史选择形成的。1921 年，中共一大通过的《中国共产党的第一个纲领》，采用的是段落方式，阐明了15个基本问题。1922年，中共二大通过的第一部党章采用的是条文形式，共29条。1945年，中共七大党章首次采用“总纲+条文”体例，总纲部分共11个自然段，条文部分共70条。这种体例一直沿用至今。现行党章经过中共十九大修改后，总纲部分共30个自然段，条文部分共11章55条。

党章文本的体例选择，有其深层次考虑。一般而言，规章制度的体例有三种。第一种是标准的“法规体”，即采用章、节、条、款、项、目的形式来表述。第二种是标准的“文件体”，即采用段落形式来表述。需要说明的是，个别党内法规也采用了这一体例，比如《关于新形势下党内政治生活的若干准则》采用段落形式规定了12条准则。第三种是混合式，即以“段落+条文”形式表述。党章选择哪种体例更合适，要根据其内容的基本特点来综合考虑。

就党章所涉内容特点而言，党章既要集中阐明党的性质宗旨、奋斗目标、指导思想、重大政治主张，又要面向各级各类党组织和全体党员建章立制、确定遵循。相对而言，涉及论述的内容，更适合采用“文件体”，用段落方式表述，摆事实、讲道理、作部署、提要求；涉及规范的内容，更适合采用“法规体”，用条文形式表述，立规矩、定遵循、严明纪律，明确规定党组织和党员必须做什么、应当做什么、提倡做什么、可以做什么、不得做什么、禁止做什么，确保令行禁止。党章内容的“有论有定”，决定着无论采用标准的“法规体”还是“文件体”都有局限性，更加契合的体例是混合式，即通过设立总纲、采用段落形式来侧重解决“论”的问题，把党的重要思想和基本主张论透彻；通过条文形式来侧重解决“定”的问题，把规定要求定明白。

二、总纲部分

总纲，就是中国共产党总的纲领。总纲总揽整个党章，纲举目张，是党章的统领和灵魂，既明确规定了党的性质、最高理想和最终目标、指导思想和根本宗旨，也明确规定了党的基本路线、思想路线、工作路线和根本组织原则。此外，总纲部分还对党的基本理论、基本纲领予以阐述，对党的基本经验进行总结，并明确规定了党在现阶段的基本任务和重大方针政策等，集中体现了中国共产党的政治主张。这为外界了解和认识中国共产党提供了重要根据，也为广大党员把握党的性质、宗旨、指导思想、奋斗目标和行动方略提供了根本依据，还为动员和凝聚广大人民群众指明了正确的目标和方向。

现行党章的总纲共 30 个自然段，集中回答了三个紧密相关的基本问题：党的性质和奋斗目标是什么？依靠什么样的指导思想来指引全党为实现这一目标而不懈奋斗？党的基本理论、基本路线、基本方略是什么？紧紧围绕回答这三个基本问题，党章总纲的 30 个自然段在逻辑上可分为六个板块。

（一）第一板块

第一板块即第 1 自然段，阐明党的性质和奋斗目标。中国共产党的性质，可以概括为“两个先锋队、一个核心、三个代表”，即党章开宗明义在总纲第 1 自然段提出的，“中国共产党是中国工人阶级的先锋队，同时是中国人民和中华民族的先锋队，是中国特色社会主义事业的领导核心，代表中国先进生产力的发展要求，代表中国先进文化的前进方向，代表中国最广大人民的根本利益”。中国共产党的奋斗目标，即“党的最高理想和最终目标是实现共产主义”。

“两个先锋队”的表述从十六大党章正式提出，一直沿用至今。“两个先锋队”体现了党的阶级基础和群众基础的有机统一。中国共产党是中国工人阶级的先锋队，这是由党的阶级性和先进性决定的。党的阶级性，是指党建立在中国工人阶级基础之上，是马克思列宁主义同中国工人运动相结合的产物，必须代表工人阶级的利益，完成工人阶级的使命。党的先进性，是指党是工人阶级的最高组织形式，是由工人阶级中最有觉悟、最坚决、最彻底的先进分子组成的。中国共产党近百年的成长史就是一部与人民群众密切联系、凝聚民心的发展史。实现中华民族伟大复兴的中国梦，必须不断巩固党的阶级基础，厚植党的群众基础，不仅要紧紧依靠工人阶级，还要把全国人民和中华民族的力量都凝聚动员起来。

"一个核心"，昭示了中国共产党的地位和作用。十二大党章第一次将"领导核心"写进党章。办好中国的事情，关键在党，关键在坚持和加强党的领导。中国共产党的领导是中国特色社会主义最本质的特征，是中国特色社会主义制度的最大优势。党的领导核心地位和作用不是自封的，也不是赐予的，而是党在长期革命、建设、改革实践中逐渐形成的，是历史的必然和人民的选择。推进中国特色社会主义事业，做好党和国家各项工作，必须始终坚持、不断巩固中国共产党的领导核心地位。

"三个代表"，是中国共产党的立党之本、执政之基、力量之源：代表先进生产力的发展要求，体现党领导人民不断解放和发展生产力，改善物质生活条件；代表先进文化的前进方向，体现党对社会主义精神文明建设的重视，致力于推动中国特色社会主义文化大发展大繁荣；代表中国最广大人民的根本利益，体现了党全心全意为人民服务的根本宗旨，始终把人民对美好生活的向往作为奋斗目标。"三个代表"以先进生产力为物质基础，以先进文化为思想保证，以人民群众为主体力量，统一于中国特色社会主义伟大实践中，是一个紧密联系、相互促进、相得益彰的统一整体。

党的最高纲领，是指党的最终奋斗目标或最高理想。党的最低纲领，是指党的近期奋斗目标或当前奋斗目标。中国共产党是最高纲领与最低纲领的统一论者。中国共产党自成立起就高举共产主义伟大旗帜，共产主义理想是共产党人的精神支柱。一大党纲就把社会主义和共产主义定为党的奋斗目标。此后，历次党章都对党的奋斗目标作了规定。实现共产主义是一个漫长的历史过程。党在社会主义初级阶段的任务是建设和发展中国特色社会主义，新时代的历史使命是实现中华民族伟大复兴的中国梦。

（二）第二板块

第二板块即第 2 至第 8 自然段，阐明党的指导思想及其组成部分的定位。指导思想是指导政党活动的根本理论基础。第 2 自然段明确，中国共产党以马克思列宁主义、毛泽东思想、邓小平理论、"三个代表"重要思想、科学发展观、习近平新时代中国特色社会主义思想作为自己的行动指南。第 3 至第 8 自然段依次分段阐明马克思列宁主义、毛泽东思想、邓小平理论、“三个代表”重要思想、科学发展观、习近平新时代中国特色社会主义思想等党的指导思想各组成部分的精髓要义和政治定位。

中共十九大在党章中将习近平新时代中国特色社会主义思想列入党的指导思想，写在中国共产党的旗帜上，是中共十九大的重大历史性贡献。中共十八大以来，以习近平同志为主要代表的中国共产党人，扛起历史重任，顺应时代发展，以非凡的理论勇气、高超的政治智慧、强烈的担当精神，从理论和实践结合上系统回答了新时代坚持和发展什么样的中国特色社会主义、怎样坚持和发展中国特色社会主义这个重大时代课题，创立了习近平新时代中国特色社会主义思想。习近平新时代中国特色社会主义思想是对马克思列宁主义、毛泽东思想、邓小平理论、“三个代表”重要思想、科学发展观的继承和发展，是马克思主义中国化最新成果，是党和人民实践经验和集体智慧的结晶，是中国特色社会主义理论体系的重要组成部分，是全党全国人民为实现中华民族伟大复兴而奋斗的行动指南，必须长期坚持并不断发展。

（三）第三板块

第三板块即第 9 至第 14 自然段，阐明中国特色社会主义基本问题。改革开放以来，从中共十二大开始，党的全国代表大会的政治报告标题中就一直含有“社会主义”表述，十二大使用的是“社会主义现代化”表述，从十三大到十五大使用的是“有中国特色社会主义”表述，从十六大到十九大一直使用“中国特色社会主义”表述。中共十八大以来，中国特色社会主义进入新时代，党章直面中国特色社会主义建设的基本问题，特别是在新时代坚持和发展什么样的中国特色社会主义、怎样坚持和发展中国特色社会主义。这一部分六个自然段围绕这一问题，依次展开阐述。

第 9 自然段指出，“改革开放以来我们取得一切成绩和进步的根本原因，归结起来就是：开辟了中国特色社会主义道路，形成了中国特色社会主义理论体系，确立了中国特色社会主义制度，发展了中国特色社会主义文化”，要求全党高举中国特色社会主义伟大旗帜，坚定“四个自信”，为实现“两个一百年”奋斗目标、实现中华民族伟大复兴的中国梦而奋斗。

第10自然段阐明了我国发展新的历史方位，指出我国正处于并将长期处于社会主义初级阶段，强调这是在原本经济文化落后的中国建设社会主义现代化不可逾越的历史阶段，需要上百年的时间。这就将党的理论和路线方针政策进一步聚焦于社会主义初级阶段这个最大的实际，并作出“在现阶段，我国社会的主要矛盾是人民日益增长的美好生活需要和不平衡不充分的发展之间的矛盾”这一重大政治论断。这一判断决定着路线方针政策的制定、党和国家中心工作的确定、经济社会发展主要问题的解决，对于新时代确立新的发展目标、理念、任务、方式等具有重要意义。

第11至第14自然段阐明了党在社会主义初级阶段的基本路线。社会主义初级阶段的路线方针政策有很多，但基本路线需要党章作出回答。党的基本路线是党和国家的生命线、人民的幸福线。邓小平强调指出：“基本路线要管一百年，动摇不得。只有坚持这条路线，人民才会相信你，拥护你。谁要改变三中全会以来的路线、方针、政策，老百姓不答应，谁就会被打倒。”[①]“以经济建设为中心”是兴国之要，必须抓好发展这个第一要务，这是解决所有问题的关键。“四项基本原则”是立国之本，在社会主义现代化建设的整个过程中必须坚持社会主义道路、坚持人民民主专政、坚持中国共产党的领导、坚持马克思列宁主义毛泽东思想。“改革开放”是强国之路，是决定当代中国命运的关键抉择。“自力更生，艰苦创业”是重要原则，必须在中国特色社会主义事业中崇尚节约、反对浪费，始终保持创业精神。“富强民主文明和谐美丽的社会主义现代化强国”是奋斗目标，是中国共产党在社会主义初级阶段必须完成的历史任务，是对人民的庄严承诺。

---

① 邓小平：《在武昌、深圳、珠海、上海等地的谈话要点》（1992年1月18日—2月21日），载《邓小平文选》第3卷，人民出版社1993年版，第370—371页。

（四）第四板块

第四板块即第15至第23自然段，集中阐明党领导人民统筹推进新时代中国特色社会主义事业的基本主张。这一板块主要针对“五位一体”总体布局的各个方面阐明党的基本领导主张，以明确党领导经济社会发展各方面工作的大政方针政策。党章在第15至第19自然段分别阐明党领导经济建设、政治建设、文化建设、社会建设、生态文明建设等“五位一体”方面的基本主张；在第20自然段阐明党对军队和国防的领导；在第21自然段阐明党的民族宗教政策；在第22自然段阐明党的爱国统一战线和祖国统一方针；在第23自然段阐明党的外交方针。至此，党章就完成了中国共产党针对中国特色社会主义事业基本领导主张的集中阐述，换言之，中国共产党在党章上完成了对整个中国特色社会主义伟大事业的谋篇布局。

（五）第五板块

第五板块即第24至第29自然段，阐明加强新时代党的建设总体部署。党章作为中国共产党立党、治党、管党的总章程，要对如何加强新时代党的建设作出顶层设计。十九大党章适应中国特色社会主义进入新时代的形势任务变化，在第24自然段集中阐明推进党的建设新的伟大工程、加强新时代党的建设总要求。其中，“党要管党、全面从严治党”是指导方针，“加强党的长期执政能力建设、先进性和纯洁性建设”是主线，“党的政治建设”是统领，“全面推进党的政治建设、思想建设、组织建设、作风建设、纪律建设，把制度建设贯穿其中，深入推进反腐败斗争”是总体布局，“不断提高党的领导水平和执政水平，提高拒腐防变和抵御风险的能力，不断增强自我净化、自我完善、自我革新、自我提高能力，不断增强党的阶级基础和扩大党的群众基础，不断提高党的创造力、凝聚力、战斗力，建设学习型、服务型、创新型的马克思主义执政党，使我们党始终走在时代前列，成为领导全国人民沿着中国特色社会主义道路不断前进的坚强核心”是目标。

十九大党章还阐明了党的建设的基本要求，在第25至第29自然段，依次分段阐明党的建设必须实现的五项基本要求，即：坚持党的基本路线；坚持解放思想，实事求是，与时俱进，求真务实；坚持全心全意为人民服务；坚持民主集中制；坚持从严管党治党。作这样的规定，使党的建设目标更加清晰、布局更加完善、要求更加全面，有利于全党以更加科学的思路、更加有效的举措推进党的建设，不断提高党的建设质量。

（六）第六板块

第六板块即第30自然段，阐明要坚持和加强党的全面领导。党的领导是中国特色社会主义最本质的特征，是中国特色社会主义制度的最大优势，是建设中国特色社会主义最根本的保证。本段侧重阐明党的领导体制机制，包括领导范围、领导事项、领导对象、领导方式等，解决的是怎么实现党对一切工作的领导。关于党的领导，很长一段时间表述为“党的领导主要是政治、思想和组织的领导”，十九大党章将其修改为“中国共产党的领导是中国特色社会主义最本质的特征，是中国特色社会主义制度的最大优势。党政军民学，东西南北中，党是领导一切的”。这体现了党的领导是全面的领导、整体的领导，各领域各方面各环节的工作都要自觉坚持和服从党的领导，如此才能体现党总揽全局、协调各方的领导核心地位。党的执政方式是党治国理政、领导政权的形式，是党的执政理念、执政方略的具体化表现。党章明确提出科学执政、民主执政、依法执政的要求，还用较大篇幅阐述了“八个必须”，重申了加强和改善党的领导的基本要求，是科学执政、民主执政、依法执政的具体体现。

综上可见，党章总纲内涵丰富、逻辑严密、纲举目张，以集中阐明党的性质和奋斗目标作为逻辑起点，以集中阐明党的指导思想为“纲”，以集中阐明党的基本理论、基本路线、基本方略以及重大方针政策为“目”，系统回答了新时代坚持和发展什么样的中国特色社会主义、怎样坚持和发展中国特色社会主义这个重大时代课题，为推进党和国家事业发展提供了根本遵循。

三、条文部分

党章条文部分对党的成员应该具备的基本条件、应该履行的义务和享有的权利，党的组织系统的构建及其结构关系，党的运行规则以及方法作出规定，是管党治党的根本依据。党章条文部分共 11 章 55 条，主要按主体的不同来建章立制，依次专章规定了党员、党的组织制度、党的中央组织、党的地方组织、党的基层组织、党的干部、党的纪律、党的纪律检查机关、党组、党和共青团关系、党徽党旗，这些规定为规范党内关系、开展党的工作提供了根本遵循。11 章内容可以分为六个板块，对党的工作干什么、谁来干、怎么干等三个基本问题作出根本规定，对党员与党组织关系、党组织间关系、党员间关系三对基本关系作出根本规范。

（一）第一板块

第一板块即第一章，规范党员。党员是党的肌体的细胞。第一章按照逻辑先后顺序规定了申请入党、党员条件标准要求、党员八项义务、党员八项权利、党员发展、入党誓词、预备党员、党员参加组织生活、退党等九个基本问题。党章第 1 条规定："年满十八岁的中国工人、农民、军人、知识分子和其他社会阶层的先进分子，承认党的纲领和章程，愿意参加党的一个组织并在其中积极工作、执行党的决议和按期交纳党费的，可以申请加入中国共产党。"这其中包含多重条件：其一，年龄身份条件，即必须年满 18 岁，具有完全行为能力，必须是中国公民，必须是工人、农民、军人、知识分子和其他社会阶层的先进分子。其二，政治条件，即必须承认党的纲领和章程，意味着在政治立场、政治方向、政治原则上认同中国共产党。其三，组织纪律条件，即必须愿意参加党的一个组织并在其中积极工作，必须执行党的决议，必须按期交纳党费。

党章第 2 条分三款规定了党员标准，集中体现了党员的先进性。"中国共产党党员是中国工人阶级的有共产主义觉悟的先锋战士"，这是共产党员的本质特征，党员必须要有共产主义信仰。"中国共产党党员必须全心全意为人民服务，不惜牺牲个人的一切，为实现共产主义奋斗终身"，全心全意为人民服务是中国共产党的宗旨，也是每名党员的使命责任。"中国共产党党员永远是劳动人民的普通一员。除了法律和政策规定范围内的个人利益和工作职权以外，所有共产党员都不得谋求任何私利和特权”，这是共产党员的政治本色，党员只有植根群众、依靠群众才能拥有力量。

党章第3条规定了党员义务，第4条规定了党员权利，体现出义务在前、权利在后，党员应当把履行义务放在第一位。党章规定党员有八项义务。第一项是学习方面的要求，包括政治学习、理论学习、业务学习等。第二、三项是政治方面的要求，党员应当贯彻执行党的路线方针政策，自觉同党中央保持高度一致。第四、五、六项是组织纪律方面的要求，党员应当自觉遵守党的纪律，维护党的团结和统一，开展批评和自我批评。第七项是作风方面的要求，党员应当密切联系群众，维护群众利益。第八项是道德方面的要求，提倡共产主义道德，弘扬中华民族传统美德。党章规定党员有八项权利，《中国共产党党员权利保障条例》根据党章对党员权利作了细化。第一项权利是知情权，参加党的会议，阅读党的文件。第二项权利是参与权，参加关于党的政策问题的讨论。第三项权利是建议权，对党的工作提出建议和倡议。第四项权利是批评权，可以对党组织和党员进行批评、揭发、检举。第五项权利是政治权利，包括表决权、选举权、被选举权。第六项权利是申辩权，在党组织讨论决定对自己的处分时可以申辩。第七项权利是反映权，有不同意见时可以向上级提出。第八项权利是申诉和控告权，向上级提出请求、申诉和控告。需要注意的是，党员的义务和权利是统一的，二者相辅相成。共产党员作为党组织的一分子，是普通公民中的先进分子，应当认可党的纲领、遵守党的章程、服从党的纪律、维护党的统一性，应当承担更多的义务，履行更多的责任，这是党的先进性和纯洁性的内在要求，是由党具有的“两个先锋队”“三个代表”的属性决定的，契合党的性质和宗旨。

党章第5、6、7条对发展党员的具体要求作出规定，第8条规定了党员管理，第9条确立了党员的退出机制。发展党员，必须把政治标准放在首位，经过党的支部，坚持个别吸收的原则。发展党员应当保证质量，不能一味追求数量。2014年，中共中央办公厅出台《中国共产党发展党员工作细则》，提出了“控制总量、优化结构、提高质量、发挥作用”的总要求，贯彻这一要求有利于提升党员质量，改善党员队伍结构，不断提高党的战斗力。

（二）第二板块

第二板块即第二章至第五章，建构党的组织体系。中国共产党是根据自己的纲领和章程，按照民主集中制组织起来的统一整体，是组织最为严密的党。习近平强调：“党的力量来自组织。党的全面领导、党的全部工作要靠党的坚强组织体系去实现。”① 第二章专门规定党的组织制度，包括民主集中制、党的代表大会制度和选举制度、党的代表会议制度、党组织设立制度、巡视制度、党的组织纪律、重视党的建设等。第三章至第五章分别对党的中央组织、党的地方组织、党的基层组织的产生和职责等基本问题作出专门规定。

民主集中制是中国共产党的根本组织原则和领导制度。民主集中制是民主基础上的集中和集中指导下的民主相结合的制度。民主集中制中的“民主”，是指党员有发表意见和管理党内事务的权利。发扬民主，就是要使每个党员都能够充分行使自己的权利，包括知情权、参与权、选举权、监督权、控告和申诉权等。民主集中制中的“集中”，是指党在集中党员个人及各级党组织正确意见的基础上，对党的重大问题作出决定，制定党的路线、方针、政策并付诸实施。民主集中制的内涵丰富，党章规定了六条基本原则：一是“四个服从”原则。党员个人服从组织，少数服从多数，下级组织服从上级组织，全党各个党组织和全体党员服从党的全国代表大会和中央委员会。这是民主集中制最重要的一条基本原则。二是选举原则。党的各级领导机关，除它们派出的代表机关和在非党组织中的党组外，都由选举产生。三是党的领导机关原则。该原则明确了党的领导体制，规定了党的各级代表大会和委员会的领导地位，以及它们之间的关系。四是上下级组织关系原则。上级组织要听取下级组织的意见，下级组织要向上级组织请示报告，上下级组织之间要互通情报、互相支持和互相监

---

① 习近平：《在全国组织工作会议上的讲话》（2018年7月3日），人民出版社2018年版，第11页。

督。五是集体领导和个人分工负责相结合原则。这是党的领导决策和抓落实的方式。重大问题由集体讨论决定，并由个人独立负责抓好落实。六是禁止个人崇拜原则。保证党的领导人的活动处于党和人民的监督之下。

党的最高领导机关，是党的全国代表大会和它所产生的中央委员会。中央政治局及其常务委员会由中央委员会全体会议选举产生，在中央委员会全体会议闭会期间，行使中央委员会的职权。

党的地方组织包括党的地方代表大会和党的地方委员会。所谓地方，是指省、自治区、直辖市，设区的市和自治州，县（旗）、自治县、不设区的市和市辖区。党的地方组织地位和作用十分关键。纵向上，党的地方组织居于党的中央组织和党的基层组织之间，担负着推动党中央决策部署落地生根，结合自身实际创造性地开展工作的重要责任；横向上，党的地方组织在本地区发挥总揽全局、协调各方的领导作用，担负着对本地区经济建设、政治建设、文化建设、社会建设、生态文明建设实行全面领导，对本地区党的建设全面负责的重要责任。

党的基层组织是党在社会基层组织中的战斗堡垒，是党的组织体系的基础，是党的全部工作和战斗力的基础，是确保党的路线方针政策和决策部署贯彻落实的基础。党的基层组织分为党的基层委员会、总支部委员会、支部委员会，具体采用哪种形式，根据工作需要和党员人数确定，且需报上级党组织批准。

（三）第三板块

第三板块即第六章，规范党的干部。毛泽东明确指出："政治路线确定之后，干部就是决定的因素。"① 党的干部是党的事业的骨干，是人民的公仆。党章设专章对干部问题作出规定，体现了对党的干部的高度重视。这一章对党的干部的培养、选拔、考核、监督，以及党的各级领导干部的基本条件、职务任期等作出专门规定。根据党管干部方针，党的干部既包括党员干部，也包括党外干部。

---

① 《毛泽东选集》第2卷，人民出版社1991年版，第526页。

党章提出了新时代干部工作的总体要求，即“党按照德才兼备、以德为先的原则选拔干部，坚持五湖四海、任人唯贤，坚持事业为上、公道正派，反对任人唯亲，努力实现干部队伍的革命化、年轻化、知识化、专业化”。其中，“德才兼备、以德为先”是干部选拔原则，突出德的优先地位和主导作用。“五湖四海、任人唯贤”是干部路线，坚持以党性原则选人聚才。“事业为上、公道正派”是基本要求，明确了干部选拔任用工作的出发点和着力点。“革命化、年轻化、知识化、专业化”是战略方针，自十二大党章以来一直在强调和重申。

党章提出了好干部二十字标准，即党的各级领导干部必须“信念坚定、为民服务、勤政务实、敢于担当、清正廉洁”。其中，“信念坚定”是好干部的政治要求，必须坚定共产主义远大理想，对党忠诚。“为民服务”是好干部的使命情怀，必须践行全心全意为人民服务的根本宗旨。“勤政务实”是好干部的作风要求，必须勤勤恳恳、实事求是、求真务实。“敢于担当”是好干部的精神品质，必须积极担当作为，不推事、不躲事、不避事。“清正廉洁”是好干部的廉政要求，必须保持拒腐蚀、永不沾的政治本色。

此外，党章分别从思想理论水平、理想信念、作风、廉洁自律、组织纪律等方面，提出了党的干部应当具备的基本条件。

（四）第四板块

第四板块即第七章至第八章，规定党的纪律和党的纪律检查机关。把前六章规定要求落实到位，要靠严明纪律来保证。党的纪律是党的各级组织和全体党员必须遵守的行为规则。路线是王道，纪律是霸道。具有严明的纪律性是无产阶级政党的显著特征和政治优势之一。习近平强调：“党面临的形势越复杂、肩负的任务越艰巨，就越要加强纪律建设，越要维护党的团结统一，确保全党统一意志、统一行动、步调一致前进。”①

党章第七章规定党的“六大纪律”以及违纪处分等基本问题。

① 习近平：《把权力关进制度的笼子里》（2013年1月22日），载《习近平谈治国理政》，外文出版社2014年版，第386页。

提出党的纪律主要包括政治纪律、组织纪律、廉洁纪律、群众纪律、工作纪律、生活纪律。《中国共产党纪律处分条例》在此基础上作了细化，明确了对违犯各类纪律给予处分的情形。党纪处分的方针是：坚持惩前毖后、治病救人，执纪必严、违纪必究，抓早抓小、防微杜渐，按照错误性质和情节轻重，给予批评教育直至纪律处分。党的十八大以后，纪律建设的一个重大变化是创造并深化运用了监督执纪“四种形态”，为坚持党的领导、加强党的建设，永葆党的先进性和纯洁性提供了有力保障。

第八章规定党的纪律检查机关的产生、领导体制、任务、职责、履职要求等基本问题。党的纪律检查机关是党内监督专责机关，包括党的中央、地方和基层的纪律检查委员会，以及派驻的纪律检查组，主要职责是监督、执纪、问责。党的纪律检查机关实行双重领导体制，同时接受同级党委和上级纪律检查机关的领导。

（五）第五板块

第五板块即第九章至第十章，规定党组和共青团。第九章就党组问题作出专门规定，通过在非党组织的领导机关中设立党组的方式加强党对各领域、各方面的非党组织及其活动的领导，确保党发挥总揽全局、协调各方的领导核心作用。《中国共产党党组工作条例》作为规范党组工作方面的基础主干党内法规，就是对本章内容的细化和具体化。第十章规定党和共青团的关系，加强党对共青团的领导，保证共青团始终成为先进青年的群团组织、成为青年学习中国特色社会主义和共产主义的学校、成为党的助手和后备军，确保党的事业薪火相传、后继有人。

（六）第六板块

第六板块是第十一章，规定党的象征标志，即党徽党旗。强化其对广大党员的激励感召作用，增强党的凝聚力、感召力和影响力。

综上可见，较之党章总纲部分主要着眼全党这个整体来阐明中国共产党的重大政治主张，条文部分则主要着眼对党员、党组织、党员干部等党的个体来确定行为规范，实现了对党员和党组织的全覆盖，并以严明的纪律来保障规范的实施。

小　结

党章是党的根本大法，是全党的总章程、总遵循、总依据。伴随党的事业和党的建设的发展，党章由党的全国代表大会及时进行修改，实现与时俱进，这既是党章的发展规律，也是党的建设富有生命力的制度保障。党章谋篇布局科学合理、逻辑严密，采用“总纲+条文”的体例充分表述了党章的内容要求：总纲部分提纲挈领，集中阐明党的重大政治主张，具有深刻的思想性、鲜明的政治性、明确的方向性，对条文规定在相当程度上起着引领和奠基作用；条文部分着眼对党员、党组织、党员干部确定行为规范，是管党治党的具体遵循。认真学习党章、严格遵守党章，应当把总纲和条文作为一个整体来学习和遵守。

思考题

1. 如何理解党章是党的根本大法？
2. 简述历次党章修改中关于民主集中制的内容。
3. 简述十九大党章修改的主要内容。
4. 党的领导在党章总纲中有何体现？

▶即测即评　　▶拓展资源

第五章　党的组织法规

导　语

中国共产党是按照马克思主义建党理论建立起来的、具有统一完备组织体系的无产阶级政党。这个组织体系包括组织结构和职权职责。本章重点阐释党的组织法规的概念和分类，介绍党的组织法规在确立党的组织结构构成、规范党组织产生、明确党组织职权职责等方面的功能作用及相关规定，并通过透视中国共产党的组织体系构建原理，阐明构建覆盖全面、权责清晰、运行有序、功效显著的党的组织法规体系对于夯实管党治党、执政治国的组织制度基础的重要意义。

第一节　党的组织法规的概念和分类

一、党的组织法规的概念

党的组织法规是指全面规范中国共产党各级各类组织的产生、组成、职权职责等内容的党内法规，旨在为管党治党、执政治国提供组织制度基础。

党的组织法规具有以下特征：一是调整对象特定。调整对象是党的各级各类组织的产生、组成、职权职责等。二是体系性强。党的组织法规涉及中国共产党的中央组织、地方组织、基层组织和党组、纪律检查机关、工作机关等不同层级不同类型的党组织，呈现出与中国共产党的组织结构相匹配的体系化、严密性特点。三是发挥基础性作用。组织法规的追求和价值在于为党组织实施党的领导活动、加强党的建设工作提供组织制度基础，对党的领导法规和党的自身建设法规具有基础性作用。

二、党的组织法规的分类

党的组织法规数量众多，内容丰富，体系严密，有的集中体现在一些法规文本，有的散见于党章及有关法规文件的相关规范中。按照不同的标准，可以对党的组织法规进行不同的分类。

按照规范对象的层级，可以划分为党的中央组织法规、地方组织法规、基层组织法规。其中，中央组织法规，比如《中共中央办公厅关于中央直属机关领导体制问题的通知》；地方组织法规，比如《中国共产党地方委员会工作条例》；基层组织法规，可以分为农村、城市、机关、高等学校、事业单位、国有企业、非公有制经济组织、社会组织等不同方面的基层组织法规。

按照规范主体的类型，可以分为党的领导机关组织法规、执行机关组织法规、监督机关组织法规。其中，领导机关组织法规，包括规范党的各级代表大会、党的各级委员会及其常务委员会的相关法规，比如《中国共产党地方委员会工作条例》等；执行机关组织法规，比如《中国共产党工作机关条例（试行）》等；监督机关组织法规，比如《关于深化中央纪委国家监委派驻机构改革的意见》中的有关规定等。

按照规范的性质特点，可以分为实体性组织法规、程序性组织法规。其中，实体性组织法规，包括对各级各类党组织的组成、职权职责进行规范的相关法规，比如《中国共产党党组工作条例》《中国共产党支部工作条例（试行）》；程序性组织法规，包括对各级各类党组织的产生进行规范的相关法规，比如《中国共产党地方组织选举工作条例》《中国共产党基层组织选举工作条例》。

按照规范的内容，党的组织法规可以分为选举类、组织类、象征标志类三大类。具体而言：（1）选举类组织法规，主要是指规范党组织选举产生的程序、要求等方面的法规，是民主集中制原则的重要体现。比如《中国共产党全国代表大会和地方各级代表大会代表任期制规定》《中国共产党地方组织选举工作条例》《关于党的基层组织任期的意见》中的有关规定。（2）组织类组织法规，主要是指规范各级各类党组织组成、职权职责等方面的法规。比如《中国共产党工作机关条例（试行）》《中国共产党党和国家机关基层组织工作条例》《中国共产党普通高等学校基层组织工作条例》。（3）象征标志类组织法规，主要是指对党徽党旗等中国共产党的象征和标志进行规范的法规，对于增强党员的光荣感、使命感和责任感，增强党的凝聚力、感召力和影响力具有重要作用。自中国共产党成立以来，党徽党旗在不同历史时期以不同样式出现和使用，最终由党内法规实现统一和规范化。1996 年 9 月，中共中央办公厅印发《中国共产党党旗党徽制作和使用的若干规定》，对党徽党旗的式样、制作和使用等作出规定。

第二节 确立党的组织结构

习近平指出，“党的力量来自组织。党的全面领导、党的全部工作要靠党的坚强组织体系去实现。……必须更加注重党的组织体系建设”①。党的组织法规建设的一个重要任务就是将中国共产党的各级各类组织纳入党内法规调整范畴，使各级各类组织定位准确、权责明晰、分工科学、运行有效，形成互相联系的有机统一整体，即中国共产党的组织体系。党的组织体系包括：党的组织结构，这是党组织存在和延续的外在形式；党组织的职权职责，这是党组织的内在功能定位。本节从中国共产党的组织结构构建原理入手，重点介绍和分析党的组织法规如何通过明确不同党组织的设置和定位，构建起严密的党的组织结构。

一、党的组织结构构建原理

（一）坚持民主集中制原则

党章第 10 条规定，中国共产党是根据自己的纲领和章程，按照民主集中制组织起来的统一整体。民主集中制是中国共产党的根本组

① 习近平：《在全国组织工作会议上的讲话》（2018 年 7 月 3 日），人民出版社 2018 年版，第 11—12 页。

织原则和领导制度，是马克思主义政党区别于其他政党的重要标志。因此，民主集中制就是中国共产党构建组织体系的根本原理。中国共产党从成立之初就是按照民主集中制原则建立起来的，并在长期的建党实践中不断发展和完善。中共十二大以后历次修改的党章，都在第二章“党的组织制度”中系统规定了党的组织原则和组织制度。同时，党章还规定，凡是成立党的新组织，或是撤销党的原有组织，必须由上级党组织决定；中央和地方各级委员会可以派出代表机关。在相关党的组织法规中，都具体体现了民主集中制这一党的组织体系构建的根本原理。比如，《中国共产党支部工作条例（试行）》第6条规定，党支部的成立，一般由基层单位提出申请，所在乡镇（街道）或者单位基层党委召开会议研究决定并批复，批复时间一般不超过1个月。基层党委审批同意后，基层单位召开党员大会选举产生党支部委员会或者不设委员会的党支部书记、副书记，批复和选举结果由基层党委报上级党委组织部门备案；根据工作需要，上级党委可以直接作出在基层单位成立党支部的决定。在同级党的组织层面，党的代表大会、党的委员会及其常务委员会，或者党员大会、党支部和支部委员会的设置，同样是民主集中制的实践。

（二）坚决维护党中央权威

中国共产党的领导，体现在中国共产党的科学理论和正确路线方针政策上，体现在中国共产党的执政能力和执政水平上，也体现在中国共产党的严密组织体系和强大组织能力上。一个松松垮垮、稀稀拉拉的组织是不能干事、也干不成事的。[①]“事在四方，要在中央”[②]。坚持党的集中统一，关键就在于维护党中央权威和集中统一领导，“四个服从”原则中最重要的就是全党服从中央。从中共一大纲领中“地方委员会的财政、出版和政策都应受中央执行委员会的监督和指导”开始，到历次党章关于党的最高领导机关是党的全国代表大会和它所产生的中央委员会，全党各个组织和全体党员皆须服从党的全国

---

① 习近平：《严明党的组织纪律，增强组织纪律性》（2014年1月14日），载《十八大以来重要文献选编》（上），中央文献出版社2014年版，第766页。

② 《韩非子·扬权》。

代表大会和中央委员会等规定，无不体现党中央的最高领导地位和权威，这是全体党员自觉在思想上政治上行动上同党中央保持高度一致的重要历史依据和制度依据。全党各级各类组织不论所处地域和层级、工作职责和所在单位性质如何，也不论由哪一级党的组织批准设立，由选举产生还是上级决定，都必须在思想上政治上行动上同党中央保持高度一致。《关于新形势下党内政治生活的若干准则》明确规定，必须坚持党员个人服从党的组织，少数服从多数，下级组织服从上级组织，全党各个组织和全体党员服从党的全国代表大会和中央委员会，核心是全党各个组织和全体党员服从党的全国代表大会和中央委员会。构建中国共产党的组织体系，既要把维护党中央权威和集中统一领导作为出发点，也要将其作为落脚点，注重目标、方式和效果的统一。

（三）保持适当的管理幅度和体系层次

构建中国共产党的组织结构应当注重调动单个组织的机动力量和组织结构的整体优势。一方面，应当根据党员、所属党组织的数量和工作任务等因素确定党的组织管理幅度，既不能过于宏阔也不能过于狭窄。比如，党章就对按照党员人数设置相应的党的基层组织作出原则规定。又如，为提高党的工作机关效能，《中国共产党工作机关条例（试行）》规定，党的工作机关的设立遵循精简、统一、效能原则，实行总量控制和限额管理，并且根据工作需要，党的工作机关可以与职责相近的国家机关等合并设立或者合署办公。另一方面，应当根据管理幅度便于活动等因素确定体系层次，不能徒增层次而减损工作效能。比如，为减少不必要的工作层次，基层党委一般不设常务委员会，只有在所属党组织和党员人数多、工作范围宽、驻地分散等情况下，经上级党委批准后才可以设立；正式党员人数不足 7 人的党支部不设支部委员会，相应地，党员人数较多或者党员工作地、居住地比较分散的党支部，还应当划分若干党小组，以便开展组织活动。

（四）坚持原则性、灵活性与稳定性的统一

中国共产党的组织结构的设立与调整，必须适应中国的国情和政治任务的需要，根据党的工作重心的变化，继承和发挥现有组织结构的功能和优势，探索新的组织形式，设立新的组织机构，努力构建适应社会发展趋势，满足党的各项事业需要，科学、有序、高效的组织结构体系。同时，必须保持党的组织结构体系的稳定性，明确各级组织之间的关系，规范各级组织的设置、任务和职权，使组织与组织之间、组织与个人之间关系的规定更为规范化、制度化。回溯中国共产党的历史，在若干重要历史节点，党都及时通过法规制度对组织结构进行调整完善，兼顾组织结构的灵活性和稳定性，不断探索新的组织形式。比如，为适应社会结构的变化，中共中央通过一系列部署加强基层组织建设，推进基层组织建设全覆盖。《中国共产党支部工作条例（试行）》规定，要结合实际创新党支部设置形式，使党的组织和党的工作全覆盖，明确了临时党支部、联合党支部和流动党员党支部等党的支部设置形式。通过“纵向到底，横向到边”的组织设置，使“党员走到哪里，党的组织就建立到哪里，党的工作就覆盖到哪里”，中国共产党的组织覆盖更加广阔，组织结构更加严密有力，组织基础更加巩固。

二、党的各级各类组织的设置和定位

党章对中国共产党的各级各类组织的设置和定位作了全面系统规定，《中国共产党地方委员会工作条例》《中国共产党党组工作条例》《中国共产党工作机关条例（试行）》《中国共产党农村基层组织工作条例》《中国共产党支部工作条例（试行）》等中央党内法规，对党的各级各类组织的设置和定位作出细化明确有针对性的规定。党的组织主要包括以下几种。

（一）党的中央组织

党的中央组织是中国共产党的中央一级组织。党章第三章对中央组织作了集中明确规定。从设置形式上看，主要包括党的全国代表大会、中央委员会、中央政治局及其常务委员会等。

此外，为加强党的全面领导，优化党的组织机构，建立健全党对重大工作的领导体制机制，根据中国共产党第十九届中央委员会第三次全体会议部署，进一步优化了党中央决策议事协调机构的设置，在中央政治局及其常委会领导下开展工作，对深化改革、依法治国、机构编制、经济、审计、教育等工作加强领导，进行顶层设计、总体布局、统筹协调、整体推进。

（二）党的地方组织

党的地方组织是中国共产党在地方设立的组织。根据党章和《中国共产党地方委员会工作条例》规定，党的地方组织设置，主要按照省市县三级地方行政区域设置，包括党的省、自治区、直辖市的代表大会，设区的市和自治州的代表大会，县（旗）、自治县、不设区的市和市辖区的代表大会，以及由这些代表大会选举产生的委员会。从功能定位上看，党的地方各级代表大会和它们所产生的委员会是党的地方各级领导机关。地方各级委员会在代表大会闭会期间，领导本地方的工作。地方各级委员会的常务委员会，在委员会全体会议闭会期间行使党的地方委员会职权，主持经常工作。

另外，党章第29条规定，党的地区委员会和相当于地区委员会的组织，是党的省、自治区委员会在几个县、自治县、市范围内派出的代表机关，根据省、自治区委员会的授权，领导本地区的工作。

（三）党的基层组织

党的基层组织是中国共产党在社会基层组织中设立的组织。党章明确规定，党的基层组织是指在企业、农村、机关、学校、科研院所、街道社区、社会组织、人民解放军连队和其他基层单位建立的党的组织。根据党章要求，凡是有正式党员三人以上的，都应当成立党的基层组织。党的基层组织，根据工作需要和党员人数，经上级党组织批准，分别设立党的基层委员会、总支部委员会、支部委员会。

从功能定位上看，党的基层组织是党在社会基层组织中的战斗堡垒，是党的全部工作和战斗力的基础。习近平指出，基层党组织是党执政大厦的地基，地基固则大厦坚，地基松则大厦倾。[①] 不同领域的基层党组织的具体功能定位也不尽相同，党章第33条对此作出了相

① 习近平：《在全国组织工作会议上的讲话》（2018年7月3日），人民出版社2018年版，第13页。

应规定。比如，街道、乡、镇党的基层委员会和村、社区党组织，实行党委领导下的行政领导人负责制的事业单位中党的基层组织，国有企业党委（党组）发挥领导作用；党和国家机关、实行行政领导人负责制的事业单位、非公有制经济组织、社会组织中的党的基层组织的功能定位则各有不同。《中国共产党支部工作条例（试行）》对不同领域党支部的功能定位也作了明确界分。

（四）党组

党组是在中国共产党的组织体系中具有特殊地位的一类组织形态。党章和《中国共产党党组工作条例》规定，党组是党在中央和地方国家机关、人民团体、经济组织、文化组织和其他非党组织的领导机关中设立的领导机构，在本单位发挥领导作用，是党对非党组织实施领导的重要组织形式。党组设置分为应设、可设、不设等情形。比如，县级以上人大常委会、政府、政协、法院、检察院，县级以上政府工作部门、派出机关（街道办事处除外）、直属事业单位，县级以上工会、妇联等人民团体，中管企业，县级以上政府设立的有关管委会的工作部门等，一般应当设立党组。全国性的重要文化组织、社会组织等，经中共中央批准，可以设立党组。领导机关中的党员领导成员不足三人的、与党的机关合并设立或者合署办公的、由党的机关代管或者管理等并纳入党的机关序列的、县级以上政府直属事业单位以外的其他事业单位、共青团组织、中管企业的下属企业以及地方国有企业、地方文化组织和社会组织等单位，一般不设立党组。党在对下属单位实行集中统一领导的国家工作部门和有关单位的领导机关中，可以设立党组性质的党委，在本单位、本系统发挥领导作用。

（五）党的纪律检查机关

党的纪律检查机关是中国共产党的党内监督专责机关。党的纪律检查机关包括党的中央纪律检查委员会、地方各级纪律检查委员会、基层纪律检查委员会以及中央纪委和地方纪委的派出机构。

（六）党的工作机关

党的工作机关是党实施领导的政治机关，是落实党中央和地方各级党委决策部署，实施党的领导、加强党的建设、推进党的事业的执行机关。根据《中国共产党工作机关条例（试行）》有关规定，党的工作机关的设立，应当适应加强党的领导和党的建设的需要，遵循精简、统一、效能原则，实行总量控制和限额管理。党的工作机关主要包括党委办公厅（室）、职能部门、办事机构和派出机关。其中，党委办公厅（室）是党委的综合部门；党委职能部门是负责党委某一方面工作的主管部门，比如组织部、宣传部、统战部等；党委办事机构是协助党委办理某一方面重要事务的机构，比如中央国安办、中央网信办、中央财办、中央外办、中央编办等；党委派出机关是党委为加强对特定领域、行业、系统领导而派出的工作机关，根据有关规定代表党委领导该领域、行业、系统的工作，比如中央和国家机关工委等。根据工作需要，党的工作机关可以与职责相近的国家机关等合并设立或者合署办公，但仍由党委主管，比如中央网信办和国家互联网信息办公室等。

此外，党委直属事业单位，比如，中央党校（国家行政学院）、中央党史和文献研究院、中央社会主义学院、人民日报社等，也是党的组织的重要形式，其设置和定位按照中央有关规定执行。《中国共产党工作机关条例（试行）》规定，党委直属事业单位参照本条例执行，法律法规和中央另有规定的除外。《中国共产党党校（行政学院）工作条例》《社会主义学院工作条例》分别对党校（行政学院）、社会主义学院的设置和定位作出专门规定。

三、明确党的组织结构

严密的组织结构，是中国共产党赖以存在、发展和完成使命的物质基础，是实现党的领导的基本保证。党章和有关党内法规，设置不同层级不同类型的党组织，搭建起纵向到底、横向到边，覆盖广泛、贯通上下、连接左右、衔接内外的党的组织机构整体框架。

从纵向看，党章第三章至第五章，构建了以行政区划为主、以单位覆盖为辅，包括党的中央组织、地方组织、基层组织在内的贯通上下的层级式、条线型结构，确立了党的组织体系的主体架构。其中，党的中央组织是大脑和中枢，对全党全国性的重大问题进行决策部署；党的地方组织是四肢躯干，发挥承上启下作用，确保党中央决策部署在本地区不折不扣得以贯彻并层层落实下去；党的基层组织是神经末梢，将党中央和上级党组织的决策部署坚决贯彻落实到所在基层单位中去。根据中央组织部发布的2019年中国共产党党内统计公报，全国共有党的各级地方委员会3 202个，其中，省（区、市）委31个，市（州）委397个，县（市、区、旗）委2 774个；共有基层组织468.1万个，其中，基层党委24.9万个，总支部30.5万个，支部412.7万个；在城市街道、乡镇、社区（居委会）、行政村覆盖率均超过99%；全国共有机关基层党组织72.3万个，事业单位基层党组织91.3万个，企业基层党组织147.7万个，社会组织基层党组织14.2万个，基本实现应建尽建。

从横向看，党章和《中国共产党党组工作条例》《中国共产党工作机关条例（试行）》等党内法规，构建了以党的委员会为主体，包括党组、党的纪律检查机关和党的工作机关在内联通左右的结构。其中，党的委员会是领导机关，在本级各种组织中居于领导地位，党组将党的领导延伸到非党组织，党的纪律检查机关和党的工作机关把党委职能进一步细化拓展。截至2019年底，党中央和地方各级党委批准设立党组约10.2万个，基本覆盖了所有相关非党组织。在中央和地方各级设置了党的纪律检查委员会，同时按照党章要求和中共中央有关规定，采取单独或者联合派驻的方式向中央和地方的党和国家机关等派驻了纪检组。党中央设立了20多个工作机关，省、市、县三级按照大体对应原则也都设立了相应工作机关。

从立体看，党内法规通过组织原则等确立了不同组织之间的远近距离、强弱关系，将它们联通起来，形成纵横交错、相互交织、有机联系的整体。比如，中央委员会与省（自治区、直辖市）党委之间、省（自治区、直辖市）党委与其下属的市（地、州、盟）党委之间，党的基层委员会与其下属的总支部委员会、支部委员会之间，属于领导与被领导关系，具有直接关系和强关联性；党委的组织、宣传、统战等具有管理职能的部门，与党委下属的所有的党组织之间就某方面业务具有管理与被管理关系，与下级党委的相应部门具有业务指导关系；党委办公厅（室）、党委有关决策议事协调机构办公室，负责组织推进党委或者该机构决策部署事项的贯彻落实，与下级有关党组织形成统筹协调与协作配合关系；等等。换言之，对于一个具体的党组织而言，其在党的组织体系框架中的定位，既与上下相关党组织有联系，又与左右相关党组织有互动，还与内外相关组织有交叉。比如，某地级市党委开展工作，既要贯彻落实中共中央和所在省（自治区）党委决策部署、向上一级党委请示报告工作，又要对下属县市党委提出要求、听取意见；既要求党委各工作机关发挥职能作用抓好任务分解落实，又要求本级党委设立的党组听从领导和指挥；既要接受省（自治区）纪委的监督，又要接受同级纪委的监督；既要在体系内部与相关党组织产生联系，又要在体系外通过党组对本地区同级人大、政府、政协、审判机关、检察机关、人民团体等实施领导，发挥总揽全局、协调各方的领导作用。

第三节 规范党组织的产生

不同的党组织，因设置目的和功能定位的差异，产生方式、产生程序及组成有着明显差异。党的组织法规遵循这一规律，对此分别进行了规定，从而使其产生方式更加合理，产生程序更加规范，产生结果更合乎党心民意。

一、明确产生方式

遵循“谁授权谁决定”原则，党章对中国共产党各级各类组织的产生，规定了选举产生和设立产生两种方式。一方面，党章第 10 条规定，党的各级领导机关，除它们派出的代表机关和在非党组织中的党组外，都由选举产生。即中央和地方各级党的代表大会、党的委员会及其常务委员会由选举产生。同时，根据党章第 20、26、30、45 条等规定，党的基层委员会、中央和地方各级纪律检查委员会及其常务委员会，也由选举产生。总的来看，这些党组织因其地位重要、功能特殊，为确保这些组织的组成科学、产生规范、具有公信力，必须以广泛征求党员意见、体现党员意志为前提，以层层推荐、选举授权的方式产生更为合理。另一方面，党组、党的工作机关等组织，或由党委派出，或根据职能履行党委的某项职权，其权力来源于党委，因此其产生由党委决定即可，即设立产生。

（一）选举产生

1. 党的各级代表大会

中国共产党的各级代表大会特别是全国代表大会、地方各级代表大会是中国共产党的领导机关，除按规定由选举产生外，还须在组成数量及结构上体现出广泛性、代表性。

中国共产党的全国代表大会。党章第19条第2款规定，全国代表大会代表的名额和选举办法，由中央委员会决定。比如，2016年，中共中央印发了《关于党的十九大代表选举工作的通知》，要求十九大代表的选举产生，坚持党的领导与发扬民主有机统一，采取自下而上、上下结合、反复酝酿、逐级遴选的办法进行；深入开展宣传教育，广泛发动基层党组织和党员积极参与代表人选的推荐提名；根据多数党组织或多数党员的意见，逐级遴选择优；严格组织考察，实行差额考察和考察预告，广泛听取基层党组织、党代表、党员和群众的意见；认真搞好会议选举，代表实行差额选举，差额选举的比例应多于15%。2017年10月，经层层选举和中共十九大代表资格审查委员会审查，确认2 280名中共十九大代表资格有效。这些代表来自方方面面，结构和分布合理，具有广泛代表性。

中国共产党的地方各级代表大会。党章第25条第3款规定，党的地方各级代表大会代表的名额和选举办法，由同级党的委员会决定，并报上一级党的委员会批准。《中国共产党地方组织选举工作条例》第9条进一步规定，党的地方各级代表大会的代表名额，由召开代表大会的党的委员会全体会议，按照有利于充分发扬党内民主、有利于讨论决定问题和代表具有广泛性的原则确定。党的省、自治区、直辖市代表大会代表名额，一般为400至800名。设区的市、自治州代表大会代表名额，一般为300至500名。县（旗）、自治县、不设区的市和市辖区代表大会代表名额，一般为200至400名。党员和所辖党组织较多或较少的，可以适当增加或减少代表名额。该条例第11条还对代表组成作了规定，党的地方各级代表大会代表中应有各级领导干部、各类专业技术人员、各条战线先进模范人物、解放军、武警部队等各方面的代表，妇女代表和少数民族代表所占比例一般不少于本地区妇女、少数民族党员占党员总数的比例，等等。

中国共产党的基层组织召开的党员代表大会。《中国共产党基层组织选举工作条例》规定，党员人数在500名以上或者所辖党组织驻地分散的，经上级党组织批准，可以召开党员代表大会进行选举。代表的名额一般为100至200名，最多不超过300名。具体名额由召集党员代表大会的党组织按照有利于党员了解和直接参与党内事务，有利于讨论决定问题的原则确定，报上级党组织批准。

党的代表大会代表选举均实行差额选举，党的地方各级代表大会代表候选人的差额比例不少于20%，党的基层组织召开的党员代表大会的代表候选人的差额不少于应选人数的20%。

2. 党的各级委员会

党的中央委员会。根据党章规定，中国共产党的中央委员会由党的全国代表大会选举产生。党的全国代表会议有权调整和增选中央委员会的部分成员；但调整和增选中央委员及候补中央委员的数额，不得超过党的全国代表大会选出的中央委员及候补中央委员各自总数的1/5。中央政治局、中央政治局常务委员会和中央委员会总书记，由中央委员会全体会议选举产生。

党的地方各级委员会。《中国共产党地方委员会工作条例》《中国共产党地方组织选举工作条例》规定，中国共产党的地方各级委员会委员、候补委员由党的同级代表大会差额选举产生，差额比例不少于10%。地方委员会委员、候补委员配备应当具有代表性，符合党龄、年龄、性别、专业等方面要求。人选应当包括书记、副书记和常委会其他委员，一般还应当包括同级政府领导班子成员，同级人大常委会、政协、法院、检察院主要负责人，同级党委和政府有关部门主要负责人，同级工会、共青团、妇联主要负责人，下一级党委和政府主要负责人，以及适当比例的基层党员。党的地方委员会的常务委员会委员由地方委员会全体会议选举产生，并报上级党的委员会批准，常务委员会委员实行差额选举，书记、副书记实行等额选举。党的地方委员会的常务委员会委员配备，由上级党委根据工作需要，按照有利于贯彻执行民主集中制、提高议事决策水平的原则决定。常委会委员名额，省级为11至13人，市、县两级为9至11人，个别地方需要适当增减的，由党中央决定或省级党委根据中央精神审批。地方委员会设书记1名、副书记2名，个别民族自治地方需要适当增加副书记职数的，由党中央决定或者省级党委根据中央精神审批。在党代表大会闭会期间，上级党委可以根据工作需要，调动、任免下级党委书记、副书记和常委会其他委员。

党的基层委员会、总支部委员会和支部委员会。《中国共产党基层组织选举工作条例》《中国共产党支部工作条例（试行）》等对此作了相关规定。中国共产党的基层组织设立的委员会委员由党员大会或者党员代表大会选举产生，总支部委员会、支部委员会的委员由党员大会选举产生，委员候选人的差额不少于应选人数的20%。书记、副书记由委员会全体会议选举产生。不设委员会的党支部书记、副书记，在党员大会上选举产生。经批准设立常务委员会的党的基层委员会的常委，在委员会全体会议上选举产生，常委候选人按照比应选人数多1至2人的差额提出。委员会委员在任期内出缺，一般应当召开党员大会或者党员代表大会补选。确有必要时，上级党的组织可以调动或者指派下级党组织的负责人。根据有关规定，基层委员会一般设书记1名，副书记1至2名。总支部委员会一般设书记1名，副书记1名。支部委员会由3至5人组成，一般不超过7人，设书记1名，必要时可以设副书记1名。

3. 党的各级纪律检查委员会

党的中央纪律检查委员会。党章明确规定，中央纪委委员由党的全国代表大会选举产生，党的全国代表会议有权对其进行调整和增选。中央纪委常委会和书记、副书记由中央纪委全体会议选举产生，并报党的中央委员会批准。

党的地方各级纪律检查委员会。党章和《中国共产党地方组织选举工作条例》规定，地方纪委委员由地方各级代表大会选举产生；常务委员会和书记、副书记，由地方纪委全体会议选举产生，并由同级党的委员会通过，报上级党的委员会批准。

党的基层纪律检查委员会。党章规定，党的基层委员会设立纪律检查委员会还是设立纪律检查委员，由它的上一级党组织根据具体情况决定。党的总支部委员会和支部委员会设纪律检查委员。《中国共产党基层组织选举工作条例》规定，党的基层组织中的纪律检查委员会委员由党员大会或者党员代表大会选举产生；书记、副书记在纪律检查委员会全体会议上选举产生，经同级党的委员会通过后，报上级党组织批准。

（二）设立产生

1. 党组

根据《中国共产党党组工作条例》规定，党组的设立，应当由党中央或者本级地方党委审批。党组性质党委，由上级党组织直接批准设立，不同于由选举产生的地方党委和基层党委。党组性质党委的设立，一般应当由党中央或者本级地方党委审批。对下属单位实行集中统一领导的国家工作部门和单位党组性质党委，根据党中央授权可以负责审批下属单位党组性质党委的设立。党组设书记，必要时可以设副书记。党组成员一般设 3 至 7 人。副省部级以上单位、中管企业党组成员一般不超过 9 人，个别单位确需增加的，由党中央决定。市县两级政府及县级以上地方政府个别工作部门确需增加的，按程序报请省级党委批准，但总数不得超过 9 人。党组成员的任免一般由批准设立党组的党组织决定。

2. 党的工作机关

根据《中国共产党工作机关条例（试行）》规定，党中央工作机关的设立，由中央机构编制管理部门提出方案，按程序报党中央审批决定。地方党委工作机关的设立，由同级机构编制管理部门提出方案，按规定程序由本级党委讨论决定后，报上级党委审批。

党的工作机关的领导机构和决策形式是部（厅、室）务会或者委员会，一般由正职、副职、派驻纪检组组长或者纪工委书记及其他成员组成。党的工作机关正职由上级机构领导成员兼任的，可以设常务副职，协助其处理日常工作。党的工作机关不设正职领导助理，一般不设秘书长。确有必要时，经党中央批准，党中央职能部门可以设秘书长。

二、规范产生程序

不管是选举产生还是设立产生党组织，都有其特定的程序和要求。其中，设立产生的程序相对简单，比如，党组的设立，一般由党中央或者地方党委根据需要直接决定设立，或者由需要设立党组的单位或者其上级主管部门党组织提出设立申请，经党中央或者地方党委批准后设立；党的工作机关的设立，一般由编制管理部门提出方案，按程序报党中央或者同级地方党委审批决定后设立。下面主要介绍选举产生的程序和要求。

（一）党的各级代表大会

根据党章，全国代表大会代表的名额和选举办法，由中央委员会决定；党的地方各级代表大会代表的名额和选举办法，由同级党委决定，并报上一级党委批准。党的每次全国代表大会召开前，中共中央都下发专门通知，对代表的选举工作进行部署。对于地方各级代表大会代表和基层党员代表大会代表的选举工作，《中国共产党地方组织选举工作条例》《中国共产党基层组织选举工作条例》《关于党的地方各级代表大会若干具体问题的暂行规定》等作了详细规定，主要包括明确代表资格条件、划分选举单位、分配代表名额、进行选举、报批审查等程序。

（二）党的地方各级委员会和纪律检查委员会

根据党章和《中国共产党地方委员会工作条例》《中国共产党地方组织选举工作条例》《关于党的地方各级代表大会若干具体问题的暂行规定》，党的地方各级委员会委员、候补委员和纪律检查委员会委员的产生，主要包括确定组成原则、提出初步人选、进行考察、预备人选报批、大会选举等程序。地方党委、纪委的常委会和书记、副书记产生程序，与党委、纪委产生程序的不同之处在于：一是直接由常委会提出候选人预备人选并报批；二是由新选举产生的党委和纪委召开的全体会议，而非党的代表大会选举产生；三是纪委选举产生的常委会和书记、副书记，需经同级党委通过并报上级党委批准。

（三）党的基层委员会和纪律检查委员会

按照《中国共产党基层组织选举工作条例》规定，委员的选举大体分为两步：一是由上届党的委员会根据所辖多数党组织的意见提出人选，报上级党组织审查同意后，酝酿确定候选人；二是召开党员大会或者党员代表大会进行选举。

委员会的书记、副书记的产生也分为两步：一是由上届委员会提出候选人，报上级党组织审查同意；二是在委员会全体会议上进行选举。不设委员会的党支部书记、副书记的产生，由全体党员充分酝酿，提出候选人，报上级党组织审查同意后进行选举。经批准设立常务委员会的党的基层委员会的常委候选人，由上届委员会按照比应选人数多 1 至 2 人的差额提出，报上级党组织审查同意后，在委员会全体会议上进行选举。

三、规定调整和撤销

（一）党的代表大会代表资格的终止和停止

《中国共产党纪律处分条例》规定，党的各级代表大会的代表受到留党察看以上（含留党察看）处分的，党组织应当终止其代表资格。《中国共产党全国代表大会和地方各级代表大会代表任期制规定》第 23 条规定，党代表大会代表在任期内，有调离同级党代表大会所属范围，受留党察看以上（含留党察看）处分，被党组织劝退、除名或者自行脱党，因出国（境）定居等原因被停止党籍或者丧失中华人民共和国国籍，辞去代表职务被接受，因病、因故死亡等情形之一的，其代表资格终止。第 24 条规定，党代表大会代表被依法留置、逮捕的，停止执行代表职务。

（二）党的委员会委员的递补、补选、辞去、免去、终止

党章规定，党的全国代表会议有权调整中央委员会、中央纪律检查委员会的部分成员。《中国共产党地方委员会工作条例》第 7 条规

定，党的地方委员会任期内，委员出缺的由候补委员按照得票多少依次递补，递补后仍有空缺的可以召开党代表大会或者党代表会议补选。因调离本地区、辞去公职、退休等原因不适宜继续担任党委委员、候补委员的，应当辞去或者由所在的党的地方委员会按程序免去其党委委员、候补委员职务。死亡、丧失国籍、被追究刑事责任、被停止党籍、受到留党察看以上党纪处分的，委员、候补委员职务自动终止。辞去、免去或者自动终止委员、候补委员职务的，应当报上一级党委备案。确有必要时，上一级党委可以任免下级党委委员、候补委员职务。《中国共产党地方委员会工作条例》对地方党委常务委员会成员的调整也作了相应规定，在党代表大会闭会期间，上级党委可以根据工作需要，调动、任免下级党委书记、副书记和常委会其他委员，其数额在任期内一般不得超过常委会委员职数的1/2。

（三）党组织的改组、解散、撤销

《中国共产党问责条例》第8条规定，对失职失责，严重违犯党的纪律、本身又不能纠正的党组织，应当予以改组。《中国共产党纪律处分条例》第9条规定，对于严重违犯党的纪律、本身又不能纠正的党组织，上一级党的委员会在查明核实后，根据情节严重的程度，可以予以改组或者解散。《中国共产党支部工作条例（试行）》规定，对因党员人数或者所在单位、区域等发生变化，不再符合设立条件的党支部，上级党组织应当及时予以调整或者撤销。党支部的调整和撤销，一般由党支部报所在乡镇（街道）或者单位基层党委批准，也可以由所在乡镇（街道）或者单位基层党委直接作出决定，并报上级党委组织部门备案。为执行某项任务临时组建的机构，党员组织关系不转接的，经上级党组织批准，可以成立临时党支部。临时组建的机构撤销后，临时党支部自然撤销。党章第13条规定，撤销党的原有组织，必须由上级党组织决定。

《中国共产党党组工作条例》第12条规定，变更、撤销党组的，由批准其设立的党组织作出决定。党组性质党委的变更和撤销，一般应当由党中央或者本级地方党委审批。对下属单位实行集中统一领导的国家工作部门和单位党组性质党委，根据党中央授权可以负责审批下属单位党组性质党委的变更和撤销。

《中国共产党工作机关条例（试行）》规定，党中央工作机关的撤销、合并或者变更，由中央机构编制管理部门提出方案，按程序报党中央审批决定。地方党委工作机关的撤销、合并或者变更，由同级机构编制管理部门提出方案，按规定程序由本级党委讨论决定后，报上级党委审批。

第四节 明确党组织的职权职责

对于党的组织法规而言，依规、科学配置党组织的职权职责是基本任务。党组织的职权职责，是指中国共产党的各级各类组织承担的管理事务的范围、权能和责任。这是一个集合概念，既包括整体的权力配置，也涉及党内权力结构和各级各类具体组织权力的分配。具体有三层含义：第一，党组织管理事务的范围。就宏观而言，党组织有两方面基本任务：一是管党治党的相关事务，二是作为执政党领导经济社会发展的相关事务。第二，党组织管理事务的权能。如作出决议决策，制定党内法规和规范性文件，作出任免、处理处分决定等。第三，党组织管理事务要承担的责任。党组织职权职责的配置就是遵循一定的原则要求，确立党作为整体的管党治党、执政治国的总职责，以及分解后由各级各类党组织分别承担的具体职责，从而明确党组织工作和活动范围，确定党组织的职权职责边界。党组织的职权职责配置科学与否直接决定着中国共产党的自身建设水平和执政能力，也会对经济社会发展产生重大影响。如何从合规性、合理性、可行性三个层面对党组织的职权职责进行配置，是党的组织法规要解决的一个核心问题。

一、依规确定党组织的职权职责

党组织的每项职责和职权都应于规有据，不得存在无规之权、规外特权。不同于国家机关的权力源于国家法律，党组织的职权职责主要源于党章和其他党内法规的授予。

党章确定了党组织的根本职权职责。党章第三至五章分别规定了党的中央组织的职权、地方组织的职权、基层组织的基本任务，第八章规定了纪律检查机关的主要任务和职责，第九章规定了党组的任务。党章其他章节也有部分条文规定了党组织职权职责，如第13条第2款规定："在党的地方各级代表大会和基层代表大会闭会期间，上级党的组织认为有必要时，可以调动或者指派下级党组织的负责人。"

条例等基础主干组织法规确定了党组织的主要职权职责。《中国共产党地方委员会工作条例》《中国共产党党组工作条例》《中国共产党工作机关条例（试行）》《中国共产党党和国家机关基层组织工作条例》《中国共产党农村基层组织工作条例》《中国共产党普通高等学校基层组织工作条例》《中国共产党国有企业基层组织工作条例（试行）》《中国共产党支部工作条例（试行）》等一系列重要的组织法规，分别对各级各类党组织的职权职责作了专门规定。此外，其他党内法规也涉及党组织职权职责的规定。如《中国共产党纪律处分条例》第四章规定了党组织对违法犯罪党员进行纪律处分的权力。

"三定"规定和一些规则、细则确定了党组织的具体职权职责。中央和地方党的委员会的办公厅（室）、职能部门、派出机关的"三定"规定，决策议事协调机构及其办事机构的工作规则和细则，分别对这些组织的职责任务作了详细规定。

二、科学配置党组织的职权职责

党组织职权职责配置需要根据职权配置的基本原则，进行科学合理安排，达到党组织的职权职责覆盖管党治党、执政治国各领域，囊括党的领导和党的建设活动各方面，涵盖党组织工作活动各环节全过程。

（一）坚持与党的性质和目标任务相一致原则

从历史经验看，不同历史阶段，中国共产党的历史任务和奋斗目标不同，深刻地影响了相应党组织职权职责的配置；反过来，党组织的职权职责以及因此而形成的权力结构，也在很大程度上决定了其任务目标及使命的实现。党内法规就是按照这一基本经验，根据中国共产党的性质目标、历史使命，科学配置党组织职权职责的。中国共产党“两个先锋队”性质以及现阶段所承担的领导全国各族人民统筹推进“五位一体”总体布局和协调推进“四个全面”战略布局，实现“两个一百年”奋斗目标、实现中华民族伟大复兴的中国梦的伟大历史使命，决定了其必须肩负起管党治党、执政治国的双重职责，坚持和加强党的全面领导，坚持党要管党、全面从严治党。为此，党的十九大修改后的党章对党的领导的性质地位进行了新的概括，对党的建设总体布局进行了完善，对从严管党治党进行了全面部署。同时，为确保中国共产党发挥总揽全局、协调各方的领导核心作用，近年来陆续制定修订的《中国共产党地方委员会工作条例》《中国共产党党组工作条例》，明确了地方党委在领导本地区经济社会发展方面的重要职责，确立了党组在研究决定本单位重大事项包括业务工作重大决策方面的职责；契合党和国家机构改革大局大势，出台了若干个党中央决策议事协调机构工作规则，对深化改革、依法治国、机构编制、经济、审计、教育等方面的领导职责作了明确规定；建立健全党对重大工作的领导体制机制，比如出台了《中国共产党农村工作条例》，对坚持和加强党对农村工作的全面领导作出了系统规定。为确保全面从严治党的要求落到实处，分别在相关党内法规中，强调了地方党委、党组、党的工作机关等在管党治党方面的主体责任和相关职权职责；修订《中国共产党纪律处分条例》，出台纪委派驻机构改革的相关文件，对纪律检查机关的监督执纪问责职责作了进一步强调。

（二）坚持民主集中制原则

民主集中制是党的根本组织原则，无论是党组织的设置，还是党组织职权职责的配置和履行，都要遵循这一原则。为确保“四个服从”落实落地，维护党中央的权威，党章和有关党内法规规定：党的各级各类组织的首要职权职责就是贯彻执行党的路线方针政策，落实党中央决策部署和上级党组织的决议决定；党的各级委员会要向上级党组织请示报告工作；等等。比如，《中国共产党地方委员会工作条例》第9条规定，党的地方委员会第一项职责就是制定贯彻执行党中央和上级党组织决策部署以及同级党代表大会决议、决定的重大措施；《中国共产党党组工作条例》规定，党组需要讨论和决定的首要问题就是贯彻落实党中央以及上级党组织决策部署的重大举措；《中国共产党工作机关条例（试行）》要求党的工作机关应当履行好坚决贯彻落实党的理论和路线方针政策以及党委决策部署，确保政令畅通的重大职责；《中国共产党重大事项请示报告条例》规定，对于超出党组织和党员、领导干部自身职权范围，或者虽在自身职权范围内但关乎全局、影响广泛的重要事情和重要情况，党组织应当向上级党组织请示或者报告。为切实发扬党内民主，《中国共产党地方委员会工作条例》规定，党的地方委员会作出同下级党组织有关的重要决定，一般应当事前征求下级党组织意见，需要同级党代表大会代表、下级党组织和党员了解的重要情况和重大问题，应当及时通报；《中国共产党党务公开条例（试行）》规定，党的组织应当将其实施党的领导活动、加强党的建设工作的有关事务，按规定在党内或者向党外公开；等等。

（三）坚持匹配性和系统性相结合原则

要保证党的整个组织体系井然有序、高效运转，既需要每个党组织有序“自转”，更需要不同党组织之间协调“公转”。在对每个党组织的职权职责进行设定时，要坚持匹配性原则，既统筹设定党组织的内外职权职责，以与管党治党、执政治国两方面的使命任务相适应，又深刻认识到职权和职责是内在统一的“一体两面”，没有无权之责，也没有无责之权，要依责定权、量责定权，确保党组织的职权和职责有机匹配。同时，要坚持系统性原则，树立系统思维和“一盘棋”意识，根据党的组织结构，着眼实现党的使命任务，对各级各类党组织的职权职责进行整体设计、统筹考量，既合理设定上下级党组织的职权职责，又协调设定同级党组织的职权职责，将党的组织体系纳入立体式、全方位的制度轨道，确保各级各类党组织在党中央集中统一领导下齐心协力、步调一致开展工作，形成党的组织体系整体合力。

三、各级各类党组织的主要职权职责

党章和有关中央党内法规，围绕管党治党、执政治国，在各级各类党组织中分层分类作了分解配置，明确了各自职权职责，为其履职尽责、发挥作用指明了方向，划出了边界。

（一）党的中央组织

1. 党的全国代表大会和全国代表会议

根据党章第 20 条规定，党的全国代表大会有六项职权，包括听取和审查中央委员会的报告，审查中央纪律检查委员会的报告，讨论并决定党的重大问题，修改党的章程，选举中央委员会，选举中央纪律检查委员会。根据党章第 21 条规定，党的全国代表会议的职权是：讨论和决定重大问题，调整和增选中央委员会、中央纪律检查委员会的部分成员。

2. 党的中央委员会

根据党章第 22 条规定，中央委员会在全国代表大会闭会期间，执行全国代表大会的决议，领导党的全部工作，对外代表中国共产党。

3. 中央政治局及其常务委员会

根据党章第 23 条规定，中央政治局及其常务委员会在中央委员会全体会议闭会期间，行使中央委员会的职权。中央书记处是中央政治局及其常务委员会的办事机构。中央委员会总书记负责召集中央政治局会议和中央政治局常务委员会会议，并主持中央书记处的工作。

（二）党的地方组织

1. 党的地方各级代表大会和代表会议

根据党章第 26 条规定，党的地方各级代表大会有五项职权，包括听取和审查同级党的委员会的报告，审查同级纪律检查委员会的报告，讨论本地区范围内的重大问题并作出决议，选举同级党的委员

会，选举同级党的纪律检查委员会。根据党章第12条规定，党的地方各级委员会在必要时召集代表会议，讨论和决定需要及时解决的重大问题。

2. 党的地方各级委员会

关于党的地方各级委员会的职权职责，党章第27条作了原则性规定，即党的地方各级委员会在代表大会闭会期间，执行上级党组织的指示和同级党代表大会的决议，领导本地方的工作，定期向上级党的委员会报告工作。《中国共产党地方委员会工作条例》第3条规定，地方党委在本地区发挥总揽全局、协调各方的领导作用，按照协调推进“四个全面”战略布局，对本地区经济建设、政治建设、文化建设、社会建设、生态文明建设实行全面领导，对本地区党的建设全面负责。

3. 党的地方各级委员会的常务委员会

《中国共产党地方委员会工作条例》第10条规定，党的地方各级委员会的常务委员会在地方委员会全会闭会期间行使党的地方委员会职权，主持经常工作。其主要职责是：召集全会，向全会报告工作并接受监督；对拟提交全会讨论和决定的事项先行审议、提出意见；组织实施上级党组织决策部署和全会决议、决定；向上级党组织请示报告工作，讨论和决定下级党组织请示报告的重要事项；对本地区经济社会发展和宣传思想文化工作、组织工作、纪律检查工作、群众工作、统一战线工作、政法工作等方面经常性工作中的重要问题作出决定；按照有关规定推荐、提名、任免干部，必要时对重要干部的任免可以征求党委委员意见；教育、管理、监督干部；研究决定党员干部纪律处分有关事项；对应当由常委会决定的其他重要事项作出决定。

（三）党的基层组织

党章第32条规定了党的基层组织八项基本任务，包括：（1）宣传和执行党的路线、方针、政策，宣传和执行党中央、上级组织和本组织的决议，充分发挥党员的先锋模范作用，积极创先争优，团结、组织党内外的干部和群众，努力完成本单位所担负的任务。（2）组织党员认真学习马克思列宁主义、毛泽东思想、邓小平理论、“三个代表”重要思想、科学发展观、习近平新时代中国特色社会主义思想，推进“两学一做”学习教育常态化制度化，学习党的路线、方针、政策和决议，学习党的基本知识，学习科学、文化、法律和业务知识。（3）对党员进行教育、管理、监督和服务，提高党员素质，坚定理想信念，增强党性，严格党的组织生活，开展批评和自我批评，维护和执行党的纪律，监督党员切实履行义务，保障党员的权利不受侵犯。加强和改进流动党员管理。（4）密切联系群众，经常了解群众对党员、党的工作的批评和意见，维护群众的正当权利和利益，做好群众的思想政治工作。（5）充分发挥党员和群众的积极性创造性，发现、培养和推荐他们中间的优秀人才，鼓励和支持他们在改革开放和社会主义现代化建设中贡献自己的聪明才智。（6）对要求入党的积极分子进行教育和培养，做好经常性的发展党员工作，重视在生产、工作第一线和青年中发展党员。（7）监督党员干部和其他任何工作人员严格遵守国家法律法规，严格遵守国家的财政经济法规和人事制度，不得侵占国家、集体和群众的利益。（8）教育党员和群众自觉抵制不良倾向，坚决同各种违纪违法行为作斗争。

（四）党组

根据党章第48条规定，党组的任务，主要是负责贯彻执行党的路线、方针、政策；加强对本单位党的建设的领导，履行全面从严治党责任；讨论和决定本单位的重大问题；做好干部管理工作；讨论和决定基层党组织设置调整和发展党员、处分党员等重要事项；团结党外干部和群众，完成党和国家交给的任务；领导机关和直属单位党组织的工作。以此为依据，《中国共产党党组工作条例》对党组的职权职责作出了进一步的细化和具体化。

（五）党的纪律检查机关

根据党章第46条规定，党的各级纪律检查委员会是党内监督专责机关，主要任务是：维护党的章程和其他党内法规，检查党的路线、方针、政策和决议的执行情况，协助党的委员会推进全面从严治党、加强党风建设和组织协调反腐败工作。党的各级纪律检查委员会的职责是监督、执纪、问责，要经常对党员进行遵守纪律的教育，作出关于维护党纪的决定；对党的组织和党员领导干部履行职责、行使权力进行监督，受理处置党员群众检举举报，开展谈话提醒、约谈函询；检查和处理党的组织和党员违反党的章程和其他党内法规的比较重要或复杂的案件，决定或取消对这些案件中的党员的处分；进行问责或提出责任追究的建议；受理党员的控告和申诉；保障党员的权利。

（六）党的工作机关

根据《中国共产党工作机关条例（试行）》第11条规定，党的工作机关应当履行以下职责：（1）坚决贯彻落实党的理论和路线方针政策以及党委决策部署，确保政令畅通；（2）研究部署职责范围内的工作，按照规定制发党内法规和规范性文件，抓好组织实施和督促落实；（3）当好党委参谋助手，及时报告有关情况、反映问题、提出意见建议，为党委决策提供服务；（4）抓好机关党的建设工作，加强对本单位群团工作的领导；（5）承办党委和上级工作机关交办的有关事项。

小　结

党的组织法规是规范中国共产党的中央组织、地方组织、基层组织和党组、纪律检查机关、工作机关等各级各类组织的设置、产生、职权职责等内容的党内法规，主要作用在于确立党的组织结构、规范党组织的产生、明确党组织的职权职责，形成严密的组织体系，夯实管党治党、执政治国的组织制度基础。

思考题

1. 试论党的组织法规在党内法规体系中的地位和作用。
2. 党委和党组的产生方式有什么区别？
3. 党组织职权职责配置需要遵循哪些原则？

4. 比较党的组织法规中关于党委、党组的职责的规定。

▶即测即评

▶拓展资源

第六章　党的领导法规

导　语

在党内法规体系中，与党的组织法规等其他板块法规相比，党的领导法规具有鲜明特征和独特功能。本章通过研究分析党的领导法规保障、规范、引领党的领导活动的内在机理，深入阐述中国共产党如何通过党内法规巩固党的领导地位、强化党的领导职责、规范党的领导活动，充分展现党内法规在坚持和加强党的全面领导、巩固党的长期执政地位、确保党始终成为中国特色社会主义事业坚强领导核心中的重要保障作用。

第一节　党的领导法规的概念和分类

一、党的领导法规的概念

党的领导法规，是指规范中国共产党对各方面工作进行领导的活动，调整中国共产党与人大、政府、政协、监察机关、审判机关、检察机关、武装力量、人民团体、企事业单位、基层群众自治组织、社会组织等领导与被领导关系的党内法规。党的领导法规旨在通过巩固党的领导地位、强化党的领导职责、规范党的领导活动等，解决党领导谁、领导什么、怎么领导的问题，为党发挥总揽全局、协调各方领导核心作用提供制度保障。

党的领导法规具有以下特征：一是调整领导活动。党的领导法规调整的是中国共产党作为长期执政党和中国特色社会主义事业的领导核心，领导经济社会发展各方面工作的活动。二是调整领域广泛。党政军民学，东西南北中，党是领导一切的。这就决定了党的领导法规涵盖“五位一体”总体布局，涉及经济社会发展各个方面。三是属于行为性法规。按照“规范主体、规范行为、规范监督”的党内法规体系内在逻辑，与党的组织法规属于主体性法规、党的监督保障法规属于监督保障性法规不同，党的领导法规和党的自身建设法规一样，属于行为性法规。

二、党的领导法规的分类

根据不同标准，党的领导法规可作不同分类。

一是根据党的领导领域的不同，党的领导法规分为：(1) 党领导经济建设法规，比如《中共中央、国务院关于构建开放型经济新体制的若干意见》等中的有关规定；(2) 党领导政治建设法规，比如《中国共产党统一战线工作条例（试行）》《党政主要负责人履行推进法治建设第一责任人职责规定》；(3) 党领导文化建设法规，比如《党委（党组）意识形态工作责任制实施办法》；(4) 党领导社会建设法规，比如《地方党政领导干部安全生产责任制规定》《健全落实社会治安综合治理领导责任制规定》；(5) 党领导生态文明建设法规，比如《中央生态环境保护督察工作规定》《中共中央、国务院关于加快推进生态文明建设的意见》等中的有关规定；(6) 党领导外事法规，比如《关于加强党对地方外事工作领导体制改革的实施意见》等中的有关规定；(7) 党领导军队法规，比如《中国人民解放军政治工作条例》《民兵政治工作规定》《中国人民解放军预备役部队政治工作规定》。

二是根据党的领导对象的不同，党的领导法规分为：(1) 党对人大工作的领导法规，比如党领导立法工作方面的规定；(2) 党对政府工作的领导法规，比如《关于推行地方各级政府工作部门权力清单制度的指导意见》中的有关规定；(3) 党对政协工作的领导法规，比如《中共中央关于加强人民政协工作的意见》《中共中央关于加强社会主义协商民主建设的意见》等中的有关规定；(4) 党对宣传工作的领导法规，比如《中国共产党宣传工作条例》；(5) 党对政法工作的领导法规，比如《中国共产党政法工作条例》《保护司法人员依法履行法定职责规定》；(6) 党对机构编制工作的领导法规，比如《中国共产党机构编制工作条例》；（7）党对农村工作的领导法规，比如《中国共产党农村工作条例》；（8）党对群团工作的领导法规，比如《中共中央关于加强和改进党的群团工作的意见》中的有关规定；（9）党对企事业单位的领导法规，比如《中共中央关于进一步加强和改进国有企业党的建设工作的通知》《关于坚持和完善普通高等学校党委领导下的校长负责制的实施意见》等中的有关规定；（10）党对社会组织的领导法规，比如《关于加强社会组织党的建设工作的意见（试行）》中的有关规定。

三是根据表现形式的不同，党的领导法规分为：（1）专门的党的领导法规文本，即专门规范党的领导活动或者以规范党的领导活动为主的法规文件文本，比如《中国共产党宣传工作条例》《中国共产党统一战线工作条例（试行）》《中国共产党政法工作条例》《中国共产党机构编制工作条例》《中国共产党农村工作条例》等。（2）其他文本中的党的领导法规规范，即分散在其他法规文件文本中，规范党的领导活动的党内法规规范。从目前情况看，党的领导法规中，专门的党的领导法规文本相对比较少，大多是有关文本中的党的领导法规规范。比如，《党政领导干部选拔任用工作条例》中关于党委按照规定向人民代表大会或者人大常委会推荐、向政府提名领导干部人选的有关规定；《中共中央、国务院关于加强和改进新形势下高校思想政治工作的意见》中关于高校党委对本校工作实行全面领导、切实发挥领导作用的规定。与党的组织法规、党的自身建设法规、党的监督保障法规相比，党的领导法规在这方面的特点最为突出，不能把党的领导法规仅仅理解为专门的党的领导法规文本，也不能把包含党的领导法规规范的所有文本都理解为党的领导法规。

第二节 巩固党的领导地位

一、党的领导地位的形成

党的领导地位是指中国共产党作为中国特色社会主义事业的领导

核心，按照总揽全局、协调各方的原则，在同级各种组织中发挥领导核心作用。习近平强调，中国共产党领导是中国特色社会主义最本质的特征，是中国特色社会主义制度的最大优势。这一重要论断，丰富和发展了马克思主义建党学说，深刻反映出对党的领导和中国特色社会主义这一基本关系的认识达到了新高度。

党的领导地位是由中国共产党的性质决定的。马克思、恩格斯指出，“在无产阶级和资产阶级的斗争所经历的各个发展阶段上，共产党人始终代表整个运动的利益”①；“在实践方面，共产党人是各国工人政党中最坚决的、始终起推动作用的部分；在理论方面，他们胜过其余的无产阶级群众的地方在于他们了解无产阶级运动的条件、进程和一般结果”②。列宁指出：“党是阶级的先进觉悟阶层，是阶级的先锋队。”③ 中国共产党是中国工人阶级的先锋队，同时是中国人民和中华民族的先锋队，是中国特色社会主义事业的领导核心。中国共产党始终高举马克思主义伟大旗帜，把实现社会主义、共产主义作为奋斗目标，历经革命、建设和改革的锤炼，已经锻造为成熟的马克思主义政党。正是有了这一先进成熟政党的领导，才形成了中国特色社会主义道路、理论、制度、文化。如果弱化党的领导，甚至放弃党的领导，党的执政地位就会丢失，中国特色社会主义性质就会改变，中国人民接续奋斗取得的伟大成就也会毁于一旦。中国特色社会主义是党领导人民经过长期探索取得的根本成就，也只有在党的领导下才能不断向前发展。要从根本上保证中国特色社会主义不变色、不变质，必须毫不动摇地坚持党的领导。

党的领导地位是历史和人民的选择。邓小平指出：“在中国这样的大国，要把几亿人口的思想和力量统一起来建设社会主义，没有一个由具有高度觉悟性、纪律性和自我牺牲精神的党员组成的能够真正代表和团结人民群众的党，没有这样一个党的统一领导，是不可能设

①② 《马克思恩格斯选集》第1卷，人民出版社1995年版，第285页。

③ 《列宁全集》第24卷，人民出版社2017年版，第38页。

想的，那就只会四分五裂，一事无成。”① 在近代以后中国社会的剧烈运动中，在中国人民反抗封建统治和外来侵略的激烈斗争中，在马克思列宁主义同中国工人运动的结合过程中，中国共产党应运而生。中国共产党一经成立就义无反顾肩负起带领人民谋求民族独立、人民解放和实现国家富强、人民幸福的历史重任。在革命、建设、改革的历史进程中，正是人民选择了中国共产党，中国才彻底结束了半殖民地半封建社会的历史，完成了中华民族有史以来最为广泛而深刻的社会变革，开启了改革开放新的伟大革命，开辟了中国特色社会主义道路，取得了社会主义现代化建设的伟大成就。历史深重的轨迹清晰表明，没有共产党，就没有新中国；没有共产党，就没有中华民族从站起来到富起来再到强起来。这是中国人民从长期奋斗中得出的最基本的结论。

坚持党的领导是实现中华民族伟大复兴的根本保证。习近平指出：“中国共产党人的初心和使命，就是为中国人民谋幸福，为中华民族谋复兴。”② 一百年来，为了实现中华民族伟大复兴的历史使命，我们党初心不改、矢志不渝，团结带领人民历经千难万险，付出巨大牺牲，取得了一个又一个伟大斗争的胜利。实践证明，坚持和加强党的全面领导，是党和国家的根本所在、命脉所在，是全国各族人民的利益所在、幸福所在，是战胜一切困难和风险的“定海神针”。今天，中国比历史上任何时期都更接近、更有信心和能力实现中华民族伟大复兴的目标。同时要看到，在实现民族复兴的伟大征程上，不知还要爬多少坡、过多少坎，经历多少风风雨雨、克服多少艰难险阻。完成艰巨光荣的历史使命，战胜前进道路上的风险挑战，从根本上要靠党的全面领导，靠党把好方向盘。

我国宪法对中国共产党的领导地位作出了明确规定。第一，宪法在序言中确认了中国共产党领导中国人民进行革命、建设、改革的伟

---

① 《党和国家领导制度的改革》（1980 年 8 月 18 日），载《邓小平文选》第 2 卷，人民出版社 1994 年版，第 341—342 页。

② 习近平：《决胜全面建成小康社会　夺取新时代中国特色社会主义伟大胜利——在中国共产党第十九次全国代表大会上的报告》（2017 年 10 月 18 日），人民出版社 2017 年版，第 1 页。

大斗争和根本成就，并规定“中国各族人民将继续在中国共产党领导下……把我国建设成为富强民主文明和谐美丽的社会主义现代化强国，实现中华民族伟大复兴”。第二，宪法总纲在第1条第2款中规定，“中国共产党领导是中国特色社会主义最本质的特征”。宪法从社会主义制度的本质属性角度对坚持和加强党的全面领导进行规定，有利于在全体人民中强化党的领导意识，有效把党的领导落实到国家工作全过程和各方面，确保党和国家事业始终沿着正确方向前进。

二、确立党的领导地位

我国社会主义政治制度优越性的一个突出特点，就是党总揽全局、协调各方的领导核心作用。在国家治理体系中，党中央是坐镇中军帐的“帅”，车马炮各展其长，一盘棋大局分明。各个领域、各个方面都必须自觉坚持党的领导，绝不能有丝毫动摇。在新时代坚持和加强党的全面领导，全面发挥党的领导核心作用，就必须健全完善坚持和加强党的全面领导的党内法规，切实把党的领导贯彻落实到改革发展稳定、内政外交国防、治党治国治军等各领域各方面各环节，从而为党的领导提供全面的制度保障。

党章是党实施领导活动、加强党的建设的总章程、总遵循、总依据，对党的领导作出了根本规定。比如，总纲第1自然段规定，“中国共产党是中国特色社会主义事业的领导核心”。第30自然段规定，“中国共产党的领导是中国特色社会主义最本质的特征，是中国特色社会主义制度的最大优势。党政军民学，东西南北中，党是领导一切的”；“党必须按照总揽全局、协调各方的原则，在同级各种组织中发挥领导核心作用”；“党必须保证国家的立法、司法、行政、监察机关，经济、文化组织和人民团体积极主动地、独立负责地、协调一致地工作”。党章的这些规定，以党的根本大法的形式明确了中国共产党的领导地位，是党的领导法规的源头和统领，为其他党内法规规范党的领导活动提供了根本依据和根本指引。

为了贯彻落实党章的这些规定，体现党对各方面工作的全面领导，党的领导法规就党对人大、政府、政协、监察机关、审判机关、检察机关、群团组织、企事业单位、社会组织等的领导作出了具体细化的规定。

1. 关于党对人大的领导。中共十八届四中全会提出，把党领导人民制定和实施宪法法律同党坚持在宪法法律范围内活动统一起来，善于使党的主张通过法定程序成为国家意志；完善立法体制，加强党对立法工作的领导，完善党对立法工作中重大问题决策的程序。凡立法涉及重大体制和重大政策调整的，必须报党中央讨论决定。党中央向全国人大提出宪法修改建议，依照宪法规定的程序进行宪法修改。法律制定和修改的重大问题由全国人大常委会党组向党中央报告。根据《中共中央转发〈中共全国人大常委会党组关于进一步发挥全国人大代表作用，加强全国人大常委会制度建设的若干意见〉的通知》，监督工作中的重大问题，由全国人大常委会党组及时向党中央报告。全国人大常委会党组在党中央领导下，在全国人大及其常委会依法履行职责的过程中，保证全面贯彻落实党的路线方针政策和党中央的决策。根据《中共中央转发〈中共全国人大常委会党组关于加强县乡人大工作和建设的若干意见〉的通知》，县乡党委要加强对人大工作的领导，把人大工作纳入整体工作布局，统一部署和推进。

2. 关于党对政府的领导。根据中共中央办公厅、国务院办公厅印发的《关于深入推进经济发达镇行政管理体制改革的指导意见》，地方各级党委要切实履行领导责任，把经济发达镇行政管理体制改革工作列入重要议事日程，研究重大问题，牢牢把握正确的改革方向。根据中共中央、国务院印发的《法治政府建设实施纲要（2015—2020年）》，各级政府要在党委统一领导下，谋划和落实好法治政府建设的各项任务，主动向党委报告法治政府建设中的重大问题，及时消除制约法治政府建设的体制机制障碍。根据《健全落实社会治安综合治理领导责任制规定》，构建党委领导、政府主导、综治协调、各部门齐抓共管、社会力量积极参与的社会治安综合治理工作格局。

3. 关于党对政协的领导。《中共中央关于进一步加强中国共产党领导的多党合作和政治协商制度建设的意见》提出，各级党委要加强对同级政协的领导，及时研究并统筹解决人民政协工作中的重大问题，支持人民政协依照章程开展工作。《中共中央关于加强人民政协工作的意见》提出，进一步加强和改善党对人民政协的领导，支持人民政协依照章程独立负责、协调一致地开展工作，把政协工作纳入重要议事日程，听取政协党组的工作汇报，及时研究并统筹解决人民政协工作中的重大问题。中共中央办公厅印发的《关于加强人民政协协商民主建设的实施意见》提出，各级党委应把人民政协协商民主建设纳入总体工作部署和重要议事日程，及时研究并统筹解决工作中的重大问题，建立健全党委常委会会议听取政协党组工作汇报，讨论政协常务委员会工作报告和年度协商计划等的制度，健全政协重大工作向党委报告制度。

4. 关于党对监察机关的领导。习近平强调，要强化各级党委对纪检监察体制改革的领导，旗帜鲜明支持纪委监委行使职权；党委的主体责任包括领导和支持执纪执法机关查处违纪违法问题等。中共中央办公厅印发的《中国共产党纪律检查机关监督执纪工作规则》第5条规定，党委应当定期听取、审议同级纪律检查委员会和监察委员会的工作报告，加强对纪委监委工作的领导、管理和监督。中共中央办公厅印发的《关于深化中央纪委国家监委派驻机构改革的意见》规定，全面加强对派驻机构的领导。中央纪委国家监委派驻机构是中央纪委国家监委的重要组成部分，由中央纪委国家监委直接领导、统一管理。要建立中央纪委常委会统一领导、中央纪委国家监委统一管理，中央纪委副书记（常委）、国家监委副主任（委员）分管，相关职能部门分工负责、协调配合的派驻工作领导体制，加强对派驻机构的指导、管理、服务和保障。

5. 关于党对审判机关、检察机关的领导。审判机关、检察机关是政法单位。中共十八届四中全会提出，各级党委要支持法院、检察院依法独立公正行使职权，定期听取政法机关工作汇报；各级审判机关、检察机关的党组织要领导和监督本单位模范遵守宪法法律，坚决查处执法犯法、违法用权等行为。依据《中国共产党政法工作条例》规定，政法工作坚持党的绝对领导，把党的领导贯彻到政法工作各方面和全过程；党中央对政法工作实施绝对领导，决定政法工作大政方针，决策部署事关政法工作全局和长远发展的重大举措，管理政法工作中央事权和由中央负责的重大事项；县级以上地方党委领导本地区政法工作，对本地区政法工作中的有关事项落实领导责任；党委政法委员会在党委领导下履行职责、开展工作，应当把握政治方向、协调各方职能、统筹政法工作、建设政法队伍、督促依法履职、创造公正司法环境，带头依法依规办事，保证党的路线方针政策和党中央重大决策部署贯彻落实，保证宪法法律正确统一实施；政法单位党组（党委）领导本单位或者本系统政法工作，在领导和组织开展政法工作中，应当把方向、管大局、保落实，发挥好领导作用。

6. 关于党对群团组织的领导。党章总纲第 30 自然段规定，党必须加强对工会、共产主义青年团、妇女联合会等群团组织的领导，使它们保持和增强政治性、先进性、群众性，充分发挥作用。中共中央印发的《深化党和国家机构改革方案》提出，群团组织改革要认真落实党中央关于群团改革的决策部署，健全党委统一领导群团工作的制度，牢牢把握改革正确方向，始终坚持党对群团组织的领导，坚决贯彻党的意志和主张，自觉服从服务党和国家工作大局，找准工作结合点和着力点，落实以人民为中心的工作导向，增强群团组织的吸引力影响力。《中共中央关于加强和改进党的群团工作的意见》提出，群团组织实行分级管理、以同级党委领导为主的体制，工会、共青团、妇联受同级党委和各自上级组织双重领导；地方党委负责指导同级群团组织贯彻落实党的理论和路线方针政策，研究决定群团工作重大问题，管理同级群团组织领导班子，协调群团组织同党政部门的关系及群团组织之间的关系；群团组织中的党组要充分发挥领导核心作用；各级党委和政府要支持群团组织在党组织领导下发挥作用，加强对有关社会组织的政治引领、示范带动、联系服务。

7. 关于党对企事业单位和社会组织的领导。《中国共产党国有企业基层组织工作条例（试行）》明确要求，坚持和加强党对国有企业的全面领导，提高国有企业党的建设质量，推动国有企业高质量发展，提出国有企业党组织工作应当遵循以下原则：坚持加强党的领导和完善公司治理相统一，把党的领导融入公司治理各环节；坚持党建工作与生产经营深度融合，以企业改革发展成果检验党组织工作成效；坚持党管干部、党管人才，培养高素质专业化企业领导人员队伍和人才队伍；坚持抓基层打基础，突出党支部建设，增强基层党组织生机活力；坚持全心全意依靠工人阶级，体现企业职工群众主人翁地位，巩固党执政的阶级基础。《中共中央、国务院关于分类推进事业单位改革的指导意见》提出，事业单位党组织领导工会、共青团等群众组织开展工作，保证党的基本路线方针政策在事业单位的贯彻执行。《关于坚持和完善普通高等学校党委领导下的校长负责制的实施意见》提出，高等学校党的委员会是学校的领导核心，履行党章等规定的各项职责，把握学校发展方向，决定学校重大问题，监督重大决议执行，支持校长依法独立负责地行使职权，保证以人才培养为中心的各项任务完成。《关于加强社会组织党的建设工作的意见（试行）》提出，街道社区、乡镇村党组织要加强对城乡社区社会组织的领导和指导。

法规制度具有根本性、全局性、稳定性、长期性。要坚持党总揽全局、协调各方，确保党始终成为中国特色社会主义事业的坚强领导核心，就必须建立健全坚持和加强党的全面领导的制度体系，实现党的领导在党、国家、社会三方面制度中的全面体现和融会贯通。实现这一目标的关键，就是党的领导法规。为此，党的领导法规不仅对党的领导地位直接作出规定，还对将坚持党的全面领导载入国家立法和社会规范提出明确要求。《中共中央关于加强党的政治建设的意见》明确规定："制定和修改有关法律法规要明确规定党领导相关工作的法律地位。将坚持党的全面领导的要求载入人大、政府、法院、检察院的组织法，载入政协、民主党派、工商联、人民团体、国有企业、高等学校、有关社会组织等的章程，健全党对这些组织实施领导的制度规定，确保其始终在党的领导下积极主动、独立负责、协调一致地开展工作。"据此，2019 年 3 月，中国法学会第八次全国会员代表大会在修改《中国法学会章程》时专门增加一条，规定"中国法学会坚持党的全面领导，坚定执行党的政治路线，严格遵守政治纪律和政治规矩，在政治立场、政治方向、政治原则、政治道路上同党中央保持高度一致"；"充分发挥各级法学会党组织的领导核心和战斗堡垒作用"。实践中，还有一些法律根据中央有关文件要求，对党的领导地位作了规定。比如，1998 年颁布的《高等教育法》第 39 条规定，国家举办的高等学校实行中国共产党高等学校基层委员会领导下的校长负责制。《公务员法》第 4 条规定，公务员制度坚持中国共产党领导，坚持以马克思列宁主义、毛泽东思想、邓小平理论、"三个代表"重要思想、科学发展观、习近平新时代中国特色社会主义思想为指导，贯彻社会主义初级阶段的基本路线，贯彻新时代中国共产党的组织路线，坚持党管干部原则。《村民委员会组织法》第 4 条规定，中国共产党在农村的基层组织，按照中国共产党章程进行工作，发挥领导核心作用。

第三节　强化党的领导职责

一、党的领导职责的概念和特征

党的领导职责，是指党发挥总揽全局、协调各方的领导核心作用，在领导经济建设、政治建设、文化建设、社会建设、生态文明建设以及外交、国防等各方面工作中，对国家机关、人民团体、经济组织、文化组织、社会组织和其他组织等实施领导的职权职责。

党的领导职责具有以下特征：

一是人民性。中国共产党的性质宗旨决定了党除了工人阶级和最广大人民群众的利益，没有自己特殊的利益。中国共产党的初心就是为人民谋幸福，为民族谋复兴。从职责目的看，党组织履行领导职责是为了工人阶级和最广大人民群众的利益，必须坚持全心全意为人民服务，在任何时候都要把群众利益放在第一位，同群众同甘共苦，保持最密切的联系，坚持权为民所用、情为民所系、利为民所谋，不允许任何党员脱离群众，凌驾于群众之上。

二是全面性。从职责内容看，党的领导职责覆盖改革发展稳定、内政外交国防、治党治国治军各领域，囊括党对经济社会发展等各方面工作实施领导的全部活动，涵盖党的领导活动的各环节全过程，体现了党的全面领导的要求。

三是规范性。在党的组织体系中，各级各类党组织的领导职责是有上下左右内外边界的，党组织履行职责时，必须遵守这些职责边界，不能越权、不能越界。同时，党组织在履行领导职责时，还应当遵守党内法规与国家法律的边界，不得以履行领导职责为由突破宪法和法律规定。对于国家机关、人民团体、国有企事业单位等享有国家权力或者自治权的组织，在实施领导的同时，要支持和保证其依法依章程独立负责、协调一致地开展工作，做到总揽不包揽、到位不越位、协调不代替。

四是有效性。中国共产党是长期执政党，承担着治国理政的重任。党组织要积极推动有关国家机关将党的领导主张和重大决策部署转化为法律法规和政策政令，转化为对经济社会管理的部署安排和工作活动，转化为领导体制、工作机制和管理方式方法创新，转化为推动经济社会发展的实际效果，实现党的全面领导。

二、党的领导职责的作用形态

中共十九大报告提出，坚持党对一切工作的领导，提高党把方向、谋大局、定政策、促改革的能力和定力，确保党始终总揽全局、协调各方。这是对党履行领导职责、发挥领导作用提出的根本要求，反映了党的领导职责的作用形态。

把方向。方向涉及根本、关系全局、决定长远。党的领导第一位的就是举旗定向。把方向就是要高举中国特色社会主义伟大旗帜，坚持以习近平新时代中国特色社会主义思想为指导，以高度自觉推进社会革命和自我革命，一以贯之坚持和发展中国特色社会主义，一以贯之推进党的建设新的伟大工程，一以贯之增强忧患意识、防范风险挑战。要进一步增强中国特色社会主义道路自信、理论自信、制度自信、文化自信，提高政治觉悟，保持战略定力，在大是大非面前旗帜鲜明，在大风大浪面前头脑清醒，始终坚定中国特色社会主义的正确方向。要进一步增强政治意识、大局意识、核心意识、看齐意识，坚持党中央权威和集中统一领导，坚定执行党的政治路线，严格遵守政治纪律和政治规矩，在政治立场、政治方向、政治原则、政治道路上同以习近平同志为核心的党中央保持高度一致。要增强敏锐性、提高协同性，有效发现处置改革发展中的苗头性、倾向性问题，做到未雨绸缪、防患未然。

谋大局。谋大局，既体现了辩证唯物主义和历史唯物主义的思想方法和工作方法，也体现了中华优秀传统文化的思维方法。习近平多次强调，不谋全局者不足谋一域，要善于观大势、谋大事，自觉在大局下想问题、做工作。要牢固树立大局意识，自觉把本地区、本部门、本单位工作放到大局中去思考、定位、摆布，做到正确认识大局、自觉服从大局、坚决维护大局。要善于牵“牛鼻子”，抓住主要矛盾和矛盾的主要方面，落一子而全盘活，决不能眉毛胡子一把抓。要善于把局部利益放在全局利益中去把握，不能只见树木、不见森林；把眼前需要与长远谋划统一起来，不能急功近利、投机取巧；把解决具体问题与解决深层次问题结合起来，不能头痛医头、脚痛医脚。要始终胸怀大局、把握大势、着眼大事，有“登泰山而小天下”的气度，也有“功成不必在我”的胸襟，因势而谋、应势而动、顺势而为，不断增强工作的科学性、系统性、预见性。

定政策。政策是体现执政党性质宗旨的试金石，是反映治国理政水平的标志。在推进经济社会发展中，要坚持以人民为中心，着眼解决人民日益增长的美好生活需要和不平衡不充分的发展之间的矛盾，抓住群众最关心最直接最现实的利益问题，制定切实管用的政策措施。要坚持实事求是，一切从实际出发，从群众中来到群众中去，广泛开展调查研究，具体问题具体分析，使政策决策、方案举措符合现实情况、反映客观规律、解决实际问题。要紧紧抓住决策这个重中之重，加强对世情国情党情民情的分析研判，完善决策程序，增强法治意识，“拍脑袋”不行，“越底线”也不行，努力做到科学决策、民主决策、依法决策。

促改革。改革开放是决定当代中国命运的关键一招，也是实现“两个一百年”奋斗目标、实现中华民族伟大复兴的关键一招。当前，全面深化改革已经进入新的阶段，必须一鼓作气、坚定不移，敢于啃硬骨头、敢于涉险滩，进一步解放思想、进一步解放和发展社会生产力、进一步解放和增强社会活力。要大力弘扬改革创新和自我革命精神，推进思想再解放、改革再出发，在全面深化改革新起点上实现新突破。要着眼推进国家治理体系和治理能力现代化，适应我国经济已由高速增长阶段转向高质量发展阶段的基本特征，科学确定改革发展思路、制定改革发展措施，敢于担当、能为善为，在实践中开新局、闯新路。要鼓励基层创新，倡导敢闯敢试、敢为人先，加强对改革成功经验的深入挖掘、科学总结、宣传推广，推动形成更加浓厚、更有活力的创新创造氛围，凝聚起坚定不移推进改革开放的强大力量。

"把方向、谋大局、定政策、促改革"，是对中国共产党作为长期执政党、作为中国特色社会主义事业的领导核心，从整体上、宏观上提出的要求。基于在党的组织体系中所处的不同地位，各级各类党组织的领导职责在具体内容上往往有所侧重，存在一定差别。比如，《中国共产党地方委员会工作条例》第 5 条规定，地方党委要把方向、管大局、作决策、保落实；《中国共产党党组工作条例》第 16 条规定，党组发挥把方向、管大局、保落实的领导作用。

三、党的领导职责的主要内容

中国共产党作为一个整体，发挥总揽全局、协调各方的领导核心作用。为了更好地发挥这一作用，实践中党的领导职责按照党章和有关党内法规的规定，分解到了各级各类党组织，通过各级各类党组织的具体领导活动，使党的领导作用得以实现。这样，就形成了一个在党中央集中统一领导下，按照民主集中制原则，由党的中央组织、党的地方组织、党的基层组织、党组、党的纪律检查机关、党的工作机关等各自履行相应领导职责的，层级分明、统一完备的领导体制。

1. 党的中央组织。党章第 10 条规定，"党的最高领导机关，是党的全国代表大会和它所产生的中央委员会"；第 22 条第 3 款规定，"在全国代表大会闭会期间，中央委员会执行全国代表大会的决议，领导党的全部工作，对外代表中国共产党"。这就表明，党的中央组织的领导职责，是与党作为一个整体所承担的领导职责，在内涵和外延上是基本一致的。具体而言，党章总纲第15至23自然段对党领导人民发展社会主义市场经济、发展社会主义民主政治、发展社会主义先进文化、构建社会主义和谐社会、建设社会主义生态文明，坚持党对人民解放军和其他人民武装力量的绝对领导，以及对民族、统战、外交等工作的领导，作出了全面规定，涵盖了中国特色社会主义事业的各个方面。关于党的中央组织领导职责的规定，体现了坚持和加强党的全面领导对党的中央组织提出的要求，与“党是领导一切的”这一根本要求是完全一致的。

2. 党的地方组织。党章第10条规定，“党的地方各级领导机关，是党的地方各级代表大会和它们所产生的委员会”；第27条规定，党的地方各级委员会在代表大会闭会期间，领导本地方的工作。《中国共产党地方委员会工作条例》第5条规定地方党委的领导职责主要是把方向、管大局、作决策、保落实，并具体规定了七个方面的职权：对本地区重大问题作出决策；通过法定程序使党组织的主张成为地方性法规、地方政府规章或者其他政令；加强对本地区宣传思想文化工作的领导，牢牢掌握意识形态工作领导权、话语权；按照干部管理权限任免和管理干部，向地方国家机关、政协组织、人民团体、国有企事业单位等推荐重要干部；支持和保证人大、政府、政协、法院、检察院、人民团体等依法依章程独立负责、协调一致地开展工作，发挥这些组织中党组的领导作用；加强对本地区群团工作和统一战线工作的领导；动员、组织所属党组织和广大党员，团结带领群众实现党的目标任务。

3. 党的基层组织。党的基层组织有不同的类型，相应地，其领导职责也有所不同。根据党章第33条规定，（1）街道、乡、镇党的基层委员会和村、社区党组织，领导本地区的工作和基层社会治理，支持和保证行政组织、经济组织和群众自治组织充分行使职权。（2）国有企业党委发挥领导作用，把方向、管大局、保落实，依照规定讨论和决定企业重大事项。（3）实行党委领导下的行政领导人负责制的事业单位中党的基层组织，对重大问题进行讨论和作出决定，同时保证行政领导人充分行使自己的职权。根据党章规定，《中国共产党农村基层组织工作条例》《中国共产党普通高等学校基层组织工作条例》《中国共产党国有企业基层组织工作条例（试行）》《中国共产党支部工作条例（试行）》等对有关党的基层组织的领导职责进行了细化和具体化。

4. 党组。根据党章第 48 条规定，党组发挥领导核心作用，主要是负责贯彻执行党的路线、方针、政策，讨论和决定本单位的重大问题，做好干部管理工作，团结党外干部和群众，完成党和国家交给的任务。据此，《中国共产党党组工作条例》第 16 条规定，党组发挥把方向、管大局、保落实的领导作用，全面履行领导责任，加强对本单位业务工作和党的建设的领导，推动党的主张和重大决策转化为法律法规、政策政令和社会共识，确保党的理论和路线方针政策的贯彻落实。第 17 条规定，党组讨论和决定本单位下列重大问题：贯彻落实党中央以及上级党组织决策部署的重大举措；制定拟订法律法规规章和重要规范性文件中的重大事项；业务工作发展战略、重大部署和重大事项；重大改革事项；重要人事任免等事项；重大项目安排；大额资金使用、大额资产处置、预算安排；职能配置、机构设置、人员编制事项；审计、巡视巡察、督查检查、考核奖惩等重大事项；重大思想动态的政治引导等。此外，涉及党组的一些单项法规也对党组的领导职责作了规定。比如，《中国共产党政法工作条例》第 14 条规定，政法单位党组（党委）领导本单位或者本系统政法工作，贯彻党中央关于政法工作大政方针，执行党中央以及上级党组织关于政法工作的决定、决策部署、指示等事项。

5. 党的纪律检查机关。党的领导职责履行情况，是党的纪律检查机关实施监督的一项重要内容。根据《中国共产党党内监督条例》第 5 条规定，党内监督的任务是确保党章党规党纪在全党有效执行，维护党的团结统一，重点解决党的领导弱化等问题，保证党的组织充分履行职能、发挥核心作用。根据《中国共产党问责条例》第 7 条规定，“党的领导弱化，‘四个意识’不强，‘两个维护’不力，党的基本理论、基本路线、基本方略没有得到有效贯彻执行，在贯彻新发展理念，推进经济建设、政治建设、文化建设、社会建设、生态文明建设中，出现重大偏差和失误，给党的事业和人民利益造成严重损失，产生恶劣影响的”，属于应当予以问责的情形之一。

6. 党的工作机关。《中国共产党工作机关条例（试行）》第2条规定，党的工作机关是党实施领导的政治机关，是落实党中央和地方各级党委决策部署，实施党的领导、加强党的建设、推进党的事业的执行机关。第4条规定，党的工作机关开展工作应当坚持加强党的领导，坚决维护党中央权威。第11条规定，党的工作机关的领导职责主要包括：坚决贯彻落实党的理论和路线方针政策以及党委决策部署，确保政令畅通；研究部署职责范围内的工作，按照规定制发党内法规和规范性文件，抓好组织实施和督促落实；当好党委参谋助手，及时报告有关情况、反映问题、提出意见建议，为党委决策提供服务；加强对本单位群团工作的领导。

第四节 规范党的领导活动

一、明确党的领导原则

党的领导原则，是指根据党章和党的领导法规，党履行领导职责、实施领导活动时应当遵循的基本准则。这些原则，贯穿党的领导活动全过程各方面。

（一）党的全面领导原则

在中国，中国共产党是最高政治领导力量，发挥总揽全局、协调各方的领导核心作用。党章总纲第30自然段规定，“党政军民学，东西南北中，党是领导一切的”。这就决定了党的领导是全面领导。党的全面领导原则主要体现在两个方面：一方面，在领导领域上是全覆盖的。党的领导涵盖改革发展稳定、内政外交国防、治党治国治军各领域各方面各环节。另一方面，在领导对象上是全覆盖的。党在同级各种组织中发挥领导核心作用，人大、政府、政协、监察机关、审判机关、检察机关、武装力量、人民团体、企事业单位、基层群众自治组织、社会组织等都要接受党的领导，在党的统一领导下协调行动。

（二）党中央集中统一领导原则

事在四方，要在中央。坚持和加强党的全面领导，最重要的是坚决维护党中央权威和集中统一领导；坚决维护党中央权威和集中统一领导，最关键的是坚决维护习近平总书记党中央的核心、全党的核心地位。党章总纲第 28 自然段规定，必须实行正确的集中，牢固树立政治意识、大局意识、核心意识、看齐意识，坚定维护以习近平同志为核心的党中央权威和集中统一领导，保证全党的团结统一和行动一致，保证党的决定得到迅速有效的贯彻执行；第 10 条规定，全党各个组织和全体党员服从党的全国代表大会和中央委员会。这就以党内根本大法的形式明确了党中央集中统一领导原则。习近平强调：“坚持党的领导，首先是坚持党中央权威和集中统一领导，这是党的领导的最高原则，任何时候任何情况下都不能含糊、不能动摇。”① 党中央集中统一领导原则要求：各级各类党组织履行领导职责、实施领导活动时，必须坚决做到“两个维护”，做到党中央提倡的坚决响应、党中央决定的坚决执行、党中央禁止的坚决不做，绝不允许自行其是、各自为政，绝不允许有令不行、有禁不止，绝不允许搞上有政策、下有对策，确保全党统一意志、统一行动、步调一致向前进。

（三）民主集中制原则

中国共产党是根据自己的纲领和章程，按照民主集中制组织起来的统一整体。民主集中制是党的根本组织原则和领导制度，是民主基础上的集中和集中指导下的民主相结合，是群众路线在党的生活中的运用。党实施领导，必须坚持和贯彻民主集中制原则，既要充分发扬党内民主，发挥各级党组织和广大党员的积极性创造性；又要实行正确的集中，坚决做到“两个维护”，保证全党团结统一和行动一致，努力造成又有集中又有民主，又有纪律又有自由，又有统一意志又有个人心情舒畅、生动活泼的政治局面。党章总纲第 28 自然段对民主

---

① 习近平：《在全国组织工作会议上的讲话》（2018 年 7 月 3 日），人民出版社 2018 年版，第 2 页。

集中制原则作出了专门规定，同时在第10条规定，党的各级委员会实行集体领导和个人分工负责相结合的制度。凡属重大问题都要按照集体领导、民主集中、个别酝酿、会议决定的原则，由党的委员会集体讨论、作出决定；委员会成员要根据集体的决定和分工，切实履行自己的职责。《关于新形势下党内政治生活的若干准则》第三部分规定，属于部门和地方职权范围内的工作部署，要以贯彻党中央决策部署为前提，发挥积极性、主动性、创造性；第六部分规定，各级党委（党组）必须坚持集体领导制度。凡属重大问题，要按照集体领导、民主集中、个别酝酿、会议决定的原则，由集体讨论、按少数服从多数作出决定，不允许用其他形式取代党委及其常委会（或党组）的领导。《中共中央关于加强党的政治建设的意见》提出，要坚持民主集中制这一根本领导制度，善于运用民主的办法汇集意见、科学决策，善于通过协商的方式增进共识、凝聚力量，同时善于集中、敢于担责，防止议而不决、决而不行。

（四）党总揽全局、协调各方同国家机关、人民团体、企事业单位等依法依章程履行职责相统一原则

党发挥总揽全局、协调各方的领导核心作用，与人大、政府、政协、监察机关、审判机关、检察机关、人民团体、企事业单位、社会组织等依法依章程履行职责、开展工作，是统一的，而不是矛盾的。党的领导主要是把方向、谋大局、定政策、促改革。党总揽全局，并不是大包大揽；党协调各方，并不是代替各方；党领导一切，并不是事事都具体抓、具体管。党章总纲第30自然段规定，党必须保证国家的立法、司法、行政、监察机关，经济、文化组织和人民团体积极主动地、独立负责地、协调一致地工作。中共十八届四中全会要求，必须坚持党领导立法、保证执法、支持司法、带头守法，把党总揽全局、协调各方同人大、政府、政协、审判机关、检察机关依法依章程履行职能、开展工作统一起来，要善于通过国家政权机关实施党对国家和社会的领导。

（五）依规领导原则

适应新时代新形势新任务，坚持和加强党的全面领导，必须改进

党的领导方式。要坚持依法执政这一基本领导方式，注重运用法治思维和法治方式治国理政，自觉把党的领导活动纳入制度化轨道，同时在实施党的领导活动时，认真执行党章和党的领导法规有关制度规定。这体现的就是依规领导原则。依规领导原则主要包括两方面要求：一是要保障和规范党的领导，确保党的各项领导活动始终在制度轨道上运行。比如，《中国共产党地方委员会工作条例》第 4 条规定，党的地方委员会必须“依据党章和其他党内法规履职尽责”；《中国共产党党组工作条例》第 4 条规定，党组应当“坚持依据党章党规开展工作”；《中国共产党工作机关条例（试行）》第 4 条规定，党的工作机关开展工作应当“坚持全面从严治党、依规治党，依照党章党规履行职责”。二是要按照党章的要求坚持在宪法和法律的范围内活动。党章总纲第 30 自然段规定，“党必须在宪法和法律的范围内活动”。这是党着眼落实全面依法治国基本方略对自己提出的要求，也是党在实施领导活动时必须严格遵循的一项基本准则。为贯彻落实这一要求，《中国共产党地方委员会工作条例》《中国共产党党组工作条例》《中国共产党工作机关条例（试行）》在规定依据党章党规开展工作的同时，都明确要求必须坚持在宪法和法律的范围内活动。

二、规范党的领导行为

党的领导行为是党组织履行领导职责、实施领导活动的行为。针对不同领导对象，党组织可以采取不同的领导行为。党的领导行为既有审批、命令等强制性行为，也有指导、动员、号召、建议等非强制性行为。党的领导行为是否科学，对党的长期执政能力建设具有重要影响。实践中，党的领导行为主要采取以下方式。

1. 命令指示。命令指示是效力最强的一种领导行为，领导对象必须无条件服从，做到令行禁止。比如，党章总纲第 20 自然段规定，“中国共产党坚持对人民解放军和其他人民武装力量的绝对领导”。据此，《中国人民解放军政治工作条例》第 4 条规定，“中国人民解放军必须置于中国共产党的绝对领导之下，其最高领导权和指挥权属于中国共产党中央委员会和中央军事委员会”。这就表明，党对军队拥有绝对领导权，对军队可以直接发号施令，军队必须听从党的指挥。

2. 直接管理。党的领导实践中，党组织对一些事关党和国家全局的重大事项往往直接进行具体管理，从而牢牢把握党对这些领域工作的领导权。比如，根据《深化党和国家机构改革方案》，中央组织部统一管理公务员工作，其职责包括统一管理公务员录用调配、考核奖惩、培训和工资福利等事务，研究拟订公务员管理政策和法律法规草案并组织实施等。中央宣传部统一管理新闻出版工作，其职责包括拟订新闻出版业的管理政策并督促落实，管理新闻出版行政事务，统筹规划和指导协调新闻出版事业、产业发展，监督管理出版物内容和质量，监督管理印刷业，管理著作权，管理出版物进口等。中央宣传部统一管理电影工作，其职责包括管理电影行政事务，指导监管电影制片、发行、放映工作，组织对电影内容进行审查等。中央统战部统一管理宗教工作，其职责包括研究拟订宗教工作的政策措施并督促落实，统筹协调宗教工作，依法管理宗教行政事务等。

3. 归口领导。党的领导实践中，党为了加强对某一领域或者某方面工作的集中统一领导，有时会将国家机关归口有关党组织领导。党组织实施归口领导行为，主要体现为制定重大政策、直接处理重大问题。根据《深化党和国家机构改革方案》，中央统战部归口领导国家民族事务委员会这一国务院组成部门，主要是考虑到民族工作是统战工作的重要组成方面，实行归口领导有利于将民族工作放在统战工作大局下统一部署、统筹协调、形成合力，更好贯彻党的民族工作方针，更好协调处理民族工作中的重大事项。领导职责主要包括拟订民族工作的政策和重大措施，协调处理民族工作中的重大问题，根据分工做好少数民族工作，领导国家民族事务委员会依法管理民族事务，全面促进民族事业发展。

4. 决策决定。党的领导主要是把方向、谋大局、定政策、促改革，体现在领导行为上，主要是研究决定重大事项，形成党的领导主张和重大决策部署。比如，《中国共产党地方委员会工作条例》第 5 条规定，党的地方委员会把方向、管大局、作决策、保落实，对本地区重大问题作出决策；第9条规定，党的地方委员会应当通过召开全会的方式讨论和决定本地区经济社会发展战略、重大改革事项、重大民生保障等经济社会发展重大问题；第10条规定，党的地方委员会常委会对本地区经济社会发展和宣传思想文化工作、组织工作、纪律检查工作、群众工作、统一战线工作、政法工作等方面经常性工作中的重要问题作出决定。

5. 推荐提名干部。党的干部是党和国家事业的中坚力量，是党的执政骨干。党对国家政权机关的领导，其中一个重要方面就是推荐提名党的干部，使党组织推荐提名的人选通过法定程序成为国家政权机关的领导人员，为实现党对国家政权机关的领导提供组织和人员保证。比如，《党政领导干部选拔任用工作条例》第八章对党组织向人大及其常委会、政府、政协依法推荐、提名和民主协商领导干部人选等作了规定；《中国共产党地方委员会工作条例》第5条规定，党的地方委员会的领导职责之一就是向地方国家机关、政协组织、人民团体、国有企事业单位等推荐重要干部。

6. 提出建议。党的领导实践中，党可以就经济社会发展中的一些重大问题，向依照宪法和法律享有特定职权的有关国家政权机关提出建议，阐明党和国家战略意图，提出党的政策主张，推动党的意志和重大决策转化为法律法规、政策政令，确保党的理论和路线方针政策得到贯彻落实。比如，2018年1月26日，中共中央向全国人民代表大会常务委员会提出关于修改宪法部分内容的建议，建议全国人民代表大会常务委员会依照法定程序提出宪法修正案议案，提请第十三届全国人民代表大会第一次会议审议。2018年3月11日，第十三届全国人民代表大会第一次会议表决通过了《中华人民共和国宪法修正案》。

7. 指导督查。指导督查，指的是党组织根据其领导职责，就特定事项对有关国家机关工作进行指导、协调、监督、检查、督促等，以推动党的领导主张在相关工作中得到全面准确贯彻落实。比如，《中国共产党政法工作条例》第12条规定，党委政法委员会要支持和监督政法单位依法行使职权，指导和推动政法单位党的建设和政法队伍建设；第13条规定，中央和地方各级党委政法委员会指导、支持、督促政法单位在宪法法律规定的职责范围内开展工作。《中共中央关于加强新形势下党的督促检查工作的意见》提出，督促检查工作作为党的工作的重要组成部分，是推动党的决策落实的重要手段，是促进党的决策完善的重要途径，是改进党的作风、密切党同人民群众血肉联系的重要渠道。党的督促检查工作的主要任务是推动党的理论路线方针政策贯彻执行和党中央决策部署贯彻落实。

8. 号召提倡。党发挥领导作用，要提高政治领导力、思想引领力、群众组织力、社会号召力。号召提倡，是党实施领导的重要行为，主要是指党组织向社会组织、广大群众发出倡导性号召，教育引领全国各族人民拥护和支持党的领导主张，推动党的主张成为社会共识、转化为群众的自觉行动。比如，《党政机关厉行节约反对浪费条例》第46条规定，宣传部门应当把厉行节约反对浪费作为重要宣传内容，倡导绿色低碳消费理念和健康文明生活方式。《中国共产党农村工作条例》第4条规定，党的农村工作必须坚持教育引导农民听党话、感党恩、跟党走，把农民群众紧紧团结在党的周围，筑牢党在农村的执政基础。

此外，党内法规还规定了许多其他形式的党的领导行为，比如通报、表彰等。

三、完善党的领导机制

党的领导机制，就是为了更好发挥党总揽全局、协调各方的领导核心作用，推动党的领导主张落实落地，党组织在履行领导职责过程中与非党组织之间建立的工作机制。党的领导法规结合工作实际规定了许多党的领导机制，以下重点介绍民主科学决策机制、民主协商机制、请示报告机制。

1. 民主科学决策机制。决策是党实施领导行为的一种重要方式，民主决策、科学决策是提高党的领导能力和执政水平的必然要求。党章总纲第30自然段规定，“党必须实行民主的科学的决策，制定和执行正确的路线、方针、政策”。为保证党履行领导职责时能够做到民主决策、科学决策，许多党的领导法规都提出要建立健全民主科学决策机制。比如，《中国共产党地方委员会工作条例》第 21 条规定，党的地方委员会及其常委会应当健全决策咨询机制，重大决策一般应当在调查研究基础上提出方案，充分听取各方面意见，进行风险评估和合法合规性审查，经过全会或者常委会会议讨论和决定；《中国共产党党组工作条例》第 31 条规定，党组作出重大决策，一般应当经过调查研究、征求意见、充分酝酿等程序，按照规则由集体讨论和决定。

2. 民主协商机制。党围绕改革发展稳定重大问题和涉及群众切身利益的实际问题，在决策之前和决策实施之中与其他组织广泛开展协商，是党实施领导的重要机制。建立民主协商机制，通过广泛听取各民主党派、各阶层人士的意见和建议，充分沟通酝酿，努力形成共识，有利于确保党的领导主张、领导意图得到最广泛认同和贯彻落实。比如，《中共中央办公厅关于加强政党协商的实施意见》规定，中共中央同民主党派中央开展政党协商的主要内容包括中共全国代表大会、中共中央委员会的有关重要文件，宪法的修改建议，有关重要法律的制定、修改建议，国家领导人建议人选，国民经济和社会发展的中长期规划以及年度经济社会发展情况，关系改革发展稳定等重要问题，统一战线和多党合作的重大问题等；政党协商的方式包括会议协商、约谈协商和书面协商；政党协商的保障机制包括知情明政机制、考察调研机制、工作联系机制、协商反馈机制。

3. 请示报告机制。请示报告对于坚决维护习近平总书记党中央的核心、全党的核心地位，坚决维护党中央权威和集中统一领导具有重要意义。许多党的领导法规对请示报告机制作出了规定。比如，《关于新形势下党内政治生活的若干准则》第三部分规定，全国人大常委会、国务院、全国政协，中央纪律检查委员会，最高人民法院、最高人民检察院，中央和国家机关各部门，各人民团体，各省、自治区、直辖市，其党组织要定期向党中央报告工作。研究涉及全局的重大事项或作出重大决定要及时向党中央请示报告，执行党中央重要决定的情况要专题报告。遇有突发性重大问题和工作中重大问题要及时向党中央请示报告，情况紧急必须临机处置的，要尽职尽力做好工作，并迅速报告。《中国共产党重大事项请示报告条例》专门对请示报告制度作出了全面规定。

小　结

党的领导法规是指规范党的领导活动，调整中国共产党与人大、政府、政协、监察机关、审判机关、检察机关、武装力量、人民团体、企事业单位、基层群众自治组织、社会组织等领导与被领导关系的党内法规。党的领导法规的作用在于，通过巩固党的领导地位、强化党的领导职责、规范党的领导活动，为坚持和加强党的全面领导，发挥党总揽全局、协调各方的领导核心作用提供制度保障。

思考题

1. 党的领导法规有哪些特征？
2. 如何理解党与人大、政府、政协、监察机关、审判机关、检察机关等的领导与被领导关系？
3. 党的领导行为主要采取哪些方式？
4. 党的领导应遵循哪些基本原则？

▶即测即评　　▶拓展资源

第七章　党的自身建设法规

导　语

党的自身建设法规是党内法规体系的重要组成部分。本章介绍了党的自身建设法规的概念和分类，阐明了党的自身建设法规如何确立党的自身建设责任分工、规范党的自身建设的内容、明确党的自身建设的方式方法，揭示了党的自身建设法规在提高党的建设质量、推动全面从严治党向纵深发展、保持党的先进性和纯洁性方面的制度保障作用。

第一节　党的自身建设法规的概念和分类

一、党的自身建设法规的概念

党的自身建设法规，是指调整和规范党的政治建设、思想建设、组织建设、作风建设、纪律建设等党的自身建设活动的党内法规，旨在解决党的自身建设谁来建设、建设什么、怎么建设等问题，为深化党的建设制度改革，提高党的建设科学化水平，保持和发展党的先进性和纯洁性提供制度保障。

党的自身建设法规具有以下特征：一是调整对象特定。党的自身建设法规调整的是党组织之间、党组织与党员之间、党员与党员之间在党的自身建设过程中形成的职权职责、义务权利关系。二是属于行为性法规。按照“规范主体、规范行为、规范监督”的党内法规体系内在逻辑，与党的组织法规属于主体性法规、党的监督保障法规属于监督保障性法规不同，党的自身建设法规和党的领导法规一样，属于行为性法规。三是规范功能特定。党的自身建设法规的功能主要是规范党的自身建设活动，保持和发展党的先进性和纯洁性。

二、党的自身建设法规的分类

根据党的自身建设领域的不同，党的自身建设法规可以分为以下几类。

一是党的政治建设法规。着眼于凸显党的政治建设的根本性地位，聚焦党的政治属性、政治使命、政治目标、政治追求，坚定政治信仰，强化政治领导，提高政治能力，净化政治生态，实现全党团结统一、行动一致，对党的各项政治建设活动进行调整和规范。比如《关于党内政治生活的若干准则》《关于新形势下党内政治生活的若干准则》《中共中央政治局关于加强和维护党中央集中统一领导的若干规定》等。

二是党的思想建设法规。着眼于思想建党，聚焦用习近平新时代中国特色社会主义思想武装全党、坚定理想信念、提高党性修养，实现全党思想统一，对党的各项思想建设活动进行调整和规范。比如《党委（党组）意识形态工作责任制实施办法》《中国共产党党委（党组）理论学习中心组学习规则》等。

三是党的组织建设法规。着眼于落实党的组织路线，聚焦党的干部队伍建设、基层组织建设、党员队伍建设、人才建设，夯实党执政治国的组织制度基础，对党的各项组织建设活动进行调整和规范。比如《党政领导干部选拔任用工作条例》《干部教育培训工作条例》《推进领导干部能上能下若干规定（试行）》《领导干部报告个人有关事项规定》《事业单位领导人员管理暂行规定》《中央企业领导人员管理规定》《党政领导干部职务任期暂行规定》《党政领导干部交流工作规定》《党政领导干部任职回避暂行规定》《专业技术类公务员管理规定（试行）》《行政执法类公务员管理规定（试行）》《聘任制公务员管理规定（试行）》《公务员职务与职级并行规定》《中国共产党党员教育管理工作条例》《中国共产党发展党员工作细则》等。

四是党的作风建设法规。着眼于加强和改进党的作风、密切党同人民群众的血肉联系，聚焦巩固拓展落实中央八项规定精神、整治“四风”问题，切实解决形式主义、官僚主义突出问题，对党的各项作风建设活动进行调整和规范。比如《十八届中央政治局关于改进工作作风、密切联系群众的八项规定》《中共中央政治局贯彻落实中央八项规定的实施细则》《党政机关厉行节约反对浪费条例》《节庆活动管理办法（试行）》《党政机关国内公务接待管理规定》《评比达标表彰活动管理办法（试行）》《全国性文艺新闻出版评奖管理办法》《关于严禁在历史建筑、公园等公共资源中设立私人会所的暂行规定》等。

五是党的纪律建设法规。着眼于用严的纪律管党治党，聚焦严明党的政治纪律、组织纪律、廉洁纪律、群众纪律、工作纪律、生活纪律，对党的各项纪律建设活动进行调整和规范。比如《中国共产党廉洁自律准则》《中共中央、国务院关于进一步制止党政机关和党政干部经商、办企业的规定》《中共中央办公厅、国务院办公厅关于县以上党和国家机关退（离）休干部经商办企业问题的若干规定》《关于党政机关与所办经济实体脱钩的规定》《关于对党和国家机关工作人员在国内交往中收受礼品实行登记制度的规定》《关于党政机关工作人员个人证券投资行为若干规定》《国有企业领导人员廉洁从业若干规定》《农村基层干部廉洁履行职责若干规定（试行）》《党政主要领导干部和国有企事业单位主要领导人员经济责任审计规定》等。

第二节 确立党的自身建设责任分工

党的自身建设包括党的政治建设、思想建设、组织建设、作风建设、纪律建设等各个方面。推进党的自身建设，首先要解决谁来建设的问题，就是要确立党的自身建设责任分工，厘清责任、压实责任、落实责任，确保各级各类党组织和全体党员都按规定切实担负起党的自身建设责任，形成一级抓一级、层层抓党建的工作格局。党章第18条规定，党的中央组织、地方组织和基层组织，都必须重视党的建设，经常讨论和检查党的宣传工作、教育工作、组织工作、纪律检查工作、群众工作、统一战线工作等，注意研究党内外的思想政治状况。确立党的自身建设责任分工，明确责任主体、责任类型、责任内容等，是党的自身建设法规的首要任务。

一、党的自身建设责任分工原理

（一）党的自身建设责任概念

党的自身建设责任，是指党组织和党员根据党的自身建设法规规定，负有推进党的政治建设、思想建设、组织建设、作风建设、纪律建设，实现党的自身建设目标任务的职责。

党的自身建设责任具有以下特征：（1）责任主体是党组织和党员，既包括党的各级各类组织，也包括党员干部和普通党员。（2）责任内容是党的自身建设活动，包括党的政治建设、思想建设、组织建设、作风建设、纪律建设等，不涉及党的领导活动。（3）责任由党内法规作出规定，即责任主体承担哪些责任、怎么履行责任、责任不履行的后果等，均由党的自身建设法规调整和规范。（4）责任目的是实现党的自身建设的目标任务，即提升党的建设质量，不断增强党自我净化、自我完善、自我革新、自我提高的能力，保持和发展党的先进性和纯洁性，永葆马克思主义执政党本质属性。（5）责任必须履行，党的自身建设责任是主体必须承担的职责任务，不履行或者履行不力需要承担相应的惩罚性后果。

实践中还经常使用一些概念，比如全面从严治党责任、党风廉政建设责任、党建责任。这些概念与“党的自身建设责任”既有联系也有区别，需要准确把握。

全面从严治党责任。中共十八大以来，党中央把全面从严治党纳入“四个全面”战略布局，提出了“全面从严治党责任”的概念。比如，根据党章第48条规定，党组的任务之一就是加强对本单位党的建设的领导，履行全面从严治党责任。全面从严治党责任，同管党治党责任一样，较之于党的自身建设责任，在责任内容上要宽一些，覆盖党的所有工作、活动和党员的思想、行为，横跨党的组织法规、党的领导法规、党的自身建设法规、党的监督保障法规。同时，全面从严治党责任，对责任履行提出了明确要求，强调核心是加强党的领导，基础在全面，关键在严，要害在治。

党风廉政建设责任。这是在推进党风廉政建设和反腐败斗争中经常使用的一个概念。比如，《关于实行党风廉政建设责任制的规定》对各级党组织和党员领导干部承担的党风廉政建设责任作出了规定。党风廉政建设责任，较之于党的自身建设责任，在责任内容上要窄一些，主要聚焦于党的作风建设、纪律建设和反腐败斗争，而党的作风建设、纪律建设和反腐败斗争都是党的自身建设的重要内容。因此，从性质上讲，党风廉政建设责任，应当隶属于党的自身建设责任。

党建责任。"党建责任"，是"党的建设责任"的简称，有时也称为"党建工作责任"。比如《中共中央关于加强和改进新形势下党的建设若干重大问题的决定》提出，各级党组织要坚持党要管党、从严治党，全面落实党建工作责任制，建立健全党建工作长效机制，确保党的建设各项部署落到实处。从广义上说，党的建设类似于管党治党，其外延要大于党的自身建设，并且包含了党的自身建设。比如，中共十九大报告提出，新时代党的建设要坚持和加强党的全面领导，坚持党要管党、全面从严治党，以加强党的长期执政能力建设、先进性和纯洁性建设为主线。这里的"党的建设"显然覆盖了党的领导和党的自身建设两个方面。在这种情况下，"党建责任"或者"党建工作责任"，在含义上是包含"党的自身建设责任"的。但从狭义上来说，"党建"是党的自身建设的简称，"党建责任"在含义上等同于"党的自身建设责任"。

（二）党的自身建设责任分类

党的自身建设责任，根据不同标准可作不同分类。

一是按照责任主体不同，可以分为组织责任和个人责任。各级各类党组织，包括党的中央组织、党的地方组织、党的基层组织、党组、党的纪律检查机关、党的工作机关等作为一个整体承担的党的自身建设责任是组织责任；党员和党员干部承担的党的自身建设责任是个人责任。

二是按照责任作用方向不同，可以分为主体责任、监督责任、领导责任。比如《中国共产党问责条例》第 4 条规定，追究在党的建设、党的事业中失职失责党组织和党的领导干部的主体责任、监督责任和领导责任。主体责任是各级党委（党组）承担的责任，一般指全面领导、谋划、部署、实施、推进党的自身建设，包括领导党的自身建设、支持有关党组织和党员领导干部推进党的自身建设等。监督责任，实践中主要指党的各级纪律检查机关承担的责任，一般指从外在督促检查推动有关党组织和党员领导干部落实党的自身建设责任，对不履行或者不认真履行责任的追究相应责任。党的领导责任是各级党员领导干部承担的责任，一般指具体领导、负责、分管所在地区或者部门党的自身建设等。

三是按照责任大小不同，可以分为第一责任人职责、直接责任人职责、分管领导职责。这主要是针对党员领导干部承担的党的自身建设责任而言的。第一责任人职责，主要是指党委（党组）主要负责人承担的党的自身建设责任，是首要责任、主要责任、全面责任，这种责任最大。根据《中国共产党党组工作条例》第 18 条规定，党组书记必须认真履行抓党建第一责任人职责。直接责任人职责，主要是指直接负责党的自身建设的领导班子成员承担的责任，这种责任次之。根据《中国共产党地方委员会工作条例》规定，地方各级党委专职副书记主要协助书记抓党建，其承担的党的自身建设的职责就是直接责任人职责。分管领导职责，主要是其他分管领导干部根据分工抓好职责范围内的党的自身建设工作。《中国共产党党组工作条例》第 18 条规定，党组其他成员按照“一岗双责”要求抓好职责范围内党的建设工作。

四是按照责任范围不同，可以分为全面责任和部分责任。全面责任，主要是指党委（党组）承担的对本地区本部门本系统党的自身建设各项责任，覆盖党的政治建设、思想建设、组织建设、作风建设、纪律建设等各个方面，体现了责任的全面性。比如《中国共产党地方委员会工作条例》第 3 条规定，地方党委对本地区党的建设全面负责。部分责任，主要是指党的各个工作机关，承担党的某一方面自身建设责任，比如党委组织部门主要承担党的组织建设责任，党委宣传部门主要承担党的思想建设责任等。

（三）党的自身建设责任分工原则

党的自身建设责任主体众多、责任内容丰富，科学合理分配党的自身建设责任，需要遵循以下原则。

一是坚持权责对等原则。有权必有责、权责必对等。赋予党的自身建设责任大小，必须与其行使的职权大小相匹配，确保有相应职权保障相应责任履行。一般来说，党中央承担的党的自身建设的责任要大于全党各个组织和全体党员，上级党组织承担的党的自身建设责任要大于下级党组织，党委承担的党的自身建设责任要大于其设立的党组、党的工作机关和同级党的纪律检查机关，党组织承担的党的自身建设责任要大于党员个人，党委（党组）主要负责人承担的党的自身建设责任要大于班子其他成员。

二是坚持决策执行监督一体原则。党的自身建设活动包括决策、执行、监督各个环节，其责任履行应当契合这一规律。在配置党的自身建设责任上，既要赋予党委（党组）主体责任，由其统一领导、决策、指挥党的自身建设；又要赋予党委（党组）领导班子成员具体领导责任，执行和落实党委（党组）承担的主体责任；同时，还应赋予党的纪检机关相应监督责任，由其督促检查推动各级党组织及党员领导干部履行好各自党的自身建设责任，确保党的自身建设扎实有效推进。

三是坚持集体领导和个人分工负责相结合原则。这是民主集中制原则的重要内容，也是党的自身建设责任分工应当遵循的原则。党的各级组织按照民主集中制原则集体领导党的自身建设，集体讨论和决定党的自身建设重大问题，承担集体责任。同时，党员领导干部根据党组织集体决定的分工，履行党的自身建设责任，确保党组织的集体责任落到实处。

四是坚持一般和特殊相结合原则。不同层级不同类型党组织在承担本地区本部门党的自身建设责任上，除了承担全党共同要求的一般责任外，还应当结合本地区本部门职能任务和特殊情况创造性履行责任，确保本地区本部门党的自身建设取得最好效果。比如，同样是党的基层组织，农村、社区、企业、学校和事业单位、非公有制经济组织、社会组织等中的不同基层党组织，各自承担的党的自身建设责任也各有特点，必须根据具体情况具体确定，不宜一刀切。

二、各级各类主体承担的党建责任

（一）党的中央组织承担的党建责任

党中央是党的组织体系的大脑和中枢，对党的自身建设实行集中统一领导，主要包括以下方面。

一是决定党的建设重大问题。党中央对涉及全党的自身建设的重大方针政策问题作出决定和解释。党中央通过召开党的全国代表大会，或者召开中央全会、中央政治局会议、中央政治局常务委员会会议，或者印发中央文件等方式，就全党的自身建设重大问题作出决策部署。

二是部署党的建设重大活动。党中央针对不同历史时期党的政治使命和党的自身建设状况，作出具有重大而深远意义的重要部署。比如，先后部署开展了深入学习实践科学发展观活动、党的群众路线教育实践活动、“三严三实”专题教育、“两学一做”学习教育、“不忘初心、牢记使命”主题教育等。

三是制定出台党的自身建设方面的重要党内法规，为党的政治建设、思想建设、组织建设、作风建设、纪律建设提供制度规范。比如制定《中共中央关于加强党的政治建设的意见》《中国共产党党委（党组）理论学习中心组学习规则》《党政领导干部选拔任用工作条例》《中国共产党党员教育管理工作条例》《党委（党组）落实全面从严治党主体责任规定》《党政机关国内公务接待管理规定》《中国共产党廉洁自律准则》等。

四是监督全党落实党的自身建设责任。通过组织开展巡视、督查、监督执纪问责等方式，压实党的自身建设责任，督促各级各类党组织全面履行党的自身建设责任，提高党的建设质量，推动全面从严治党向纵深发展。比如，《中国共产党巡视工作条例》第 15 条规定，

“巡视组对巡视对象执行《中国共产党章程》和其他党内法规，遵守党的纪律，落实全面从严治党主体责任和监督责任等情况进行监督，着力发现党的领导弱化、党的建设缺失、全面从严治党不力，党的观念淡漠、组织涣散、纪律松弛，管党治党宽松软问题”。

（二）党的地方组织承担的党建责任

地方各级党委在本地区发挥总揽全局、协调各方的领导作用，对本地区党的建设全面负责，承担党的自身建设主体责任。《党委（党组）落实全面从严治党主体责任规定》第6条规定，地方党委应当将党的建设与经济社会发展同谋划、同部署、同推进、同考核，加强对本地区全面从严治党各项工作的领导，主要包括：（1）坚决维护以习近平同志为核心的党中央权威和集中统一领导，坚决贯彻执行党中央决策部署以及上级党组织决定；（2）在本地区发挥总揽全局、协调各方的领导作用，在经济社会发展各项工作中坚持和加强党的全面领导，在同级各种组织中发挥领导作用；（3）把党的政治建设摆在首位，坚定政治信仰，强化政治领导，提高政治能力，净化政治生态，始终在政治立场、政治方向、政治原则、政治道路上同党中央保持高度一致；（4）把党的思想建设作为基础性建设来抓，坚定理想信念，用习近平新时代中国特色社会主义思想武装头脑、指导实践、推动工作，落实意识形态工作责任制；（5）贯彻新时代党的组织路线，坚持民主集中制，树立和坚持正确选人用人导向，建设忠诚干净担当的高素质专业化干部队伍，加强党的基层组织和党员队伍建设，做好人才工作，夯实党执政的组织基础；（6）持之以恒抓好党的作风建设，落实中央八项规定精神，持续整治“四风”特别是形式主义、官僚主义，反对特权思想和特权现象，密切党同人民群众的血肉联系；（7）加强党的纪律建设，重点强化政治纪律和组织纪律，带动廉洁纪律、群众纪律、工作纪律、生活纪律严起来；（8）落实制度治党、依规治党要求，加强本地区党内法规制度建设，严格落实党内法规执行责任制，确保党内法规制度落地见效；（9）落实党风廉政建设主体责任，深入推进反腐败斗争，一体推进不敢腐、不能腐、不想腐，巩固发展反腐败斗争压倒性胜利；（10）领导、支持和监督党的纪律检查机关、党的工作机关、党委直属事业单位、党组（党委）和下级地方党委、党的基层组织等落实全面从严治党主体责任，形成全面从严治党整体合力；（11）加强对本地区统一战线工作和群团工作的领导，动员、组织所属党组织和广大党员，团结带领群众实现党的目标任务；（12）勇于和善于结合本地区实际，切实解决影响全面从严治党的突出问题。

（三）基层党组织承担的党建责任

党的基层组织是党在社会基层组织中的战斗堡垒，是党的全部工作和战斗力的基础。基层党组织在党的自身建设中承担着重要责任。党章第 32 条规定了党的基层组织在党的自身建设中承担的八项基本任务，包括宣传和执行党的路线、方针、政策，组织党员政治理论学习，对党员进行教育、管理、监督和服务，做好群众思想政治工作，做好经常性的发展党员工作等。

在此基础上，各类党的基层组织承担着各自的特殊职责。党章第 33 条分别对街道、乡、镇党的基层委员会和村、社区党组织，国有企业和集体企业中党的基层组织，非公有制经济组织中党的基层组织，社会组织中党的基层组织，事业单位中党的基层组织，党和国家机关中党的基层组织在党的自身建设方面承担的职责作出规定。根据党章第 34 条规定，党支部是党的基础组织，担负直接教育党员、管理党员、监督党员的职责。《中国共产党支部工作条例（试行）》第 10 条对不同领域的党支部承担不同的重点任务作了具体规定。

（四）党组承担的党建责任

党组在党的组织体系中具有特殊地位，在本单位发挥领导作用，在本单位承担党的自身建设主体责任。党章第 48 条规定，党组要加强对本单位党的建设的领导，履行全面从严治党责任。

《党委（党组）落实全面从严治党主体责任规定》第 7 条规定，党组（党委）应当坚持党建工作与业务工作同谋划、同部署、同推进、同考核，加强对本单位（本系统）全面从严治党各项工作的领导，主要包括：（1）坚决维护以习近平同志为核心的党中央权威和集中统一领导，坚决贯彻执行党中央决策部署以及上级党组织决定；

（2）在本单位（本系统）发挥把方向、管大局、保落实的领导作用，推动党的主张和重大决策转化为法律法规、政策政令和社会共识，确保党的理论和路线方针政策在本单位（本系统）贯彻落实；（3）把党的政治建设摆在首位，提高政治站位，彰显政治属性，强化政治引领，增强政治能力，始终在政治立场、政治方向、政治原则、政治道路上同党中央保持高度一致，涵养良好的机关政治生态；（4）强化理论武装，学懂弄通做实习近平新时代中国特色社会主义思想，引导党员、干部坚定理想信念宗旨，落实意识形态工作责任制；（5）坚持民主集中制，贯彻党管干部、党管人才原则，加强忠诚干净担当的高素质专业化干部队伍建设，加强党的基层组织和党员队伍建设，着力提高党内活动和党的组织生活质量，做好人才工作；（6）加强和改进作风，落实中央八项规定精神，持续整治"四风"特别是形式主义、官僚主义，反对特权思想和特权现象；（7）加强党的纪律建设，履行党风廉政建设主体责任，支持纪检监察机关履行监督责任，一体推进不敢腐、不能腐、不想腐；（8）带头遵守党内法规制度，严格落实党内法规执行责任制，建立健全本单位（本系统）党建工作制度，不断提高制度执行力；（9）领导机关和直属单位党组织的工作，支持配合党的机关工委对本单位（本系统）党的工作的统一领导，自觉接受党的机关工委对其履行机关党建主体责任的指导督促，防止出现"灯下黑"；（10）加强对本单位（本系统）统一战线工作和群团工作的领导，重视对党外干部、人才的培养使用，团结带领党外干部和群众，凝聚各方面智慧力量，完成党中央以及上级党组织交给的任务；（11）勇于和善于结合本单位（本系统）实际，切实解决影响全面从严治党的突出问题。

（五）党的纪律检查机关承担的党建责任

党的各级纪律检查机关是党内监督的专责机关，在党的自身建设中承担监督责任。党的各级纪律检查委员会认真履行监督执纪问责职责，加强对所辖范围内党组织和党员干部遵守党章党规党纪、贯彻执行党的路线方针政策情况的监督检查。党章第 46 条对党的各级纪律检查委员会的主要任务作出了详细规定。

（六）党的工作机关承担的党建责任

党的工作机关是落实党中央关于党的自身建设决策部署的执行机关，在各自职责范围内承担推进党的自身建设的某一方面或者几方面的职责任务。《中国共产党工作机关条例（试行）》对党的工作机关的党建职责作出具体规定。

党委办公厅（室）作为党委的综合部门，为党委履行党建主体责任出谋划策，通过任务分解等方式推动党委关于党的建设决策部署贯彻落实，对党委各部门开展党的自身建设进行统筹协调，对下级党组织履行党建责任情况进行督促检查等。

党的组织、宣传等党委职能部门，作为负责党委某一方面工作的主管部门，坚持以党的政治建设为统领，根据职责分工行使相对独立的管理职能，分别负责党的建设有关领域、有关方面工作的相关政策法规制定和组织实施，协调指导本系统、本领域工作。比如，党委组织部门主要负责党的组织建设，包括干部队伍建设、基层组织建设、党员队伍建设、人才队伍建设等；党委宣传部门主要负责党的思想建设，包括负责全党全社会的思想理论武装、意识形态工作等。

党委办事机构是协助党委办理某一方面重要事务的机构，在党的自身建设中一般承担协助党委落实主体责任的职责。比如，中央机构编制委员会办公室承担中央机构编制委员会日常工作，根据授权和规定程序处理机构编制具体事宜。

党委派出机关作为党委为加强对特定领域、行业、系统领导而派出的工作机关，根据有关规定履行领导该领域、行业、系统的工作，在党的自身建设工作中负有重要职责。比如，中央和国家机关工委作为党中央派出的工作机关，统一组织、规划、部署中央和国家机关党的工作。

（七）党组织主要负责人和其他班子成员承担的党建责任

党组织书记承担本地区本部门本系统党的自身建设第一责任人职责，承担主要领导责任，需对本地区本部门本系统党的建设重要工作亲自部署、重大问题亲自过问、重点环节亲自协调，并发挥示范带头作用，领好班子、带好队伍、管好自己，当好廉洁自律的表率，同时督促领导班子成员落实好党的自身建设责任。《中国共产党地方委员会工作条例》《中国共产党党组工作条例》《党委（党组）落实全面从严治党主体责任规定》等党内法规都明确规定，党委（党组）书记必须认真履行抓党建第一责任人职责。

不担任政府职务的党委副书记协助党组织书记抓党建工作，承担党的自身建设直接领导责任，需及时向所属基层党组织传达上级党委决定、决议和重要工作部署，具体指导党委各部门及基层党组织围绕党委中心任务和重要部署开展工作。

党组织班子其他成员承担党的自身建设分管领导责任。既参与党组织领导班子对加强党的自身建设的集体决策，又根据工作分工履行“一岗双责”，对分管单位（部门）的党的自身建设工作负有重要领导责任，把党建工作和业务工作同布置、同检查、同落实。《中国共产党地方委员会工作条例》第 11 条规定，常委会其他委员根据分工负责有关工作，履行分管领域从严治党责任。《中国共产党党组工作条例》第 18 条规定，党组其他成员按照“一岗双责”要求抓好职责范围内党的建设工作。

（八）普通党员承担的党建责任

党员是党的肌体细胞，在党的自身建设中也负有义务和责任。普通党员要认真履行党章第 3 条规定的党员义务，充分发挥先锋模范作用，具体包括：学习党的创新理论、贯彻执行党的基本路线和方针政策，多做贡献，遵守党规党纪，维护党的团结统一，开展批评和自我批评，密切联系群众，带头实践社会主义核心价值观等。同时，根据党章第 4 条的规定，所有党员都必须编入党的一个支部、小组或者其他特定组织，应当积极做好所在党组织分配的工作，对党的工作提出建议和倡议，有根据地批评党的任何组织和任何党员，向党负责地揭发、检举党的任何组织和任何党员违法乱纪的事实。

第三节　规范党的自身建设的内容

党的自身建设怎么布局，从哪些方面进行建设和完善，是党的自身建设必须解决的重要问题。党的自身建设内容不是一成不变的，总是随着党的事业发展不断丰富和发展，随着党面临的历史使命和阶段环境的变化不断调整和完善。中共十九大报告提出：以党的政治建设为统领，全面推进党的政治建设、思想建设、组织建设、作风建设、纪律建设，把制度建设贯穿其中，深入推进反腐败斗争。这是新时代党的建设的总体布局，反映了党的自身建设基本内容。党的自身建设法规对党的政治建设、思想建设、组织建设、作风建设、纪律建设等内容作了规范。

一、规范党的政治建设的内容

党的政治建设是党的根本性建设，在党的建设中发挥着统领作用，决定党的建设方向和效果，事关统揽推进伟大斗争、伟大工程、伟大事业、伟大梦想。《中共中央关于加强党的政治建设的意见》对加强党的政治建设作出全面部署，提供基本遵循。加强党的政治建设，就是要坚定政治信仰，坚持政治领导，提高政治能力，净化政治生态，这四个方面构成了党的政治建设的主要内容。

（一）坚定政治信仰

坚定政治信仰是党的政治建设的根基。加强党的政治建设，必须坚持马克思主义指导地位，坚持用习近平新时代中国特色社会主义思想武装全党、教育人民，夯实思想根基，牢记初心使命，凝聚同心共筑中国梦的磅礴力量。

一是要坚持用党的科学理论武装头脑。马克思主义是我们立党立国的根本指导思想，习近平新时代中国特色社会主义思想是马克思主义中国化的最新理论成果，是全党全国人民为实现中华民族伟大复兴而奋斗的行动指南。《关于新形势下党内政治生活的若干准则》第一部分规定，党的各级组织必须坚持不懈抓好理论武装，广大党员、干部特别是高级干部必须自觉抓好学习、增强党性修养，把马克思主义理论作为必修课。

二是坚定执行党的政治路线。“一个中心，两个基本点”，是党在社会主义初级阶段的基本路线，也是党的政治路线，是党和国家的生命线、人民的幸福线，必须坚决捍卫、坚定执行。党章总纲第 25 自然段规定，全面落实党的基本路线，反对一切“左”的和右的错误倾向，但主要是防止“左”。《关于新形势下党内政治生活的若干准则》第二部分规定，必须全面贯彻执行党的基本路线，把以经济建设为中心同坚持四项基本原则、坚持改革开放这两个基本点统一于中国特色社会主义伟大实践，任何时候都不能有丝毫偏离和动摇。《中共中央关于加强党的政治建设的意见》提出，坚持党的政治路线，必须全面贯彻实施新时代中国特色社会主义基本方略，统筹推进“五位一体”总体布局和协调推进“四个全面”战略布局，为实现“两个一百年”奋斗目标不懈努力。

三是坚决站稳政治立场。政治立场是根本，全党必须始终坚定马克思主义立场，坚持党性和人民性相统一，坚决站稳党性立场和人民立场。党章总纲第 27 自然段规定，坚持全心全意为人民服务。党除了工人阶级和最广大人民群众的利益，没有自己特殊的利益。党在任何时候都把群众利益放在第一位。《关于新形势下党内政治生活的若干准则》第五部分规定，人民立场是党的根本政治立场。全党必须牢固树立人民群众是历史创造者的历史唯物主义观点，站稳群众立场，增进群众感情。

（二）坚持政治领导

坚持政治领导，是党的政治建设的主旨。党是最高政治领导力量，加强党的政治建设，必须坚持和加强党的全面领导，完善党的领导体制，改进党的领导方式，巩固党的领导地位，确保党始终成为中国特色社会主义事业坚强领导核心。

一是坚决做到“两个维护”。坚持和加强党的全面领导，最重要的是坚决维护党中央权威和集中统一领导；坚决维护党中央权威和集中统一领导，最关键的是坚决维护习近平总书记党中央的核心、全党的核心地位。坚决做到“两个维护”是加强党的政治建设的首要任务。党章总纲第 28 自然段规定，牢固树立政治意识、大局意识、核心意识、看齐意识，坚定维护以习近平同志为核心的党中央权威和集中统一领导，保证全党的团结统一和行动一致，保证党的决定得到迅速有效的贯彻执行。《关于新形势下党内政治生活的若干准则》第三部分对坚决维护党中央权威作出全面规定，强调全党必须自觉服从党中央领导。《中共中央关于加强党的政治建设的意见》提出，要不断完善保障"两个维护"的制度机制，以正确的认识、正确的行动坚决做到"两个维护"。

二是完善党的领导体制。党发挥总揽全局、协调各方领导核心作用，必须建立健全坚持和加强党的全面领导的制度体系，为把党的领导落实到改革发展稳定、内政外交国防、治党治国治军各领域各方面各环节提供坚实制度保障。党章总纲第30自然段规定，党必须适应形势的发展和情况的变化，完善领导体制。中共十九届四中全会对坚持和完善党的领导制度体系作了专门部署，明确要求健全党的全面领导制度，完善党领导人大、政府、政协、监察机关、审判机关、检察机关、武装力量、人民团体、企事业单位、基层群众自治组织、社会组织等制度，健全各级党委（党组）工作制度，完善党领导各项事业的具体制度，完善党和国家机构职能体系等。

三是改进党的领导方式。党章总纲第30自然段规定，党必须适应形势的发展和情况的变化，改进领导方式，增强执政能力。《中共中央关于加强党的政治建设的意见》提出，要强化战略思维、创新思维、辩证思维、法治思维、底线思维，坚持民主集中制这一根本领导制度，坚持群众路线这一基本领导方法，坚持依法执政这一基本领导方式。中共十九届四中全会明确提出健全提高党的执政能力和领导水平制度，坚持民主集中制，完善发展党内民主和实行正确集中的相关制度，健全决策机制，完善担当作为的激励机制等。

（三）提高政治能力

提高政治能力是加强党的政治建设的关键。加强党的政治建设，关键是要提高各级各类党组织和党员干部的政治能力。

一是增强党组织政治功能。党的力量来自组织，政治属性是党组织的根本属性，政治功能是党组织的基本功能，要不断强化各级各类党组织的政治属性和政治功能。党中央对党和国家事业发展重大工作实行集中统一领导。地方党委要在党中央和上级党委领导下，全面领导本地区经济社会发展，全面负责本地区党的建设。党的基层组织要着力提升组织力，突出政治功能，强化政治引领。党支部要发挥好战斗堡垒作用。党组要在本部门本单位发挥好把方向、管大局、保落实的重要作用，确保党中央和上级党组织决策部署在本部门本单位贯彻落实。党的各级纪委要进一步强化党内监督专责机关的职能定位，全面监督执纪问责，坚决维护党章党规党纪的严肃性和权威性。党的工作机关要更好发挥党委参谋助手作用。党员要强化党的意识和组织观念。

二是彰显国家机关政治属性。中央和地方各级人大机关、行政机关、政协机关、监察机关、审判机关、检察机关本质上都是政治机关，旗帜鲜明讲政治是应尽之责。国家机关要始终坚持在党的领导下依法实施经济社会管理活动，坚决贯彻落实党的基本理论、基本路线、基本方略。国家机关履行职责、开展工作，要提高政治站位，把准政治方向，注重政治效果，考虑政治影响。

三是发挥群团组织政治作用。工会、共青团、妇联等群团组织是党领导下的政治组织，政治性是群团组织的灵魂。各群团组织要认真履行政治职责，充分发挥联系人民群众的桥梁和纽带作用，加大政治动员、政治引领、政治教育工作力度，更好承担起引导群众听党话、跟党走的政治任务。

四是强化国有企事业单位政治导向。国有企业是中国特色社会主义的重要物质基础和政治基础，事业单位承担着满足人民群众日益增长的公益服务需求职责，都是中国共产党执政兴国的重要依靠力量。国有企事业单位必须始终坚持党的领导，坚决贯彻执行党的路线方针政策，认真落实党中央关于推进国有企事业单位改革发展的决策部署，切实加强本单位党的建设工作，充分发挥党组织重要作用，保证本单位工作坚持正确政治方向、取得良好政治效果。

五是提高党员干部政治本领。党员干部特别是领导干部要加强政治能力训练和政治实践历练，切实提高把握方向、把握大势、把握全局的能力和辨别政治是非、保持政治定力、驾驭政治局面、防范政治风险的能力。

（四）净化政治生态

净化政治生态，是加强党的政治建设的基础性、经常性工作。党章总纲第 28 自然段规定，加强和规范党内政治生活，增强党内政治生活的政治性、时代性、原则性、战斗性，发展积极健康的党内政治文化，营造风清气正的良好政治生态。

一是严肃党内政治生活。着重解决净化政治生态中的“正本清源”问题。营造良好政治生态，必须严格执行《关于新形势下党内政治生活的若干准则》，着力提高党内政治生活质量，努力在全党形成又有集中又有民主、又有纪律又有自由、又有统一意志又有个人心情舒畅生动活泼的政治局面。《关于新形势下党内政治生活的若干准则》对严肃党内政治生活作出全面具体规定。《中共中央关于加强党的政治建设的意见》对增强党内政治生活的政治性、时代性、原则性、战斗性提出明确要求。

二是严明党的政治纪律和政治规矩。着重解决净化政治生态中的“行为标准”问题。政治纪律是党最根本、最重要的纪律，是净化政治生态的重要纪律保证。《关于新形势下党内政治生活的若干准则》规定，全党特别是高级干部必须严格遵守党的政治纪律和政治规矩。党的各级组织必须担负起执行和维护政治纪律和政治规矩的责任。

三是发展积极健康的党内政治文化。着重解决净化政治生态中的“政德修养”问题。营造良好政治生态，离不开党内政治文化的浸润滋养。要坚持“三严三实”，大力弘扬忠诚老实、公道正派、实事求是、清正廉洁四个价值观，增强党员干部的政治定力、纪律定力、道德定力、拒腐定力四个定力，大力倡导清清爽爽的同志关系、规规矩矩的上下级关系、干干净净的政商关系三个关系。要用中华优秀传统文化、革命文化、社会主义先进文化三个文化教育引导党员干部，同时要求坚决抵制庸俗腐朽的政治文化，坚决防止和反对个人主义、分散主义、自由主义、本位主义、好人主义，坚决防止和反对宗派主义、圈子文化、码头文化。

四是突出政治标准选人用人。着重解决净化政治生态中的“风向标”问题。要坚持党管干部原则，贯彻新时期好干部标准，始终把政治标准放在第一位，注重选拔任用牢固树立“四个意识”、自觉坚定“四个自信”、坚决做到“两个维护”、全面贯彻执行党的理论和路线方针政策、忠诚干净担当的干部，对政治不合格的干部实行“一票否决”，已经在领导岗位的坚决调整。《关于新形势下党内政治生活的若干准则》第八部分对坚持正确选人用人导向作出具体规定。《党政领导干部选拔任用工作条例》第3条规定，选拔任用党政领导干部，必须把政治标准放在首位；第24条规定不得列为考察对象的第一项情形就是“违反政治纪律和政治规矩的”。

五是永葆清正廉洁的政治本色。着重解决净化政治生态中的“激浊扬清”问题。坚决反对腐败，建设廉洁政治，是涵养政治生态的必要条件和重要任务。党章总纲第29自然段规定，要深入推进党风廉政建设和反腐败斗争，以零容忍态度惩治腐败，构建不敢腐、不能腐、不想腐的有效机制。《关于新形势下党内政治生活的若干准则》第12部分对保持清正廉洁的政治本色作了具体规定。

二、规范党的思想建设的内容

党的思想建设是党的基础性建设，是思想建党的重要体现。党的思想建设法规对党的思想建设的内容作了具体规范。

（一）坚定理想信念

革命理想高于天。共产主义远大理想和中国特色社会主义共同理想，是中国共产党人的精神支柱和政治灵魂，也是保持党的团结统一的思想基础。中共十九大报告提出，要把坚定理想信念作为党的思想建设的首要任务，教育引导全党牢记党的宗旨，挺起共产党人的精神脊梁，解决好世界观、人生观、价值观这个“总开关”问题，自觉做共产主义远大理想和中国特色社会主义共同理想的坚定信仰者和忠实实践者。

党章总纲第1自然段规定，党的最高理想和最终目标是实现共产主义。第2条规定，中国共产党党员必须全心全意为人民服务，不惜牺牲个人的一切，为实现共产主义奋斗终身。《关于新形势下党内政治生活的若干准则》第一部分对坚定理想信念作了专门规定，强调全党同志必须把对马克思主义的信仰、对社会主义和共产主义的信念作为毕生追求，在改造客观世界的同时不断改造主观世界，解决好世界观、人生观、价值观这个“总开关”问题，不断增强政治定力，自觉成为共产主义远大理想和中国特色社会主义共同理想的坚定信仰者和忠实实践者；必须坚定对中国特色社会主义的道路自信、理论自信、制度自信、文化自信。领导干部特别是高级干部要以实际行动让党员和群众感受到理想信念的强大力量。

（二）强化理论武装

不断推进党的理论创新，实现党的理论与时俱进，是中国共产党的理论品质和永葆生机的源泉。用党的创新理论武装头脑，是党的思想建设的重要任务。

强化政治理论学习，是党组织的基本任务。比如，《中国共产党地方委员会工作条例》第 14 条规定，党的地方委员会及其成员应当加强思想政治建设，坚持用马克思列宁主义、毛泽东思想、中国特色社会主义理论体系武装头脑。党章第 32 条规定，基层党组织的基本任务之一就是组织党员认真学习马克思列宁主义、毛泽东思想、邓小平理论、“三个代表”重要思想、科学发展观、习近平新时代中国特色社会主义思想。

强化政治理论学习，是党员的基本义务。党章第 3 条规定的党员必须履行的义务之一，就是认真学习马克思列宁主义、毛泽东思想、邓小平理论、“三个代表”重要思想、科学发展观、习近平新时代中国特色社会主义思想。

为部署开展理论武装工作，党中央出台了系列文件。比如《中共中央关于学习〈毛泽东选集〉第一卷至第四卷第二版的通知》《中共中央关于全党学习〈邓小平文选〉的通知》《中共中央关于学习〈邓小平文选〉第三卷的决定》《中共中央关于在全党深入学习邓小平理论的通知》《中共中央关于在全党兴起学习贯彻“三个代表”重要思想新高潮的通知》《中共中央关于学习〈江泽民文选〉的决定》《中共中央关于学习〈胡锦涛文选〉的决定》《中共中央关于印发〈科学发展观学习纲要〉的通知》《关于在全体党员中开展“学党章党规、学系列讲话，做合格党员”学习教育方案》《中共中央关于印发〈习近平新时代中国特色社会主义思想学习纲要〉的通知》等。

（三）加强思想政治工作

党的思想建设，既要在党组织和党员中开展理论武装工作，也要用党的创新理论教育人民，开展党的思想教育工作，教育引导人民群众听党话、跟党走。开展党的思想政治工作，是党的思想建设的重要内容。

根据党章及《中国共产党普通高等学校基层组织工作条例》等党内法规规定，党的基层组织的基本任务之一就是做好群众的思想政治工作，国有企业和集体企业中党的基层组织要领导思想政治工作；高等学校党的委员会主要职责之一就是领导学校的思想政治工作，高等学校院（系）级单位党组织的主要职责之一就是领导本单位的思想政治工作，教职工党的支部委员会主要职责之一就是经常听取党员和群众的意见和建议，有针对性地做好思想政治工作，大学生党的支部委员会主要职责之一就是积极了解学生思想状况，有针对地做好思想政治教育工作。《中国共产党农村工作条例》第16条规定，“加强党对农村社会主义精神文明建设的领导。培育和践行社会主义核心价值观，在农民群众中深入开展中国特色社会主义、习近平新时代中国特色社会主义思想宣传教育，建好用好新时代文明实践中心。加强农村思想道德建设，传承发展提升农村优秀传统文化，推进移风易俗。加强农村思想政治工作，广泛开展民主法治教育。深入开展农村群众性精神文明创建活动，丰富农民精神文化生活，提高农民科学文化素质和乡村社会文明程度”。

（四）完善党内学习制度

中国共产党是马克思主义学习型政党。完善党内学习制度，是党的思想建设的重要内容。《关于新形势下党内政治生活的若干准则》第一部分规定，坚持和创新党内学习制度。以党委（党组）中心组学习等制度为主要抓手，各级党组织要定期开展集体学习。党员、干部每年要完成规定的学习任务，领导干部要定期参加党校学习。坚持开展党内集中学习教育。

一是建立党委（党组）理论学习中心组学习制度。党委（党组）理论学习中心组学习，是各级党委（党组）领导班子和领导干部在职理论学习的重要组织形式，是加强各级领导班子思想建设的重要制度。《中国共产党党委（党组）理论学习中心组学习规则》对党委（党组）理论学习中心组的组织与职责，学习内容、形式与要求，学习管理、考核与问责等作出具体规定。

二是做好党校（行政学院）培训工作。党校（行政学院）是党领导的培养党的领导干部的学校，是培训党的各级领导干部的主渠道。《中国共产党党校（行政学院）工作条例》对党校（行政学院）培训工作作了具体规定。

三是定期开展党内集中学习教育。党内集中学习教育是开展党员教育的重要形式。近年来先后部署开展了深入学习实践科学发展观活动、党的群众路线教育实践活动、“三严三实”专题教育、“两学一做”学习教育、“不忘初心、牢记使命”主题教育。

三、规范党的组织建设的内容

党的组织建设在党的建设中发挥着举足轻重的作用。围绕全面落实新时代党的组织路线，聚焦建设高素质专业化干部队伍、加强基层组织建设、落实党管人才要求，把党的组织建设得更加坚强有力，党的组织建设法规对党的组织建设的内容作了具体规范。

（一）加强高素质专业化干部队伍建设

党的干部是党和国家事业的中坚力量。贯彻新时代党的组织路线，落实党管干部原则，建设忠诚干净担当的高素质专业化干部队伍是关键，重点是要做好干部培育、选拔、管理、使用工作。

一是坚持正确选人用人导向。坚持正确选人用人导向，建立以德为先、任人唯贤、人事相宜的选拔任用体系，是干部选拔任用的关键问题。必须坚持好干部标准，坚持德才兼备、以德为先，把政治标准放在第一位。必须坚持五湖四海、任人唯贤，确保各方面优秀人才脱颖而出。必须坚持事业为上、公道正派，反对任人唯亲。党章第35条对此作了根本规定，《关于新形势下党内政治生活的若干准则》第八部分对坚持正确选人用人导向作了全面规定，《党政领导干部选拔任用工作条例》提出了明确要求。

二是认真做好干部教育培训。干部教育培训是建设高素质专业化干部队伍的先导性、基础性、战略性工程。没有全党大学习，没有干部大培训，就没有事业大发展。必须加强干部教育培训，教育引导党的干部按照忠诚干净担当的要求提高自己，努力培养斗争精神、增强斗争本领，使思想、能力、行动跟上党中央要求、跟上时代前进步伐、跟上事业发展需要。党章第 35 条规定，党重视教育、培训干部。中共十九大报告提出，要注重培养干部专业能力、专业精神，增强干部队伍适应新时代中国特色社会主义发展要求的能力。《干部教育培训工作条例》对推进干部教育培训的原则任务、管理体制、对象、内容、方式方法、培训机构、师资课程教材经费、考核和评估等作了全面规定。

三是坚持从严管理干部。严管就是厚爱，是对干部真正负责。要建立管思想、管工作、管作风、管纪律的从严管理体系。要进一步严格要求、严格教育干部，切实加强干部的党性修养和作风养成；进一步严格管理、严格监督干部，认真执行并不断完善各项规定，建立健全强化预防、及时发现、严肃纠正的工作机制；进一步加强对不胜任、不称职干部的组织调整工作，认真执行问责制度。中共中央为此出台了一系列党内法规，比如《事业单位领导人员管理暂行规定》《中央企业领导人员管理规定》《推进领导干部能上能下若干规定（试行）》《领导干部报告个人有关事项规定》《干部人事档案工作条例》等。

四是大力培养优秀年轻干部。坚持和发展中国特色社会主义，关键在党，关键在人，归根到底在于培养选拔一批又一批优秀年轻干部接续奋斗。党章第 35 条规定，党重视教育、培训、选拔、考核和监督干部，特别是培养、选拔优秀年轻干部。中共十九大报告提出，大力发现储备年轻干部，注重在基层一线和困难艰苦的地方培养锻炼年轻干部，源源不断选拔使用经过实践考验的优秀年轻干部。党中央专门出台关于加强和改进优秀年轻干部培养选拔工作的文件，对培养选拔优秀年轻干部作出了部署。

（二）加强党的基层组织建设

党的基层组织是确保党的路线方针政策和决策部署贯彻落实的基础。加强党的基层组织建设，是党的组织建设的基础工程、战略工程。

一是以提升组织力为重点，突出基层组织的政治功能。强化政治引领，发挥党的群众工作优势和党员先锋模范作用，引领基层各类组织自觉贯彻党的主张，确保基层治理正确方向。中共十九大报告提出，要以提升组织力为重点，突出政治功能，把企业、农村、机关、学校、科研院所、街道社区、社会组织等基层组织建设成为宣传党的主张、贯彻党的决定、领导基层治理、团结动员群众、推动改革发展的坚强战斗堡垒。《中共中央关于加强党的政治建设的意见》明确提出，党的基层组织要着力提升组织力，突出政治功能、强化政治引领，下大气力解决软弱涣散问题。《中国共产党农村基层组织工作条例》第3条规定，党的农村基层组织要以提升组织力为重点，突出政治功能，努力成为宣传党的主张、贯彻党的决定、领导基层治理、团结动员群众、推动改革发展的坚强战斗堡垒。

二是建强党支部。党支部是党的基础组织，是党组织开展工作的基本单元，是党在社会基层组织中的战斗堡垒，是党的全部工作和战斗力的基础，担负直接教育党员、管理党员、监督党员和组织群众、宣传群众、凝聚群众、服务群众的职责。贯彻落实新时代党的组织路线，推进党的组织建设，必须把党支部建设放在更加突出的位置，加强党支部标准化、规范化建设，不断提高党支部建设质量。《中国共产党支部工作条例（试行）》对党支部工作作出全面规范，是新时代党支部建设的基本遵循。

要着重加强以下几方面：（1）规范党支部组织设置。党支部设置一般以单位、区域为主，以单独组建为主要方式。企业、农村、机关、学校、科研院所、社区、社会组织、人民解放军和武警部队连（中）队以及其他基层单位，凡是有正式党员三人以上的，都应当成立党支部。要结合实际创新党支部设置形式，使党的组织和党的工作全覆盖。(2) 强化党支部职责任务。《中国共产党支部工作条例(试行)》第三章以党章规定的党支部八项基本任务为基准，对村、社区、国有企业和集体企业、高校、非公有制经济组织、社会组织、事业单位、党和国家机关、流动党员、离退休干部职工等领域的党支部，分别规定了不同的重点任务，要认真抓好落实。(3) 健全党支部工作机制。党支部党员大会是党支部的议事决策机构，党支部委员会是党支部日常工作的领导机构，党小组主要落实党支部安排的任务。《中国共产党支部工作条例(试行)》对党支部党员大会、党支部委员会及其会议、党小组及其会议机制作出规范。(4) 严格党支部组织生活。党支部组织生活包括“三会一课”和主题党日、组织生活会、民主评议党员、谈心谈话等，《中国共产党支部工作条例(试行)》对党支部开展组织生活的基本形式作了规定，并对其频次、内容、程序等作出具体规范，确保党支部的组织生活能够经常开展、取得实效。

三是加强党员队伍建设。党员是党的肌体的细胞和党的活动的主体，加强党员队伍建设是党的组织建设的一项经常性重要工作。

规范党员发展。坚持党员标准，严格程序，改善结构，提高质量。党章第5条规定，发展党员，必须把政治标准放在首位，经过党的支部，坚持个别吸收的原则。《中国共产党支部工作条例(试行)》第9条规定，党支部对要求入党的积极分子进行教育和培养，做好经常性的发展党员工作，把政治标准放在首位，严格程序、严肃纪律，发展政治品质纯洁的党员。中共十九大报告提出，注重从产业工人、青年农民、高知识群体中和在非公有制经济组织、社会组织中发展党员。《中国共产党发展党员工作细则》对发展党员作出了具体规范。

加强党员教育管理。党员教育管理是党的建设基础性、经常性工作。每个党员，不论职务高低，都必须按照党章和其他党内法规要求接受党组织的教育管理。《中国共产党党员教育管理工作条例》对党员教育管理的内容、方式、程序等作出了基本规范，是新时代党员教育管理工作的基本遵循。(1) 党员教育的首要政治任务，就是用习近平新时代中国特色社会主义思想武装全党，引导党员充分认识学习贯彻习近平新时代中国特色社会主义思想的重大意义，自觉学懂弄通做实。(2) 党员教育的基本任务，就是要加强政治理论教育，突出政治教育和政治训练，强化党章党规党纪教育，加强党的宗旨教育，进行革命传统教育，开展形势政策教育，注重知识技能教育。(3) 党员日常教育管理方式，主要包括党支部运用“三会一课”制度，对党员进行经常性的教育管理，党支部每年至少召开一次组织生活会，党支部一般每年开展一次民主评议党员，基层党组织应当注重分析党员思想状况和心理状态、开展谈心谈话，市、县党委或者基层党委每年应当组织党员集中轮训，组织党员认真参加党内集中学习教育。(4) 加强党籍和党员组织关系的管理，加强对流动党员的管理，等等。

建立党员退出机制。党章第9条规定，党员缺乏革命意志，不履行党员义务，不符合党员条件，党的支部应当对他进行教育，要求他限期改正；经教育仍无转变的，应当劝他退党。党员如果没有正当理由，连续六个月不参加党的组织生活，或不交纳党费，或不做党所分配的工作，就被认为是自行脱党。《中国共产党党员教育管理工作条例》第六章对党员监督和组织处置作了规定，提出党员具有相关情形的，按照规定程序除名，进一步规范了党员退出机制。

(三) 加强人才队伍建设

人才是实现民族振兴、赢得国际竞争主动的战略资源。加强人才队伍建设是党的组织建设的重要内容。

落实党管人才原则。党管人才是人才工作的重要原则，是党的组织制度的重要组成部分，是人才工作沿着正确方向前进的根本保证。要健全党管人才领导体制和工作格局，完善党管人才工作运行机制，创新党管人才方式方法，加强党管人才工作的保障措施。

深化人才发展体制机制改革。最大限度把广大人才的报国情怀、奋斗精神、创造活力激发出来。要推进人才管理体制改革、改进人才培养支持机制、创新人才评价机制、健全人才顺畅流动机制、强化人才创新创业激励机制、构建具有国际竞争力的引才用才机制、建立人才优先发展保障机制。

集天下英才而用之。完善党管人才工作格局，构建科学规范、开放包容、运行高效的人才发展治理体系，实行更加积极、更加开放、更加有效的人才政策，把党内和党外、国内和国外各方面优秀人才集聚到党和人民的伟大奋斗中来。

四、规范党的作风建设的内容

党的作风就是党的形象，是党的性质、宗旨、纲领、路线的重要体现，是党的创造力、凝聚力、战斗力的重要内容，关系人心向背，关系党的生死存亡。加强党的作风建设，主要包括继承和发扬党的优良作风、纠正各种不正之风，一正一反、相向而行。党的作风建设法规对这两方面内容作出了规范。

（一）继承和发扬党的优良作风

党在长期革命、建设、改革实践中，形成并坚持发扬了理论联系实际、密切联系群众、批评和自我批评等优良作风。

一是发扬理论联系实际的优良作风。党章总纲第 2 至 8 自然段反映的党的指导思想的发展，体现了推进马克思主义中国化大众化时代化，体现了科学理论联系中国实际的优良作风。党章总纲第 26 自然段规定，坚持解放思想，实事求是，与时俱进，求真务实。根据党章第 36 条规定，党的各级领导干部必须具备的基本条件就包括努力用马克思主义的立场、观点、方法分析和解决实际问题；坚持解放思想，实事求是，与时俱进，开拓创新，认真调查研究，能够把党的方针、政策同本地区、本部门的实际相结合，卓有成效地开展工作，讲实话，办实事，求实效。《关于新形势下党内政治生活的若干准则》第二部分规定，全党必须坚持理论联系实际，一切从实际出发，在实践中检验真理和发展真理。

二是发扬党密切联系群众的优良作风。党的作风建设的核心问题是始终保持党同人民群众的血肉联系。党章总纲第 27 自然段规定，党的最大政治优势是密切联系群众，党执政后的最大危险是脱离群众。党风问题、党同人民群众联系问题是关系党生死存亡的重大问题。

坚持全心全意为人民服务宗旨。党章总纲第27自然段规定，党除了工人阶级和最广大人民群众的利益，没有自己特殊的利益。党在任何时候都把群众利益放在第一位，同群众同甘共苦，保持最密切的联系。党章第2条规定，中国共产党党员必须全心全意为人民服务。《关于新形势下党内政治生活的若干准则》第五部分规定，决不允许在群众面前自以为是、盛气凌人，决不允许当官做老爷、漠视群众疾苦，更不允许欺压群众、损害和侵占群众利益。

坚持和贯彻党的群众路线。党的群众路线是马克思主义的认识论在党的建设和党的工作中的具体运用，党的群众路线是党的一切工作的根本路线。党章总纲第27自然段规定，党在自己的工作中实行群众路线，一切为了群众，一切依靠群众，从群众中来，到群众中去，把党的正确主张变为群众的自觉行动。《关于新形势下党内政治生活的若干准则》第五部分规定，全体党员特别是各级领导机关和领导干部要贯彻党的群众路线，做到一切为了群众，一切依靠群众，从群众中来，到群众中去，为群众办实事、解难事，当好人民公仆。

提高群众工作能力。中共十九大报告提出，增强群众工作本领，创新群众工作体制机制和方式方法，推动工会、共青团、妇联等群团组织增强政治性、先进性、群众性，发挥联系群众的桥梁纽带作用，组织动员广大人民群众坚定不移跟党走。《关于新形势下党内政治生活的若干准则》第五部分规定，党的各级组织、全体党员特别是领导干部必须提高做群众工作能力，既服务群众又带领群众坚定不移贯彻落实党的理论和路线方针政策，把党的主张变为群众的自觉行动，引领群众听党话、跟党走。

三是发扬批评和自我批评的优良作风。批评和自我批评是党强身治病、保持肌体健康的锐利武器，也是加强和规范党内政治生活的重要手段，必须大力发扬批评和自我批评优良作风。

党章总纲第28自然段规定，党在自己的政治生活中正确地开展批评和自我批评，在原则问题上进行思想斗争，坚持真理，修正错误。根据党章第3条规定，党员必须履行的义务之一就是切实开展批评和自我批评，勇于揭露和纠正违反党的原则的言行和工作中的缺点、错误，坚决同消极腐败现象作斗争。根据党章第 32 条规定，党的基层组织的基本任务之一就是开展批评和自我批评。根据党章第 36 条规定，党员领导干部必须具备的基本条件之一就是自觉地接受党和群众的批评和监督。

（二）纠正各种不正之风

加强党的作风建设，要坚决反对和纠正各种不正之风，特别是整治形式主义、官僚主义、享乐主义和奢靡之风（简称“四风”），反对特权思想和特权现象，厉行节约反对浪费。

一是坚决整治“四风”。中共中央印发的《十八届中央政治局关于改进工作作风、密切联系群众的八项规定》及其实施细则对此作出具体规定，要求改进调查研究、精简会议活动、精简文件简报、规范出访活动、改进警卫工作、改进新闻报道、严格文稿发表、厉行勤俭节约。当前，要特别重视整治形式主义、官僚主义问题。2019 年 3 月，中共中央办公厅印发《关于解决形式主义突出问题为基层减负的通知》，强调要以党的政治建设为统领加强思想教育，着力解决党性不纯、政绩观错位的问题；严格控制层层发文、层层开会，着力解决文山会海反弹回潮的问题；加强计划管理和监督实施，着力解决督查检查考核过多过频、过度留痕的问题；完善问责制度和激励关怀机制，着力解决干部不敢担当作为的问题。2020 年 4 月，中共中央办公厅印发《关于持续解决困扰基层的形式主义问题为决胜全面建成小康社会提供坚强作风保证的通知》，深化拓展基层减负工作，坚持标准不降、力度不减，紧盯老问题和新表现，全面检视、靶向治疗，加强源头治理和制度建设，进一步把广大基层干部干事创业的手脚从形式主义的束缚中解脱出来。这些都为防止和纠正形式主义、官僚主义提供了制度规范。

二是反对特权思想和特权现象。《关于新形势下党内政治生活的若干准则》第 12 部分规定，各级领导干部是人民公仆，没有搞特殊化的权利。中央政治局要带头执行中央八项规定。各级领导干部特别是高级干部要坚持立党为公、执政为民，坚持公私分明、先公后私、克己奉公，带头保持谦虚、谨慎、不骄、不躁的作风，保持艰苦奋斗的作风，带头执行廉洁自律准则，自觉同特权思想和特权现象作斗争。同时，党中央印发规范党和国家领导人有关待遇等文件，对党和国家领导人办公用房、住房、用车、交通、工作人员配备、休假休息等待遇进一步作出规定，充分体现了以习近平同志为核心的党中央坚持以身作则、率先垂范，对全党具有重要示范和带动作用。

三是厉行节约反对浪费。这体现了中国共产党艰苦奋斗、勤俭朴素的优良作风。《党政机关厉行节约反对浪费条例》规定，党政机关坚持从严从简，勤俭办一切事业，降低公务活动成本原则，坚持总量控制，科学设定相关标准，严格控制经费支出总额，加强厉行节约绩效考评等原则，同时对党政机关经费管理、国内差旅和因公临时出国（境）、公务接待、会议活动、资源节约、宣传教育、监督检查、责任追究等作出全面具体规定。此外，又出台了《党政机关国内公务接待管理规定》等20多部专项党内法规，对公务接待、会议经费管理等作出具体规定，这样就形成了“1+N”的立体式、全方位的厉行节约反对浪费制度体系。

五、规范党的纪律建设的内容

纪律严明是全党统一意志、统一行动、步调一致向前进的重要保障。落实管党治党要求，加强党的纪律建设，是党的建设的重要组成部分。必须严明党的纪律，把纪律挺在前面，用铁的纪律从严治党。党的纪律建设内容主要包括确立党的纪律检查体制机制、完善党的纪律体系。

（一）确立党的纪律检查体制机制

党的纪律检查体制机制，主要包括有关党组织在纪律检查工作中的职权职责配置、党的纪律检查各类主体之间的关系及纪律检查工作机制等方面内容，解决的是纪律检查机关设置、纪律检查领导体制、纪律检查工作机制等问题。确立党的纪律检查体制机制，是党的纪律建设的首要问题。党章第八章对党的纪律检查机关作了根本规定，是确立党的纪律检查体制机制的根本依据。

一是规范党的纪律检查机关设置。纵向上分为中央纪委、地方各级纪委、基层纪委（或者纪检委员），横向上向党和国家机关等实现派驻机构全覆盖。党章第 45 条第 1 款对中央纪委、地方各级纪委、基层纪委的设立作出规定。该条第 3 款规定，党的基层委员会是设立纪律检查委员会，还是设立纪律检查委员，由它的上一级党组织根据具体情况决定；党的总支部委员会和支部委员会设纪律检查委员。党章第 45 条第 4 款对派驻机构作出规定，规定中央纪委和地方纪委向同级党和国家机关全面派驻党的纪律检查组。同时，《关于深化中央纪委国家监委派驻机构改革的意见》对加强派驻机构改革作出规定，要求实现派驻全覆盖，分类施策推进中管企业、中管金融企业、党委书记和校长列入中央管理的高校纪检监察体制改革。

二是规范党的纪律检查领导体制。党的纪律检查领导体制实行双重领导并强化上级纪委的领导。

实行双重领导。党章第 45 条规定，中央纪委在党中央领导下进行工作。地方各级纪委和基层纪委在同级党委和上级纪委双重领导下进行工作。《中国共产党纪律检查机关监督执纪工作规则》第 5 条规定，中央纪委在党中央领导下进行工作。地方各级纪委和基层纪委在同级党委和上级纪委双重领导下进行工作。党委应当定期听取、审议同级纪委和监委的工作报告，加强对纪委监委工作的领导、管理和监督。

强化上级纪委领导。主要体现“两个领导为主”要求，即查办腐败案件以上级纪委领导为主，线索处置和案件查办在向同级党委报告的同时必须向上级纪委报告；各级纪委书记、副书记的提名和考察以上级纪委会同组织部门为主。党章第 45 条规定，上级纪委加强对下级纪委的领导。党章第 47 条规定，上级纪委有权检查下级纪委的工作，并且有权批准和改变下级纪委对于案件所作的决定。根据《中国共产党纪律检查机关监督执纪工作规则》第 3 条规定，监督执纪工作以上级纪委领导为主，线索处置、立案审查等在向同级党委报告的同时应当向上级纪委报告。《省（自治区、直辖市）纪委书记、副书记提名考察办法（试行）》《中央纪委派驻纪检组组长、副组长提名考察办法（试行）》《中管企业纪委书记、副书记提名考察办法（试行)》三个办法规定，各级纪委书记、副书记的提名和考察以上级纪委会同组织部门为主。

三是规范党的纪律检查工作机制。包括对党的各级纪委定位、职责任务、运行机制等作出规范。

明确纪律检查机关定位。党章第 46 条规定，党的各级纪委是党内监督专责机关。

确立纪律检查机关职责任务。党章第 46 条第 1 款规定了党的各级纪委的主要任务。

规范纪律检查运行机制。主要包括：(1) 规范监督执纪分级负责制度。《中国共产党纪律检查机关监督执纪工作规则》第 7 条对中央纪委国家监委、地方各级纪委监委、基层纪委分级监督执纪作出规定。(2) 案件管辖机制。《中国共产党纪律检查机关监督执纪工作规则》第 9 条规定，上级纪检监察机关有权指定下级纪检监察机关对其他下级纪检监察机关管辖的党组织和党员、干部以及监察对象涉嫌违纪或者职务违法、职务犯罪问题进行审查调查，必要时也可以直接进行审查调查。上级纪检监察机关可以将其直接管辖的事项指定下级纪检监察机关进行审查调查。纪检监察机关之间对管辖事项有争议的，由其共同的上级纪检监察机关确定；认为所管辖的事项重大、复杂，需要由上级纪检监察机关管辖的，可以报请上级纪检监察机关管辖。(3) 正确运用监督执纪“四种形态”。《中国共产党纪律处分条例》第 5 条规定，运用监督执纪“四种形态”，经常开展批评和自我批评、约谈函询，让“红红脸、出出汗”成为常态；党纪轻处分、组织调整成为违纪处理的大多数；党纪重处分、重大职务调整的成为少数；严重违纪涉嫌违法立案审查的成为极少数。《中国共产党纪律检查机关监督执纪工作规则》第 4 条规定，坚持惩前毖后、治病救人，把纪律挺在前面，精准有效运用监督执纪“四种形态”。(4) 纪律检查工作请示报告制度。《中国共产党纪律检查机关监督执纪工作规则》第 10 条规定，纪检监察机关应当严格执行请示报告制度。中央纪委定期向党中央报告工作，研究涉及全局的重大事项、遇有重要问题以及作出立案审查调查决定、给予党纪政务处分等事项应当及时向党中央请示报告，既要报告结果也要报告过程。执行党中央重要决定的情况应当专题报告。（5）监督检查、审查调查、案件监督管理、案件审理相互协调、相互制约的工作机制。《中国共产党纪律检查机关监督执纪工作规则》第11条对此作出了规定。

（二）完善党的纪律体系

中国共产党是有严明的纪律的马克思主义执政党，党对党组织和党员的纪律要求是全方位、立体式的，构成一个完整的体系。完善党的纪律体系，是党的纪律建设的重要任务，是党的纪律建设法规的重要方面。党章第七章对党的纪律作出根本规定，为完善党的纪律体系提供了根本遵循。

一是明确党的纪律的地位作用。党章第39条规定，党的纪律是党的各级组织和全体党员必须遵守的行为规则，是维护党的团结统一、完成党的任务的保证。党组织必须严格执行和维护党的纪律，共产党员必须自觉接受党的纪律的约束。《中国共产党纪律处分条例》第3条规定，党章是最根本的党内法规，是管党治党的总规矩。党的纪律是党的各级组织和全体党员必须遵守的行为规则。党组织和党员必须牢固树立政治意识、大局意识、核心意识、看齐意识，自觉遵守党章，严格执行和维护党的纪律，自觉接受党的纪律约束，模范遵守国家法律法规。

二是确立党的纪律种类。党章第40条规定，党的纪律主要包括政治纪律、组织纪律、廉洁纪律、群众纪律、工作纪律、生活纪律。《中国共产党纪律处分条例》分则部分第六章至第十一章分别对这六种纪律作出规定，为各级党组织和党员划出了纪律底线。

政治纪律是各级党组织和全体党员在政治方向、政治立场、政治言论、政治行为方面必须遵守的规矩，是党最根本、最重要的纪律，遵守党的政治纪律是遵守党的全部纪律的基础。《关于新形势下党内政治生活的若干准则》对严明党的政治纪律作出规定，要求全党特别是高级干部必须严格遵守党的政治纪律和政治规矩。比如，党员不准散布违背党的理论和路线方针政策的言论，不准公开发表违背党中央决定的言论，不准泄露党和国家秘密，不准参与非法组织和非法活动，不准制造、传播政治谣言及丑化党和国家形象的言论。党员、干部特别是高级干部不准在党内搞小山头、小圈子、小团伙，严禁在党内拉私人关系、培植个人势力、结成利益集团。党的各级组织和全体党员必须对党忠诚老实、光明磊落，说老实话、办老实事、做老实人。党内不准搞拉拉扯扯、吹吹拍拍、阿谀奉承，等等。《中国共产党纪律处分条例》第六章对违反政治纪律行为的党纪处分作了规定。

组织纪律是维护党的组织制度，保证党组织统一意志、统一步调的重要纪律规矩。《中国共产党纪律处分条例》第七章对党的组织纪律作了明确规定，包括贯彻落实民主集中制原则，坚决执行党组织决定，服从党组织的分配、调动、交流等决定，不得搞非组织活动等。

廉洁纪律是对党员廉洁自律方面的规范，要求党员干部特别是党员领导干部必须正确行使人民赋予的权力，清正廉洁，反对任何滥用职权、谋求私利的行为。《中国共产党廉洁自律准则》第 1 条至第 4 条对党员廉洁自律作出规范，要求坚持公私分明，先公后私，克己奉公；坚持崇廉拒腐，清白做人，干净做事；坚持尚俭戒奢，艰苦朴素，勤俭节约；坚持吃苦在前，享受在后，甘于奉献。第 5 条至第 8 条对党员领导干部廉洁自律作出规范，要求廉洁从政，自觉保持人民公仆本色；廉洁用权，自觉维护人民根本利益；廉洁修身，自觉提升思想道德境界；廉洁齐家，自觉带头树立良好家风。《中国共产党纪律处分条例》第八章对廉洁自律作出全面规范。此外，《中共中央、国务院关于进一步制止党政机关和党政干部经商、办企业的规定》《关于对党和国家机关工作人员在国内交往中收受礼品实行登记制度的规定》《国有企业领导人员廉洁从业若干规定》《农村基层干部廉洁履行职责若干规定（试行）》等党内法规也都从不同角度对党员、干部廉洁自律作出具体规定。

群众纪律是党组织和党员在密切联系群众、做好群众工作中的纪律要求，体现党同人民群众血肉联系的政治要求。《中国共产党纪律处分条例》第九章对党的群众纪律作出具体规定，主要包括：不得超标准、超范围向群众筹资筹劳、摊派费用，加重群众负担；不得干涉生产经营自主权；不得在社会保障、政策扶持、扶贫脱贫、救灾救济款物分配等事项中优亲厚友；不得利用宗族或者黑恶势力等欺压群众；不得对涉及群众生产、生活等切身利益的问题依照政策或有关规定能解决而不及时解决；不得对符合政策的群众诉求消极应付、推诿扯皮；不得对待群众态度恶劣、简单粗暴；不得搞劳民伤财的“形象工程”“政绩工程”；不得遇到国家财产和群众生命财产受到严重威胁时能救而不救，等等。

工作纪律是党组织和党员干部在为党工作、履行职责过程中的纪律要求。《中国共产党纪律处分条例》第十章对此作出具体规范，主要包括：工作要积极负责，坚决贯彻执行上级决策部署；坚决贯彻新发展理念；在上级检查、视察工作或者向上级汇报、报告工作时做到如实报告；不得违反规定干预和插手市场经济活动；不得违反规定干预和插手司法活动、执纪执法活动，等等。

生活纪律是党要带头维护社会公序良俗、体现党的先进性的纪律要求。《中国共产党纪律处分条例》第十一章对此作出具体规范，主要包括：不得生活奢靡、贪图享乐、追求低级趣味；不得对配偶、子女及其配偶失管失教；不得违背社会公序良俗；不得有其他严重违反社会公德、家庭美德的行为；等等。

第四节 明确党的自身建设的方式方法

党的自身建设的方式方法，是指中国共产党在加强自身建设时采取的思路、载体、途径、措施和办法，解决的是党的自身建设“船”和“桥”的问题，是增强党的自身建设效果的重要保障。根据党的自身建设法规，党的自身建设的方式方法有很多，广泛存在于党的自身建设各领域各方面，随着党的自身建设形势和任务的变化而不断发展。可以从以下三个层面来认识和把握。

一、宏观层面

从宏观层面看，党的自身建设的方式方法表现为中国共产党加强自身建设时所遵循的一些理念和思路。这些理念和思路是在党的自身建设的长期实践中探索形成的，来源于对实践经验的总结提炼。这些理念和思路普遍适用于党的自身建设各个领域，对于党的自身建设方式方法的制度设计具有重要指导意义。以下举例进行介绍。

（一）坚持思想建党和制度治党相统一

加强党的自身建设，既要解决思想问题，也要解决制度问题，二者一柔一刚、刚柔相济，同向发力、同时发力，能产生一加一大于二的功效。中国共产党始终将思想建设作为党的基础性建设牢牢抓在手上，将思想建设的要求以党内法规的形式确立下来，将制度建设贯穿党的思想建设，推动全党理想信念更加坚定、党性更加坚强，使加强制度治党的过程成为加强思想建党的过程，使加强思想建党的过程成为加强制度治党的过程。特别是在革命建设改革各个历史时期，中国共产党坚持以党的指导思想指导党的制度建设，通过党内法规制度体系贯彻党的指导思想，从制度上保证党的自身建设始终在党的指导思想指引下沿着正确政治方向前进。

（二）坚持立足当前和着眼长远相统一

加强党的自身建设，既要立足当前，拿出当下"改"的办法，在解决实践中最突出、最现实的问题上下功夫；又要着眼未来，推进长久"立"的机制，建立一系列事关长远、影响深远的重要制度。比如，中共十八大以来，中国共产党针对人民群众反映最强烈、对党的执政基础威胁最大的作风问题和腐败问题，出台大量党风廉政建设方面的党内法规，打出一套正风肃纪、反腐惩恶的组合拳，赢得全党全社会高度认同。同时，适应实现"两个一百年"奋斗目标和中华民族伟大复兴中国梦的任务要求，着眼坚持和加强党的全面领导，不断完善维护党中央权威和集中统一领导的党内法规，不断健全党领导各方面工作的党内法规，党管党治党、执政治国的制度基础得到有效夯实，党总揽全局、协调各方的领导核心作用得到显著加强。

（三）坚持抓"关键少数"和管"绝大多数"相统一

领导干部是党的执政骨干，对党的自身建设而言，既是参与者，也是组织者、推动者，只有管住这个"关键少数"，党的自身建设才有震慑力和说服力；广大党员是党的队伍的主体，也是党的自身建设的主体，只有管住这个“绝大多数”，党的自身建设才能够保持良好氛围和环境。中共十八大以来，党内法规制度建设的一个显著特点是，既对广大党员提出普遍性要求，用严格教育、严明纪律管住大多数，使共产党员的先锋模范作用得到充分体现，又对“关键少数”特别是高级干部提出更高的标准，进行更严的管理和监督，使领导干部的示范表率作用得到有力彰显。

（四）坚持分类指导和统筹协调相统一

所谓分类指导，是指党的自身建设法规注重区分不同层次、不同类型、不同方面党组织和党员的特点，区分不同性质、不同领域、不同环节的事项，对加强党的自身建设有针对性地提要求、定措施，做到具体化、精准化、差异化，确保贴合实际、务实管用。所谓统筹协调，是指党的自身建设法规注重统筹谋划，充分考虑各个领域及各种方式方法之间的关联性和耦合性，加强协调、配套和衔接，坚持立体式、全方位推进党的自身建设，使各项举措和制度相互促进、良性互动、协同配合，确保形成党的自身建设整体合力。党的自身建设法规在进行制度设计时，要将分类指导和统筹协调有机结合起来，使其各展所长、共同为用。

除此以外，宏观层面的党的自身建设方式方法还有许多，比如把继承传统和改革创新结合起来、把制定目标和狠抓落实结合起来、把典型引领和全面提高结合起来、把问题导向和目标导向结合起来等。党的自身建设法规对这些方式方法都有比较充分的体现。

二、中观层面

从中观层面看，党的自身建设的方式方法表现为中国共产党为加强自身建设而运用的载体和途径。这些载体和途径是受宏观层面的理念和思路指导的，适用于一个或者多个党的自身建设领域，涵盖一项或者多项党的自身建设具体举措。党的自身建设法规对此作出许多重要规定。以下举例进行介绍。

（一）党内集中教育

每隔一段时间开展党内集中教育，是中国共产党加强自身建设的重要方式方法。党内集中教育，是党组织和党员在思想、作风、党性上的集中“补钙”和“加油”，有利于促进全党思想上统一、政治上团结、行动上一致。

中共十八大以来，中国共产党先后开展了多次党内集中教育。比如，《中共中央关于在全党深入开展党的群众路线教育实践活动的意见》《关于开展第二批党的群众路线教育实践活动的指导意见》对以为民务实清廉为主要内容的党的群众路线教育实践活动作出部署。2015 年 4 月，中共中央办公厅印发《关于在县处级以上领导干部中开展“三严三实”专题教育方案》。2016 年 2 月，中共中央办公厅印发《关于在全体党员中开展“学党章党规、学系列讲话，做合格党员”学习教育方案》；2017 年 3 月，中共中央办公厅印发《关于推进“两学一做”学习教育常态化制度化的意见》；2017 年 10 月，中共十九大修改党章，将“两学一做”学习教育常态化制度化写入党章，确立为基层党组织的一项基本任务。2019 年 5 月，《中共中央关于在全党开展“不忘初心、牢记使命”主题教育的意见》对开展“不忘初心、牢记使命”主题教育作出部署；中共十九届四中全会提出，建立不忘初心、牢记使命的制度，把不忘初心、牢记使命作为加强党的建设的永恒课题和全体党员、干部的终身课题。

（二）开展组织生活

党的组织生活是党内政治生活的重要载体，是党的自身建设的重要方式方法。经常性开展组织生活，有助于推动党的各方面建设。党章第 8 条规定，每个党员，不论职务高低，都必须编入党的一个支部、小组或其他特定组织，参加党的组织生活，接受党内外群众的监督。党员领导干部还必须参加党委、党组的民主生活会。不允许有任何不参加党的组织生活、不接受党内外群众监督的特殊党员。党的组织生活主要有以下形式。

一是“三会一课”。根据《关于新形势下党内政治生活的若干准则》，党员必须参加党员大会、党小组会和上党课，党支部要定期召开支部委员会会议。“三会一课”应当突出政治学习和教育，突出党性锻炼，以“两学一做”为主要内容，结合党员思想和工作实际，确定主题和具体方式，做到形式多样、氛围庄重。

二是民主生活会。民主生活会是发扬党内民主、加强党内监督、依靠领导班子自身力量解决矛盾和问题的重要方式。《县以上党和国家机关党员领导干部民主生活会若干规定》对民主生活会召开原则、主题确定、召开次数、具体程序等作出具体规定。

三是组织生活会。组织生活会是基层党组织开展批评和自我批评的重要形式，一般以党支部党员大会、党支部委员会会议或者党小组会形式召开。《中国共产党支部工作条例（试行）》第 17 条规定，党支部每年至少召开 1 次组织生活会。

四是民主评议党员。民主评议党员是指组织党员对照合格党员标准、对照入党誓词，联系个人实际进行党性分析。《中国共产党党员教育管理工作条例》第 18 条规定，党支部一般每年开展 1 次民主评议党员。党支部召开党员大会，按照个人自评、党员互评、民主测评的程序，组织党员进行评议。党支部委员会会议或者党员大会根据评议情况和党员日常表现情况，提出评定意见。

（三）建立责任制

加强党的自身建设，很重要的一个方面，就是要明确责任、落实责任。建立责任制，明确各级各类党组织和党员领导干部所承担的责任，作出可量化、可考核、可追责的刚性规定，有助于增强其责任意识，督促其认真履职尽责，推动形成人人有责、人人守责、人人担责，齐抓共管党的自身建设的良好局面。反之，不明确责任，不落实责任，不追究责任，党的自身建设目标就难以得到很好实现。

从实践情况看，实行责任制，以责任制倒逼和强化责任，推动责任落实，是中国共产党抓工作的一个鲜明特点。比如，在党风廉政建设等方面，以党内法规的形式建立了相应的责任制，并取得较好的实施效果。特别是 2020 年 3 月，中共中央办公厅印发《党委（党组）落实全面从严治党主体责任规定》，在明确党委（党组）及其他相关党组织全面从严治党主体责任内容的基础上，对党委（党组）落实全面从严治党主体责任的方式方法作出详细而具体的规定，对于压紧压实党委（党组）全面从严治党主体责任起到了重要推动作用。

（四）建设党内政治文化

党内政治文化是党内政治生活的灵魂，对政治生态具有潜移默化的影响。党内政治文化建设，是党的深层次、基础性建设，渗透于党的建设的方方面面，不仅是中国共产党自我净化自我完善自我革新自我提高的重要法宝，也是中国共产党加强自身建设的重要途径。在建设党内政治文化的过程中，党内法规发挥着规范、引领和保障等重要作用。

党章总纲第 28 自然段提出，发展积极健康的党内政治文化，营造风清气正的良好政治生态。《中共中央关于加强党的政治建设的意见》对“发展积极健康的党内政治文化”作出部署，要求“坚持‘三严三实’，大力弘扬忠诚老实、公道正派、实事求是、清正廉洁等价值观”，“大力倡导清清爽爽的同志关系、规规矩矩的上下级关系、干干净净的政商关系”，“推动中华优秀传统文化创造性转化、创新性发展，培育党员干部政治气节、政治风骨”，“发扬革命文化，传承红色基因，弘扬革命精神，教育党员干部正确处理公和私、义和利、是和非、正和邪、苦和乐的关系”，“弘扬社会主义先进文化，推进社会主义核心价值观宣传教育”，“坚决抵制庸俗腐朽的政治文化，自觉抵制商品交换原则对党内生活的侵蚀”。

三、微观层面

从微观层面看，党的自身建设方式方法表现为中国共产党为加强自身建设而采取的举措和办法。这些举措和办法，是党的自身建设方式方法在实践中最为具体的体现。离开这些举措和办法的支撑，党的自身建设的目标任务就很难落实落地。党的自身建设法规，都会规定一些具体举措和办法。以下举例进行介绍。

（一）理论学习中心组学习

理论学习中心组学习，是各级党委（党组）领导班子和领导干部在职理论学习的重要形式，是加强领导班子思想政治建设，提高领导干部政策理论水平和党性修养的重要途径。2017 年 1 月，中共中央办公厅印发《中国共产党党委（党组）理论学习中心组学习规则》，对党委（党组）理论学习中心组学习作出全面规范，要求以政治学习为根本，以深入学习中国特色社会主义理论体系为首要任务，以深入学习贯彻习近平新时代中国特色社会主义思想为重点，以掌握和运用马克思主义立场、观点、方法为目的，坚持围绕中心、服务大局，坚持知行合一、学以致用，坚持问题导向、注重实效，坚持依规管理、从严治学。党委（党组）理论学习中心组可以通过集体学习研讨、个人自学、专题调研等形式，开展切实有效的学习活动。

（二）批评和自我批评

批评是指对别人的缺点或者错误提出意见，自我批评是指对自己的缺点或者错误进行自我揭露和剖析。批评和自我批评是中国共产党强身治病、保持肌体健康的锐利武器，是加强和规范党内政治生活的重要手段。党章总纲第 28 自然段提出，党在自己的政治生活中正确地开展批评和自我批评，在原则问题上进行思想斗争，坚持真理，修正错误。《关于新形势下党内政治生活的若干准则》第十部分对“开展批评和自我批评”作了全面规范，规定批评和自我批评必须坚持实事求是，讲党性不讲私情、讲真理不讲面子，坚持“团结——批评——团结”，按照“照镜子、正衣冠、洗洗澡、治治病”的要求，严肃认真提意见，满腔热情帮同志。

（三）典型示范

典型示范，是指通过培养和树立先进典型，以典型经验促进面上工作的开展。注重典型示范，是中国共产党加强自身建设的一条重要经验。长期以来，中国共产党把选树、宣传、学习先进典型作为重要抓手，发挥先进典型的精神引领、示范带动作用，在全党营造创先争优、比学赶超的良好氛围，推动党的自身建设质量不断提高。根据党章第 32 条规定，党的基层组织的基本任务之一是“充分发挥党员的先锋模范作用，积极创先争优，团结、组织党内外的干部和群众，努力完成本单位所担负的任务”。《中共中央关于加强党的政治建设的意见》提出，在全党持续深入开展忠诚教育，开展“守纪律、讲规矩”模范机关创建和先进个人评选活动，教育督促党员干部始终对党忠诚老实，决不允许在重大政治原则问题上、大是大非问题上同党中央唱反调，搞自由主义。《中国共产党党员教育管理工作条例》第22条规定，党组织应当充分发挥党员的先锋模范作用，结合不同群体党员实际，通过树立、学习身边的榜样，设立党员示范岗、党员责任区，开展设岗定责、承诺践诺等，引导党员做好本职工作，干在实处、走在前列，创先争优，在联系服务群众、完成重大任务中勇于担当作为，做到平常时候看得出来、关键时刻站得出来、危急关头豁得出来。

（四）警示教育

警示教育，是指通过曝光反面典型案例，深刻剖析发生根源，促使广大党员干部严守党纪国法，带头廉洁自律，永葆共产党人政治本色。实践证明，开展警示教育，以案示警、以案明纪，是一项行之有效的加强党的自身建设的重要措施。《中国共产党国有企业基层组织工作条例（试行）》第30条规定，加强对企业领导人员的党性教育、宗旨教育、警示教育，落实谈心谈话制度，加大提醒、函询、诫勉等力度，通过巡视巡察、考察考核、调研督导、处理信访举报、抽查核实个人有关事项报告等方式，督促企业领导人员依规依法用权、廉洁履职。《2018—2022年全国干部教育培训规划》提出，加强党规党纪特别是政治纪律和政治规矩教育，强化廉政教育，开展经常性警示教育，引导干部知敬畏、存戒惧、守底线。《关于加强和改进中央和国家机关党的建设的意见》在部署“深入推进反腐败斗争”时提出，加强警示教育，定期召开警示教育大会。凡查结严重违纪违法案件，须在本部门组织开展警示教育。

小　结

> 党的自身建设法规，是指调整和规范党的政治建设、思想建设、组织建设、作风建设、纪律建设等党的自身建设活动的党内法规，主要作用是确立党的自身建设责任分工、规范党的自身建设

的内容、明确党的自身建设的方式方法。党的自身建设法规在党的政治建设统领下，贯穿党的政治建设、思想建设、组织建设、作风建设、纪律建设全过程各方面。

思考题

1. 党的自身建设法规有哪些特征?
2. 如何正确认识党的自身建设责任分工原理?
3. 党的政治建设的主要内容有哪些?
4. 如何推进党的自身建设方式方法创新?

▶即测即评

▶拓展资源

第八章　党的监督保障法规

导　语

有权必有责、有责要担当、用权受监督、失责必追究。中国共产党作为世界上最大的政党，有严密的组织体系，履行管党治党、执政治国的重要职权职责，从事党的领导和党的建设相关活动，必然要求注重对党组织和党员、干部的监督制约和激励保障，并制定相应的党内法规。本章围绕党的监督保障法规，深入分析党的监督保障领域的共性特征和内在机理，聚焦“制约与激励”这条主题主线，探究如何通过制度安排实现党的监督保障的规范化，从而加强对党组织和党员、干部的制约和监督，充分激发各级各类党组织和广大党员、干部的干劲，确保行使好党和人民赋予的权力。

第一节　党的监督保障法规的概念和分类

一、党的监督保障法规的概念

党的监督保障法规，是指规范党的监督、激励、保障等内容的党内法规，包括党内监督、考察考核、问责追责、表彰奖励、关怀帮扶、容错纠错、党员权利保障、制度建设保障、机关运行保障等方面的一系列党内法规。

党的监督保障法规建设，直接目的在于实现监督保障的规范化、制度化，即规范对党的领导和党的建设各方面工作和活动的监督制约、考核奖惩、问责追责、激励保障等；深层次的目的是发挥监督考核的“戒尺”作用和激励保障的“催化剂”作用，从正反两方面确保党组织和党员干部行使好党和人民赋予的权力，主动作为、积极作为，勇于担当、敢于负责，为保持党的先进性和纯洁性，实现“两个一百年”奋斗目标和中华民族伟大复兴的中国梦而努力奋斗。

党的监督保障法规具有以下特征。一是双向性。党的监督保障法规的规范内容体现了“制约与激励”的双向机制，既包括正向的激励保障，也包括反向的监督制约。通过正向的激励保障，推动党员和党组织积极作为、勇于担当；通过反向的监督制约，保障党的一切活动都合规运行。二是程序性。党的监督保障法规注重通过规范和完善程序，推动义务和责任得以履行，权利和职权得以实现，因此包括了大量程序性规范。三是全面系统性。党的监督保障法规对于实施党的领导活动、加强党的建设工作都发挥着重要的支撑作用，规范的内容覆盖党的领导和党的建设全过程各方面。从监督制度设计来看，既包括问责追责、惩戒处理这些底线措施，更注重预防、提醒、纠偏纠错的事前、事中监督机制，实现全流程监督；既不断强化纪律检查机关的专门监督责任，更强调党委的监督主体责任，也注重发挥其他有关组织和人员的监督作用，构建全方位监督体系。从激励保障制度设计来看，既注重政治教育和政治激励，也注重工作和生活保障；既发挥精神激励的作用，也用好物质奖励的手段；既注重党员权利等内在深层次要素的保障，也加强机关运行中一些具体层面的保障。

二、党的监督保障法规的分类

按照不同的标准，可以对党的监督保障法规作不同的分类。

按照调整对象，可分为党组织监督保障法规和党员、干部监督保障法规。前者如《中国共产党巡视工作条例》《中国共产党问责条例》等党内法规中关于党组织监督问责的规定，后者如《中国共产党党员权利保障条例》和有关党内法规中关于党员权利保障、纪律处分、领导干部问责的规定。

按照功能作用，可分为监督类党内法规、激励类党内法规、保障类党内法规3大类。具体而言：（1）监督类党内法规。主要是指以日常监督管理、精准考察考核、严肃追责问责为主要内容，发挥规范、监督等作用的党内法规。比如《中国共产党党内监督条例》《中国共产党党务公开条例（试行）》《党政领导干部考核工作条例》《中国共产党问责条例》等。（2）激励类党内法规。主要是指以表彰表扬、关怀帮扶、容错纠错等为主要内容，发挥正向激励、推动作用的党内法规。比如《中国共产党党内功勋荣誉表彰条例》《中国共产党党内关怀帮扶办法》等。（3）保障类党内法规。主要是指以党员权利保障、制度建设保障、机关运行保障为主要内容，发挥保障作用的党内法规。比如《中国共产党党员权利保障条例》《中国共产党党内法规制定条例》《党政机关公文处理工作条例》等。

第二节 强化监督制约

授权与控权平衡是制约权力的基本要求。凡授予一项权力，就必须同步规定与之匹配的监督制约。授而不控，权力必然变异；授而失控，权力必遭滥用。各级各类党组织和党员领导干部都行使着相应职权职责，掌握着或多或少的权力，加强对权力的监督制约，要建立健全有关党内法规，明确权力主体、设定用权条件、规范用权行为、强化用权监督、严格违规责任，加强对权力的监督制约，真正把权力关进制度的笼子。

一、强化党内监督

党内不允许有不受制约的权力，也不允许有不受监督的特殊党员。党内监督是从严管党治党的有力手段，是全党的共同任务。党内监督法规制度建设的目标就是要用制度构建起多主体参与、多手段并用、全方位发力，各级党组织和全体党员、干部全面纳入的监督体系。

（一）构建监督体系

1. 自上而下的组织监督。习近平指出，“上级对下级尤其是上级一把手对下级一把手的监督最管用、最有效”[①]，并多次强调要强化自上而下的党内监督。党章规定，党是“根据自己的纲领和章程，按照民主集中制组织起来的统一整体”，“党的下级组织必须坚决执行上级组织的决定”。这既赋予上级党组织领导、管理的权限，更授予其监督的职权，对下实施强有力的监督。《中国共产党党内监督条例》就党委（党组）全面监督、党的工作部门职能监督作了明确规范，为各级党组织加强对下级党组织和党员领导干部的监督指出了具体路径和方法。该条例第二章规定：党的中央委员会、中央政治局、中央政治局常务委员会全面领导党内监督工作。中央委员会全体会议每年听取中央政治局工作报告，监督中央政治局工作；中央政治局、中央政治局常务委员会听取和审议全党落实中央八项规定精神情况汇报，听取中央纪律检查委员会常务委员会工作汇报、中央巡视组情况汇报；中央政治局委员应当加强对直接分管部门、地方、领域党组织和领导班子成员的监督，定期同有关地方和部门主要负责人就其履行全面从严治党责任、廉洁自律等情况进行谈话。该条例第三章规定：党委（党组）在党内监督中负主体责任，领导本地区本部门本单位党内监督工作；对党委常委会委员（党组成员）、党委委员，同级纪委、党的工作部门和直接领导的党组织领导班子及其成员进行监督。党的工作部门应当加强职责范围内党内监督工作，既加强对本部门本单位的内部监督，又强化对本系统的日常监督。

2. 纪律检查委员会专责监督。按照党章关于党的纪律检查委员会是党内监督专责机关的定位，《中国共产党党内监督条例》第四章就此作出了详细规定：党的各级纪律检查委员会履行监督执纪问责职责，加强对所辖范围内党组织和领导干部遵守党章党规党纪、贯彻执行党的路线方针政策情况的监督检查，承担的具体任务之一就是加强对同级党委特别是常委会委员、党的工作部门和直接领导的党组织、党的领导干部履行职责、行使权力情况的监督。明确了双重领导体

---

① 习近平：《在第十八届中央纪律检查委员会第六次全体会议上的讲话》（2016 年 1 月 12 日），载中共中央文献研究室编：《习近平关于全面从严治党论述摘编》，中央文献出版社 2016 年版，第 211 页。

制，要求强化上级纪委对下级纪委的领导，纪委发现同级党委主要领导干部的问题，可以直接向上级纪委报告；下级纪委至少每半年向上级纪委报告1次工作，每年向上级纪委进行述职。此外，对派驻纪检组的监督对象作了规定，明确纪委派驻纪检组对派出机关负责，加强对被监督单位领导班子及其成员、其他领导干部的监督，发现问题应当及时向派出机关和被监督单位党组织报告，认真负责调查处置，对需要问责的提出建议。

3. 同级相互监督。班子内部的监督非常重要。邓小平曾经指出，领导干部的情况，“上级不是能天天看到的，下级也不是能天天看到的，同级的领导成员之间彼此是最熟悉的”①。班子成员共同开展工作、议事决策，相互之间最了解情况，相互的监督最直接，也最容易发现问题。针对当前同级监督、班子内部监督宽松软的问题，党章和《关于新形势下党内政治生活的若干准则》《中国共产党党内监督条例》等都作了有针对性的制度安排，加强班子成员之间的相互监督，让民主集中制良性运转，让批评和自我批评回归正常。党章第10条规定，党的各级委员会实行集体领导和个人分工负责相结合的制度，凡属重大问题，都要按照集体领导、民主集中、个别酝酿、会议决定的原则，由党的委员会集体讨论，作出决定。《中国共产党党内监督条例》第20条规定，严格党的组织生活制度，民主生活会应当经常化，领导干部应当开展批评和自我批评；第23条规定，党的领导干部应当每年在党委常委会（或党组）扩大会议上述责述廉，接受评议。

4. 自下而上的民主监督。民主监督是中国共产党组织发动各级党组织和广大党员对党自身进行的监督，是按照从严管党治党的要求进行的自我约束和自我完善。党章和其他重要党内法规对民主监督作出了针对性规定。党章第4条规定党员享有相应的监督权利；第10条规定，上下级组织之间要互通情报、互相支持和互相监督，党的各

① 邓小平：《在扩大的中央工作会议上的讲话》，载《邓小平文选》第1卷，人民出版社1994年版，第310页。

级组织要按规定实行党务公开；第 32 条规定，党的基层组织的基本任务之一就是监督党员干部和其他任何工作人员的相关行为。《中国共产党党内监督条例》对此作了更加明确细化的规定，其中第 35 条规定，党的基层组织应当发挥战斗堡垒作用，履行下列监督职责：（1）严格党的组织生活，开展批评和自我批评，监督党员切实履行义务，保障党员权利不受侵犯；（2）了解党员、群众对党的工作和党的领导干部的批评和意见，定期向上级党组织反映情况，提出意见和建议；（3）维护和执行党的纪律，发现党员、干部违反纪律问题及时教育或者处理，问题严重的应当向上级党组织报告。第 36 条规定，党员应当本着对党和人民事业高度负责的态度，积极行使党员权利，履行下列监督义务：（1）加强对党的领导干部的民主监督，及时向党组织反映群众意见和诉求；（2）在党的会议上有根据地批评党的任何组织和任何党员，揭露和纠正工作中存在的缺点和问题；（3）参加党组织开展的评议领导干部活动，勇于触及矛盾问题、指出缺点错误，对错误言行敢于较真、敢于斗争；（4）向党负责地揭发、检举党的任何组织和任何党员违纪违法的事实，坚决反对一切派别活动和小集团活动，同腐败现象作坚决斗争。

5. 由外对内的外部监督。依照监督强度不同，分为国家机关的依法监督、人民政协的民主监督、有关部门的职能监督、社会监督和舆论监督。《中国共产党党内监督条例》第六章规定，各级党委应当支持和保证同级人大、政府、监察机关、司法机关等对国家机关及公职人员依法进行监督，人民政协依章程进行民主监督，审计机关依法进行审计监督。有关国家机关发现党的领导干部违反党规党纪、需要党组织处理的，应当及时向有关党组织报告。审计机关发现党的领导干部涉嫌违纪的问题线索，应当向同级党组织报告，必要时向上级党组织报告，并按照规定将问题线索移送相关纪律检查机关处理。各级党组织和党的领导干部应当认真对待、自觉接受社会监督，利用互联网技术和信息化手段，推动党务公开、拓宽监督渠道，虚心接受群众批评。新闻媒体应当坚持党性和人民性相统一，坚持正确导向，加强舆论监督，对典型案例进行剖析，发挥警示作用。《中国共产党地方委员会工作条例》第27条规定，党的地方委员会接受下级党组织和党员群众的监督，接受各民主党派和无党派人士的民主监督。

综上，从监督主体来看，既有各级党委（党组）又有基层党组织，既有纪律检查机关又有党的有关工作部门，既有党组织和党员又有非党组织和广大人民群众，从而形成了自上而下、自下而上、左右相互、由外对内的全方位立体式监督网络。从监督类型看，包括党中央对监督工作的集中统一领导、党委（党组）的全面监督、纪律检查机关的专责监督、党的工作部门职能监督、党的基层组织日常监督和党内民主监督，构建了有力的党内监督体系。从监督对象看，涵盖了党的各级各类组织和党员、干部，重点是党的领导机关和领导干部特别是主要领导干部，体现了有权必有责、有责要担当、用权受监督、失责必追究的监督理念。

（二）明确监督制度

1. 请示报告制度。请示制度是指下级党组织向上级党组织，党员、领导干部向党组织就重大事项请求批示或者批准的制度；报告制度是指下级党组织向上级党组织，党员、领导干部向党组织呈报重要事情和重要情况的制度。请示报告制度是中国共产党的一项重要政治纪律、组织纪律、工作纪律，是执行民主集中制的有效工作机制，对于坚决维护党中央权威和集中统一领导，保证全党团结统一和行动一致具有重要意义。2019年中共中央印发《中国共产党重大事项请示报告条例》，为开展请示报告工作提供了基本遵循，推动重大事项请示报告工作走上制度化、规范化、科学化轨道，要求请示报告工作应当遵循坚持政治导向、坚持权责明晰、坚持客观真实、坚持规范有序四条原则，并对党组织和党员、领导干部请示报告分别作出规定：（1）关于党组织请示报告。涉及党和国家工作全局的重大方针政策，经济、政治、文化、社会、生态文明建设和党的建设中的重大原则和问题，国家安全、港澳台侨、外交、国防、军队等党中央集中统一管理的事项，以及其他只能由党中央领导和决策的重大事项，必须向党中央请示报告。条例第13至15条分别规定了党组织的请示事项、报告事项、报备事项。党组织请示报告工作一般应当以组织名义进行，向负有领导或者监督指导职责的上级党组织请示报告；请示报告应当逐级进行，一般不得越级请示报告。(2) 关于党员、领导干部请示报告。党员一般应当向所在党组织请示报告重大事项，领导干部一般应当向所属党组织请示报告重要工作。该条例主要规范党员、领导干部就工作中有关重大事项向党组织请示报告，个人有关事项请示报告按照有关规定执行；逐条分项列出了党员请示事项、党员报告事项、领导干部请示事项、领导干部报告事项，并对请示报告的程序和方式作出规定。其他党内法规专门就某一方面工作的请示报告提出要求，比如《中国共产党政法工作条例》专列一章对政法工作的重大事项请示报告作出规定。

2. 巡视巡察制度。巡视制度是指中共中央和省、自治区、直辖市党委，通过建立专门巡视机构，按照有关规定对下级党组织领导班子及其成员进行监督的制度。党章第 14 条规定，党的中央和省、自治区、直辖市委员会实行巡视制度，在一届任期内，对所管理的地方、部门、企事业单位党组织实现巡视全覆盖。中央有关部委和国家机关部门党组（党委）根据工作需要，开展巡视工作。党的市（地、州、盟）和县（市、区、旗）委员会建立巡察制度。《中国共产党党内监督条例》第 19 条规定，巡视是党内监督的重要方式，巡视的内容是党的组织和党的领导干部尊崇党章、党的领导、党的建设和党的路线方针政策落实情况，履行全面从严治党责任、执行党的纪律、落实中央八项规定精神、党风廉政建设和反腐败工作以及选人用人情况。2009 年 7 月，中共中央颁布实施《中国共产党巡视工作条例（试行）》。2015 年 8 月，中共中央颁布实施修订后的《中国共产党巡视工作条例》。2017 年 7 月，中共中央对《中国共产党巡视工作条例》进行了修改，对巡视制度设计、机构和人员、巡视范围和内容、工作方式和权限、工作程序以及纪律责任等作了详细规定，要求对发现的问题做好分类处置。同时，根据党内有关文件规定，巡察制度以党的市（地、州、盟）和县（市、区、旗）委员会为监督主体。《中国共产党党内监督条例》第 19 条规定，省、自治区、直辖市党委应当推动党的市（地、州、盟）和县（市、区、旗）委员会建立巡察制度，使从严治党向基层延伸。

3. 民主生活会、组织生活会制度。民主生活会、组织生活会制度是党内政治生活中的重要制度，是强化党内监督，提高依靠自身力量解决问题和矛盾能力的有效途径。根据《中国共产党党内监督条例》《县以上党和国家机关党员领导干部民主生活会若干规定》，开好民主生活会要把握好五个方面要求。一要经常化，民主生活会每年召开 1 次，一般安排在第四季度，遇到重要或者普遍性问题应当及时召开。二要坚持问题导向，重在解决突出问题，既要发现问题、又要直面问题、还要解决问题。会前，通过广泛征求群众意见，结合巡视、党组织日常管理监督等发现的问题，以及本地区本部门工作和领导班子实际，找准突出问题；会上，领导干部应当把各方面反映的问题说清楚、谈透彻，开展批评和自我批评，提出整改措施；会后，着力加强整改，接受组织监督。三要严肃认真开展批评和自我批评，每个领导成员都以对党的事业、对同志高度负责的态度，坚持“团结—批评—团结”，严肃认真提意见，满腔热情帮同志，打消顾虑，真正做到触及思想和灵魂。无论批评还是自我批评，都要实事求是、出于公心、与人为善。主要领导要带头做到既诚恳进行批评和自我批评，又满腔热情欢迎批评包括尖锐批评。领导干部特别是高级领导干部必须带头听取意见，敢于直言，在批评和自我批评中作出表率示范。四要制定切实可行的整改措施，对民主生活会上提出的问题，要逐一分析原因，找准症结，在此基础上制定整改措施、落实整改责任、明确整改时限。抓整改要动真碰硬，不达目的不罢休。无论班子整改还是个人整改，都要严明责任，加强监督，确保兑现承诺。对有违纪问题又不在民主生活会上自查自纠的班子成员，必须严肃纪律，从重处分。五要加强上级党组织的对下指导和监督，坚持一级抓一级的原则，切实加强督促指导和监督，有关负责同志要按规定参加下级党组织民主生活会，有关部门要认真履行职责加强督促检查，切实提高民主生活会质量。《中国共产党支部工作条例（试行）》《中国共产党党内监督条例》等对基层开好组织生活会作出了相应制度安排。

4. 党内谈话制度。谈话是思想政治工作的一种基本方法，也是了解、识别、教育和监督干部的一种有效形式。坚持党内谈话制度，是落实党委主体责任的重要抓手，也是思想建党和制度治党紧密结合的具体体现。为发挥党内谈话制度在党内监督中的作用，督促各级党组织切实担当全面从严治党主体责任，对领导干部出现的问题及时咬耳扯袖，早提醒、早纠正，防止小毛病演变成大问题，《中国共产党党内监督条例》第 21 条对坚持党内谈话制度，认真开展提醒谈话、诫勉谈话，提出了明确要求。其他有关党内法规也作了相应规定。2005 年中共中央办公厅印发的《关于对党员领导干部进行诫勉谈话和函询的暂行办法》对诫勉谈话制度作了具体规定。2008 年中共中央办公厅转发的《中央组织部关于进一步加强和改进领导班子思想政治建设的意见》对党内谈话制度作了集中规定。这些规定的主要内容包括：一是进行提醒谈话，发现领导干部有思想、作风、纪律等方面苗头性、倾向性问题的，有关党组织负责人应当及时对其提醒谈话。在干部日常管理监督或者党内集中教育活动、领导班子换届、领导班子民主生活会、年度考核、巡视等工作中，对领导干部的苗头性、倾向性问题以及其他需要引起注意的情况，应当及时进行提醒。二是进行诫勉谈话，发现领导干部轻微违纪问题的，上级党组织负责人应当对其诫勉谈话，并由本人作出说明或者检讨，经所在党组织主要负责人签字后报上级纪委和组织部门。三是进行约谈函询，党的纪检机关接到对干部一般性违纪问题的反映，应当及时找本人核实，谈话提醒、约谈函询，让干部把问题讲清楚。约谈被反映人，可以与其所在党组织主要负责人一同进行；被反映人对函询问题的说明，应当由其所在党组织主要负责人签字后报上级纪委。谈话记录和函询回复应当认真核实，存档备查。没有发现问题的应当了结澄清，对不如实说明情况的给予严肃处理。

5. 述责述廉制度。述责述廉是针对领导机关、领导干部进行民主监督的一项新措施，对于加强和改进党内监督具有十分重要的意义。述责述廉制度源自述职述廉制度。2003 年中共中央印发的《中国共产党党内监督条例（试行）》将述职述廉作为十项监督制度之一。为贯彻落实该项要求，2005 年中共中央办公厅印发了《关于党员领导干部述职述廉的暂行规定》，专门对述职述廉工作进行规范。2016年中共中央印发的《中国共产党党内监督条例》对述职述廉制度作了发展和深化，规定党的领导干部应当每年在党委常委会（或党组）扩大会议上述责述廉，接受评议。述责述廉体现了自上而下的组织监督、自下而上的民主监督以及同级之间相互监督相结合，即领导干部在党委常委会（党组）扩大会议上报告本人履行职责和廉洁情况，本身就是接受组织监督；班子成员和其他与会同志对其进行评议，体现了同级相互监督和自下而上的民主监督。具体而言，需要着重把握五个方面。一是关于“述责”和“述廉”的内涵。“述责”述的是领导干部履行自身职责特别是管党治党责任的情况，“述廉”述的是遵守《中国共产党廉洁自律准则》和执行廉洁纪律的情况。二是关于述责述廉的频次和形式。述责述廉每年一次，更加突出监督的日常性和及时性；述责述廉要求在党委常委会（党组）扩大会议上进行，让领导干部接受更广泛的监督。三是关于评议环节。这个环节是对述责述廉的一种检验和督促，是避免述责述廉流于形式的制度设计，是对监督制度的再监督。四是关于述责述廉内容。除执行廉洁纪律情况外，主要是执行政治纪律和政治规矩、履行管党治党责任、推进党风廉政建设和反腐败工作情况。五是关于监督。规定述责述廉报告载入廉洁档案，并在一定范围内公开，进一步接受组织监督和更大范围的监督，倒逼领导干部负责任地、客观真实地“述”。

6. 领导干部个人有关事项报告制度。这是加强组织监督的有效方式，是促进领导干部廉洁从政的重要途径。2010年，中共中央办公厅、国务院办公厅印发了《关于领导干部报告个人有关事项的规定》。2014年1月，中央组织部印发《领导干部个人有关事项报告抽查核实办法（试行）》，随后在全国范围内启动开展了领导干部个人有关事项报告抽查核实工作，取得了积极成效。2017年，总结中共十八大以来的实践经验，落实中共十八届六中全会对坚持和完善领导干部个人有关事项报告制度的新要求，中共中央修订出台了《领导干部报告个人有关事项的规定》和《领导干部个人有关事项报告查核结果处理办法》，对报告主体、报告内容、抽查核实及结果处理等作出改进完善，进一步促进领导干部如实报告个人有关事项，自觉接受组织监督。

7. 领导干部插手干预重大事项记录制度。这是制约和监督领导干部权力行使的重要制度安排。为贯彻落实中共十八届四中全会关于建立领导干部干预司法活动、插手具体案件处理记录制度的要求，2015 年中共中央办公厅印发了《领导干部干预司法活动、插手具体案件处理的记录、通报和责任追究规定》。《中国共产党党内监督条例》规定，建立健全党的领导干部插手干预重大事项记录制度，发现利用职务便利违规干预干部选拔任用、工程建设、执纪执法、司法活动等问题，应当及时向上级党组织报告。

8. 信访举报处理制度。信访举报是纪检监察机关获取问题线索的主要来源，是依靠人民群众开展反腐败工作的基本途径，是党内监督和群众监督相结合的重要方式。信访举报具有监督主体的多方性、内容的复杂性以及形式的灵活性等特点，除了传统的书信和走访形式以外，还可以采取检举信、控告信、申诉信的形式，也可以采取电话举报、来访举报或者网上举报等形式。《中国共产党党内监督条例》第 29 条规定："认真处理信访举报，做好问题线索分类处置，早发现早报告，对社会反映突出、群众评价较差的领导干部情况及时报告，对重要检举事项应当集体研究。定期分析研判信访举报情况，对信访反映的典型性、普遍性问题提出有针对性的处置意见，督促信访举报比较集中的地方和部门查找分析原因并认真整改。"

9. 党风廉洁意见回复制度。党风廉洁意见回复制度是指纪检监察机关按照要求对拟提拔考察干部开展廉洁审查，形成党风廉洁意见回复，对领导干部进行监督审查把关。1997 年 2 月，中共中央办公厅转发的《中共中央纪律检查委员会关于重申和建立党内监督五项制度的实施办法》第四部分规定，凡属地方和部门主要领导干部的提拔任用，党的组织部门在提请党委（党组）讨论决定前，应征求同级纪委（纪检组）的意见。经过 20 多年发展，干部任职前征求纪委意见作为一项制度得到普遍执行。《中国共产党党内监督条例》第 30 条规定，严把干部选拔任用"党风廉洁意见回复"关，综合日常工作中掌握的情况，加强分析研判，实事求是评价干部廉洁情况，防止“带病提拔”“带病上岗”。

10. 党务公开制度。《中国共产党党务公开条例（试行）》对党务公开作出系统规定。一是党务公开的内容。包括党的组织贯彻落实党的基本理论、基本路线、基本方略情况，领导经济社会发展情况，落实全面从严治党责任、加强党的建设情况，以及党的组织职能、机构等情况，除涉及党和国家秘密不得公开或者依照有关规定不宜公开的事项外，一般应当公开。二是党务公开的范围。党的组织应当根据党务与党员和群众的关联程度合理确定公开范围：领导经济社会发展、涉及人民群众生产生活的党务，向社会公开；涉及党的建设重大问题或者党员义务权利，需要全体党员普遍知悉和遵守执行的党务，在全党公开；各地区、各部门、各单位的党务，在本地区、本部门、本单位公开；涉及特定党的组织、党员和群众切身利益的党务，对特定党的组织、党员和群众公开。三是党务公开的程序。(1) 提出，党的组织有关部门研究提出党务公开方案，拟订公开的内容、范围、时间、方式等；(2) 审核，党的组织有关部门进行保密审查，并从必要性、准确性等方面进行审核；(3) 审批，党的组织依照职权对党务公开方案进行审批，超出职权范围的必须按程序报批；(4) 实施，党的组织有关部门按照经批准的方案实施党务公开。四是党务公开的方式。在党内公开的，一般采取召开会议、制发文件、编发简报、在局域网发布等方式；向社会公开的，一般采取发布公报、召开新闻发布会、接受采访，在报刊、广播、电视、互联网、新媒体、公开栏发布等方式，优先使用党报党刊、电台电视台、重点新闻网站等党的媒体进行发布。

二、注重考察考核

考察考核是落实党内约束激励机制的基础性工作。中国共产党历来高度重视、不断完善对领导班子、领导干部考察考核工作，特别是围绕对领导班子和领导干部的任用考察和综合考核评价，形成了一系列制度要求。2019 年，为进一步落实全面从严治党战略部署，严格管理监督干部，中共中央修订了《党政领导干部选拔任用工作条例》，制定了《党政领导干部考核工作条例》，为全面综合考实、考准领导班子和领导干部，实现考察考核工作科学化提供了基本遵循。除此以外，《省级党委和政府扶贫开发工作成效考核办法》《生态文明建设目标评价考核办法》《毒品问题严重地区责任考评办法》等党内法规，为加强对领导班子和领导干部具体履职行为的专项考核提供了制度依据。这里重点就对领导干部拟任人选的考察和对领导班子、领导干部的综合考核进行介绍。

（一）明确考察考核内容

《中国共产党党内监督条例》第22条规定，严格执行干部考察考核制度，全面考察德、能、勤、绩、廉表现，既重政绩又重政德，重点考察贯彻执行党中央和上级党组织决策部署的表现，履行管党治党责任，在重大原则问题上的立场，对待人民群众的态度，完成急难险重任务的情况。

1. 对领导班子的考核内容。体现全面考核要求，《党政领导干部考核工作条例》第7条规定，领导班子考核内容包括政治思想建设、领导能力、工作实绩、党风廉政建设、作风建设。（1）政治思想建设方面，全面考核领导班子坚决维护习近平总书记党中央的核心、全党的核心地位，坚决维护党中央权威和集中统一领导，坚持和加强党的全面领导，执行党的理论和路线方针政策，增强“四个意识”，做到“四个服从”，遵守政治纪律和政治规矩的情况；用习近平新时代中国特色社会主义思想武装头脑，坚定理想信念，坚定“四个自信”，不忘初心、牢记使命的情况；坚持民主集中制，执行新形势下党内政治生活若干准则，发现和解决自身问题，营造风清气正政治生态的情况；践行新时代党的组织路线，贯彻新时期好干部标准，树立正确选人用人导向的情况。（2）领导能力方面，全面考核领导班子适应新时代要求、落实党中央决策部署、完成目标任务的能力，重点了解学习本领、政治领导本领、改革创新本领、科学发展本领、依法执政本领、群众工作本领、狠抓落实本领、驾驭风险本领。（3）工作实绩方面，既要考核领导班子政绩观，又要考核工作成效。对于前者，主要看是否恪守立党为公、执政为民理念，是否具有“功成不必在我”精神，以造福人民为最大政绩，真正做到对历史和人民负责。对于后者，对地方党委和政府领导班子，应当看全面工作，看推动本地区经济建设、政治建设、文化建设、社会建设、生态文明建设，解决发展不平衡不充分问题，满足人民日益增长的美好生活需要的情况和实际成效；对其他领导班子，主要看全面履行职能、服务大局和中心工作的情况和实际成效。（4）党风廉政建设方面，全面考核领导班子履行管党治党政治责任，加强党风廉政建设，持之以恒正风肃纪，推进反腐败斗争等情况。（5）作风建设方面，全面考核领导班子坚持以人民为中心，贯彻党的群众路线，密切联系群众，为群众排忧解难，全心全意为人民服务的情况；结合实际落实党中央决策部署，增强人民获得感、幸福感、安全感的情况；深入改进作风，落实中央八项规定及其实施细则精神，反对“四风”特别是形式主义、官僚主义的情况；实事求是，真抓实干，察实情、出实招、办实事、求实效的情况。

2. 对领导干部的考察考核内容。按照《党政领导干部选拔任用工作条例》第27条、《党政领导干部考核工作条例》第8条规定，对领导干部，坚持德才兼备、以德为先的选人用人导向，重在全面考察考核其德、能、勤、绩、廉。（1）德，就是要考察考核领导干部政治品质和道德品行。在政治品质方面，重点了解坚定理想信念、对党忠诚、尊崇党章、遵守政治纪律和政治规矩，在思想上政治上行动上同以习近平同志为核心的党中央保持高度一致等情况。在道德品行方面，重点了解坚守忠诚老实、公道正派、实事求是、清正廉洁等价值观，遵守社会公德、职业道德、家庭美德和个人品德等情况。（2）能，就是要考察考核领导干部履职尽责特别是应对突发事件、群体性事件过程中的政治能力、专业素养和组织领导能力等情况。（3）勤，就是要考察考核领导干部的精神状态和工作作风，重点了解发扬革命精神、斗争精神，坚持“三严三实”，勤勉敬业、恪尽职守，认真负责、紧抓快办，锐意进取、敢于担当，艰苦奋斗、甘于奉献等情况。（4）绩，就是要考察考核领导干部坚持正确政绩观，履职尽责、完成日常工作、承担急难险重任务、处理复杂问题、应对重大考验的情况和实际成效。对党委（党组）书记的工作实绩，首先看抓党建工作的成效，考核领导班子其他党员领导干部的工作实绩应当加大抓党建工作的权重。（5）廉，就是要考察考核领导干部落实党风廉政建设“一岗双责”政治责任，遵守廉洁自律准则，带头落实中央八项规定及其实施细则精神，秉公用权，树立良好家风，严格要求亲属和身边工作人员，反对“四风”和特权思想、特权现象等情况。

（二）规范考察考核的方式和程序

1. 领导职务拟任人选考察的方式和程序。《党政领导干部选拔任用工作条例》规定，对领导职务拟任人选考察对象，由组织（人事）部门进行严格考察。考察党政领导职务拟任人选，应当保证充足的考察时间，经过下列程序：（1）制定考察工作方案；（2）同考察对象呈报单位或者所在单位党委（党组）主要领导成员就考察工作方案沟通情况，征求意见；（3）根据考察对象的不同情况，通过适当方式在一定范围内发布干部考察预告；（4）采取个别谈话、发放征求意见表、民主测评、实地走访、查阅干部人事档案和工作资料等方法，广泛深入地了解情况，根据需要进行专项调查、延伸考察等，注意了解考察对象生活圈、社交圈情况；（5）同考察对象面谈，进一步了解其政治立场、思想品质、价值取向、见识见解、适应能力、性格特点、心理素质等方面情况，以及缺点和不足，鉴别印证有关问题，深化对考察对象的研判；（6）综合分析考察情况，与考察对象的一贯表现进行比较、相互印证，全面准确地对考察对象作出评价；（7）向考察对象呈报单位或者所在单位党委（党组）主要领导成员反馈考察情况，并交换意见；（8）考察组研究提出人选任用建议，向派出考察组的组织（人事）部门汇报，经组织（人事）部门集体研究提出任用建议方案，向本级党委（党组）报告。考察内设机构领导职务拟任人选程序，可以根据实际情况适当简化。考察这些人选，还应当听取考察对象所在单位组织（人事）部门、纪检监察机关、机关党组织的意见，根据需要可以听取巡视巡察机构、审计机关和其他相关部门意见。对需要进行经济责任审计的考察对象，还应当事先按照有关规定进行审计。

2. 领导班子和领导干部考核的方式和程序。《党政领导干部考核工作条例》第2条规定，考核方式主要包括平时考核、年度考核、专项考核、任期考核。不同考核方式的侧重点不同，考核途径程序略有区别。（1）平时考核，属于经常性考核，主要结合领导班子和领导干部日常管理进行，方式更加简便易行、丰富多样，主要包括列席有关会议活动，与干部或者知情人谈心谈话、听取干部群众意见，开展调研走访、专题调查、现场观摩，结合其他监督管理方式进行深入了解等。（2）年度考核，是对领导班子和领导干部的定期考核、综合考核，程序相对规范，大体按照总结述职、民主测评、个别谈话、了解核实、形成考核结果的程序进行。同时根据实际情况作适当简化，或增加听取公众意见等环节。（3）专项考核，是面向承担特定任务的特定班子特定领导干部的针对性考核，在环节设计上也注重针对性，主要按照制定方案、听取考核对象的总结汇报、了解核实、形成考核结果四个环节进行。（4）任期考核，是结合换届考察或者任期届满当年年度考核进行的全方位考核，程序相对完整，包括总结述职、民主测评、个别谈话、了解核实、实绩分析、形成考核结果等。

（三）强化考察考核结果运用

1. 考察考核结果确定。这是考察考核必有环节，也是最终环节。（1）领导职务拟任人选考察结果确定。考察结束后必须形成书面考察材料，全面、准确、客观进行评判，并由组织（人事）部门在听取考察组汇报基础上，集体研究提出任用建议方案。（2）领导班子和领导干部考核结果确定。其中，年度考核结果，领导班子一般分为优秀、良好、一般、较差四个等次；领导干部分为优秀、称职、基本称职、不称职四个等次。平时考核、专项考核、任期考核结果，均可以采用考核报告、评语、等次或者鉴定等形式反映。

2. 考察考核结果运用。对领导干部拟任人选的考察结果直接决定任用与否。对领导班子和领导干部的考核结果使用，《党政领导干部考核工作条例》第37条规定，坚持考用结合，将考核结果与选拔任用、培养教育、管理监督、激励约束、问责追责等结合起来，鼓励先进、鞭策落后，推动能上能下，促进担当作为，严厉治庸治懒。（1）对优秀的予以奖励激励。比如，经考核认定，领导班子作出重要贡献的，按照有关规定记功、授予称号，给予物质奖励；经考核认定，领导班子表现突出或者年度考核结果为优秀等次的，按照有关规定给予嘉奖。（2）对落后的采取相应措施加强建设和教育管理。比如，经考核认定，领导班子运行状况不好、凝聚力战斗力不强、不担当不作为、干部群众意见较大的，应当进行调整；领导班子年度考核结果为一般等次的，应当责成其向上级党组织写出书面报告，剖析原因、进行整改；领导班子年度考核结果为较差或者连续两年为一般等次的，应当对主要负责人和相关责任人进行调整。（3）根据需要加强干部教育培养或采取相应处理措施。比如，按照“缺什么补什么”的原则，对领导干部进行调学调训、安排实践锻炼，补齐能力素质短板；对有潜力的优秀年轻干部加强针对性培养。

三、强化问责追责

有权必有责，失责必追究。只有在授权必控的基础上严格责任追究，完善责任追究相关党内法规，才能确保责任落实到位、权力不被滥用，才能彰显党内法规的震慑力，使领导机关和领导干部心存敬畏、行有所止。中共十八大以来，中共中央从形势和任务需要出发，健全问责制度，完善相关机制，督促责任落实。中共中央 2018 年 8 月修订出台的《中国共产党纪律处分条例》和 2019 年 9 月修订出台的《中国共产党问责条例》，是责任追究方面的基础主干党内法规。以此为龙头，出台了一大批责任制规定并写入责任追究条款，形成了相关制度规范群，对党组织和党员、干部需要追究责任，特别是对领导机关和领导干部需要问责的情形和具体处理方式等作出了全面系统明确的规定。

（一）明确问责追责主体和对象

1. 主体。《中国共产党问责条例》第 4 条规定，党委（党组）应当履行全面从严治党主体责任，加强对本地区本部门本单位问责工作的领导，追究在党的建设和党的事业中失职失责党组织和党的领导干部的主体责任、监督责任和领导责任。纪委应当履行监督专责，协助同级党委开展问责工作。纪委派驻（派出）机构按照职责权限开展问责工作。党的工作机关应当依据职权履行监督职责，实施本机关本系统本领域的问责工作。第 12 条进一步规定，问责决定应当由有管理权限的党组织作出。

2. 对象。《中国共产党问责条例》第 5 条规定，问责对象是党组织、党的领导干部，重点是党委（党组）、党的工作机关及其领导成员，纪委、纪委派驻（派出）机构及其领导成员。《中国共产党纪律处分条例》第 7 条规定，党组织和党员违反党章和其他党内法规，违反国家法律法规，违反党和国家政策，违反社会主义道德，危害党、国家和人民利益的行为，依照规定应当给予纪律处理或者处分的，都必须受到追究。可见，问责追责的对象是各级各类党组织及其领导成员特别是主要负责人，以及广大党员，亦即对党组织和党员、干部全覆盖。有关责任制或者责任追究方面的党内法规，明确规定了对相关工作承担责任的党组织或者领导干部为问责追责对象。比如，《党政领导干部生态环境损害责任追究办法（试行）》第 3 条规定了地方各级党委和政府及其领导成员、中央和国家机关有关工作部门、地方各级党委和政府的有关工作部门及其有关机构领导人员各自的责任。

（二）明确问责追责情形

根据《中国共产党问责条例》《中国共产党纪律处分条例》《党政领导干部生态环境损害责任追究办法（试行）》《领导干部干预司法活动、插手具体案件处理的记录、通报和责任追究规定》《党政主要负责人履行推进法治建设第一责任人职责规定》等专门党内法规，以及其他党内法规中的问责追责条款规定，问责追责情形主要包括以下几类。

1. 党的领导责任落实不到位。具体而言，是指党的领导弱化，“四个意识”不强，“两个维护”不力，党的基本理论、基本路线、基本方略没有得到有效贯彻执行，在贯彻新发展理念，推进经济建设、政治建设、文化建设、社会建设、生态文明建设中，出现重大偏差和失误，给党的事业和人民利益造成严重损失，产生恶劣影响。

2. 履行管党治党责任不到位。一方面，抓党的建设不力。具体包括：党的政治建设缺失，党的政治建设抓得不实、责任制落实不到位，在重大原则问题上未能同党中央保持一致，贯彻落实党的路线方针政策和执行党中央重大决策部署不力，不遵守重大事项请示报告制度，有令不行、有禁不止，阳奉阴违、欺上瞒下，团团伙伙、拉帮结派问题突出，党内政治生活不严肃不健康，造成严重后果或者恶劣影响的；党的思想建设缺失，党性教育特别是理想信念宗旨教育流于形式，意识形态工作责任制落实不到位，造成严重后果或者恶劣影响的；党的组织建设薄弱，严重违反民主集中制原则，不执行领导班子议事决策规则，“三会一课”、民主生活会等党的组织生活制度不执行，领导干部报告个人有关事项制度执行不力，党组织软弱涣散，违规选拔任用干部等问题突出，造成恶劣影响的；党的作风建设松懈，落实中央八项规定及其实施细则精神不力，“四风”问题得不到有效整治，形式主义、官僚主义问题突出，执行党中央决策部署表态多调门高、行动少落实差，脱离实际、脱离群众，拖沓敷衍、推诿扯皮，造成严重后果的。另一方面，全面从严治党主体责任、监督责任落实不到位，对公权力的监督制约不力，好人主义盛行，不负责不担当，党内监督乏力，该发现的问题没有发现，发现问题不报告不处置，领导巡视巡察工作不力，落实巡视巡察整改要求走过场、不到位，该问责不问责，造成严重后果的。

3. 党的纪律抓得不严。一方面，维护党的政治纪律、组织纪律、廉洁纪律、群众纪律、工作纪律、生活纪律不力，导致违规违纪行为多发，造成恶劣影响的；另一方面，推进党风廉政建设和反腐败斗争不坚决、不扎实，削减存量、遏制增量不力，特别是对不收敛、不收手，问题线索反映集中、群众反映强烈，政治问题和经济问题交织的腐败案件放任不管，造成恶劣影响的。

4. 履职尽责不力。一方面，履行管理、监督职责不力，职责范围内发生重特大生产安全事故、群体性事件、公共安全事件，或者发生其他严重事故、事件，造成重大损失或者恶劣影响的。另一方面，在教育医疗、生态环境保护、食品药品安全、扶贫脱贫、社会保障等涉及人民群众最关心最直接最现实的利益问题上不作为、乱作为、慢作为、假作为，损害和侵占群众利益问题得不到整治，以言代法、以权压法、徇私枉法问题突出，群众身边腐败和作风问题严重，造成恶劣影响的。

(三) 明确问责追责方式

党中央坚持惩前毖后、治病救人，运用监督执纪“四种形态”，抓早抓小、防微杜渐，对党组织和党员分别规定了不同强度、不同类型的问责追责方式。

1. 对党组织的问责追责方式。主要包括检查、通报、改组、解散等。

(1) 检查。是指对履行职责不力、情节较轻的党组织，应当责令其作出书面检查并切实整改。

(2) 通报。是指对履行职责不力、情节较重的党组织，应当责令整改，并在一定范围内通报。

(3) 改组。是指对失职失责、严重违犯党的纪律、本身又不能纠正的党组织，予以改组。改组既是对党组织的问责方式，也是对党组织进行纪律处分的方式。

(4) 解散。是指对严重违犯党的纪律、本身又不能纠正的党组织，上一级党的委员会在查明核实后，根据情节严重的程度，可以予以解散。解散是一种纪律处分的方式。

2. 对党员的问责追责方式。主要包括通报、诫勉、组织调整或者组织处理、纪律处分等。

(1) 通报。是指进行严肃批评，责令作出书面检查、切实整改，并在一定范围内通报。

(2) 诫勉。是指以谈话或者书面方式进行诫勉。

(3) 组织调整或者组织处理。主要适用于失职失责、危害较重，不适宜担任现职的党的领导干部，应当根据情况采取停职检查、调整职务、责令辞职、免职、降职等措施。这是一项重要的问责追责措施，目前尚无系统规范组织调整或者组织处理措施的专门法规，但在一些党内法规中有相关规定，如《中国共产党问责条例》《关于实行党风廉政建设责任制的规定》《领导干部报告个人有关事项规定》等。

(4) 纪律处分。根据《中国共产党纪律处分条例》规定，对党员的纪律处分种类有警告、严重警告、撤销党内职务、留党察看、开除党籍五种。警告，是最轻的党纪处分，适用于违纪情节较轻的违纪党员。党员受到警告处分，一年内不得在党内提升职务和向党外组织推荐担任高于其原任职务的党外职务。严重警告，适用于违纪行为的性质和程度比较严重的违纪党员。党员受到严重警告处分，一年半内不得在党内提升职务和向党外组织推荐担任高于其原任职务的党外职务。撤销党内职务，是指撤销受处分党员由党内选举或者组织任命的党内各种职务的一种党纪处分，适用于违纪行为的性质、情节相当严重的违纪党员。党员受到撤销党内职务处分的，两年内不得在党内担任和向党外组织推荐担任与其原任职务相当或者高于其原任职务的职务。留党察看，是指党组织对于那些严重违犯党纪，但尚未完全丧失共产党员条件的党员，暂时留在党内，给予一定的考察期，以观后效的一种党纪处分。它是仅低于开除党籍的党纪处分。留党察看处分分为留党察看一年、留党察看两年。党员受到留党察看处分，其党内职务自然撤销。对于担任党外职务的，应当建议党外组织撤销其党外职务。受到留党察看处分的党员，恢复党员权利后两年内，不得在党内担任和向党外组织推荐担任与其原任职务相当或者高于其原任职务的职务。开除党籍，是指党组织对于那些严重违犯党纪，已经完全丧失共产党员条件的党员，取消其党籍，将其清除出党的一种党纪处分。它是最重的党纪处分。党章规定，各级党组织在决定或者批准开除党员党籍的时候，应当全面研究有关的材料和意见，采取十分慎重的态度。支部大会讨论决定后，应分别不同情况，报县级或者县级以上党的纪律检查委员会审查批准。党员受到开除党籍处分，五年内不得重新入党。

根据《中国共产党问责条例》规定，上述问责方式，可以单独使用，也可以依据规定合并使用。问责方式有影响期的，按照有关规定执行。

第三节　加强正向激励

激励与约束犹如人的左右手，两者相辅相成、缺一不可。特别是近年来，在全面从严治党不断向纵深推进的同时，为避免新出现的不担当不作为，中共中央鲜明提出严管和厚爱结合，激励和约束并重，并采取了一系列措施，制定了表彰奖励、关怀帮扶、容错纠错等方面一系列党内法规以及《关于进一步激励广大干部新时代新担当新作为的意见》等相关文件，树立起党组织和党员、干部正向行为规范，切实从思想、工作、生活上关心党员，增强党员的归属感、光荣感、责任感，充分调动和激发广大党员、干部的积极性、主动性、创造性，在新时代担当新使命、展现新作为，为党组织工作活动和党员行为提供强大示范引领和推动作用。

一、表彰奖励

表彰奖励，是指采取给予功勋荣誉表彰、职务晋升、物质奖励等形式，对党组织和党员、干部进行鼓励，以达到激励广大党员和党组织奋发进取、创先争优，增强党的创造力、凝聚力、战斗力的目的和效果。

（一）功勋荣誉表彰

根据《中国共产党党内功勋荣誉表彰条例》《"七一勋章"授予办法》等党内法规规定，党内功勋荣誉表彰是指通过授予勋章、荣誉称号，表彰以及颁发纪念章等形式，对党员、党组织等进行褒奖。比如，对在中国特色社会主义伟大事业和党的建设新的伟大工程中作出杰出贡献、创造宝贵精神财富，在全党全社会具有重大影响、受到高度赞誉的党员，由中共中央授予"七一勋章"。对作出突出贡献、具有崇高精神风范，以及在抢险救灾、处置突发事件或者完成重大专项任务等工作中表现特别突出、事迹特别感人的党员和党组织，由中共中央单独或者与国务院、中央军委联合授予荣誉称号，并为获得荣誉称号的党员颁发证书、奖章，为党组织颁发证书、奖牌。

（二）职务职级晋升

党章第六章和《党政领导干部选拔任用工作条例》《党政领导干部考核工作条例》《中央企业领导人员管理规定》等都明确规定，各级党委（党组）要坚持新时期好干部标准，按照德才兼备、以德为先原则，大力选拔任用信念坚定、为民服务、勤政务实、敢于担当、清正廉洁，模范履行党员各项义务的干部，发挥选好人、用对人的正向激励作用，鼓励广大干部干事创业、大胆作为。同时，按照《公务员职务与职级并行规定》有关规定，推行公务员职务与职级并行、职级与待遇挂钩制度，将职级晋升作为对广大干部特别是基层干部的重要激励手段。

（三）物质奖励

比如《党政领导干部考核工作条例》第 39 条规定，依据考核结果认定领导班子作出重要贡献的，按照有关规定记功、授予称号，给予物质奖励。第 40 条规定，依据考核结果认定领导干部作出重大贡献的，可以按照有关规定记功、授予称号，给予物质奖励；领导干部年度考核结果为称职及以上等次的，按照有关规定享受年度考核奖金、晋升工资级别和级别工资档次。

二、关怀帮扶

注重党内关怀帮扶是中国共产党的政治优势和优良传统。中共十八大以来，习近平多次强调，要把严格管理干部和热情关心干部结合起来，既要求干部自觉履行党组织赋予的各项职责，严格按照党的原则、纪律、规矩办事，不滥用权力、违纪违法，又对干部政治上激励、工作上支持、待遇上保障、心理上关怀，推动广大干部心情舒畅、充满信心，积极作为、敢于担当。2019 年出台的《中国共产党党内关怀帮扶办法》，第一次全面系统地规定了多渠道、有重点的党内关怀帮扶制度。

（一）关怀帮扶重点对象

既要对广大党员特别是作出贡献、表现突出的党员以及入党时间达到一定年限、一贯表现良好的党员进行政治思想关怀，又要对犯过错误、受到处理或者处分的党员主动关心、加强教育，及时为受到不实反映的党员澄清正名、消除影响，还要对身心、家庭等方面有特殊情况的党员进行关心关怀。特别是对因公殉职、牺牲党员的家庭和因公伤残党员，老党员、生活困难党员、艰苦地区的基层一线党员干部等，要进行重点帮扶，让他们感受组织温暖、解除后顾之忧。

（二）关怀帮扶主要措施

在政治激励方面，通过思想武装、学习培训和教育管理等对普通党员进行关怀；通过授予勋章或者荣誉称号、表彰奖励、颁发纪念章和表扬等方式对优秀党员进行激励；在党员入党和转接组织关系、获得功勋荣誉或者受到组织处理、纪律处分、发现有苗头性倾向性问题时，及时谈心谈话，给予关心鼓励、提醒教育；等等。在工作支持方面，合理安排党员参加入职、岗位、晋职等培训，鼓励支持党员参加成人教育、函授教育、网络教育等继续教育，积极为党员职业发展创造良好条件；加大力度培训培养选拔在艰苦地区、脱贫攻坚第一线工作，以及在乡镇（街道）和村（社区）等基层工作的党员干部；等等。在待遇保障方面，按时足额发放新中国成立前入党的农村老党员和未享受离退休待遇的城镇老党员生活补贴并定期增长；通过社会保障、党内互助、走访慰问等方式，为生活困难党员解决问题、提供帮助；等等。在心理关怀方面，对身体或者心理上有特殊情况的党员，采取有效措施进行心理疏导和干预；在党员临终前党组织以适当方式探望慰问；等等。

（三）关怀帮扶责任主体

《中国共产党党内关怀帮扶办法》第 16 条规定，各级党委（党组）应当高度重视党内关怀帮扶工作，将其列入基层党建述职评议考核重要内容。党委（党组）书记履行第一责任人职责，分管领导履行具体责任人职责。党委组织部门统筹协调党内关怀帮扶工作，教育、民政、财政、人力资源社会保障、卫生健康、工会、共青团、妇联、残联等部门单位负责做好相关工作。

三、容错纠错

习近平指出，干事业总是有风险的，不能期望每一项工作只成功不失败。在改革进入攻坚期和深水区的今天，面对改革创新中的失误错误，只有允许试错、宽容失败，才能让改革永不停顿、创新永无止境。建立容错纠错机制，既不能混淆党员、干部所犯错误性质或夸大错误程度，更不能利用干部所犯错误泄私愤或者打击报复，以实际行动保护担当者、宽容失误者、支持干事者，让各级党组织为敢于担当者担当、为敢于负责者负责，大力营造想干事、能干事、干成事的浓厚氛围。2018 年，中共中央办公厅专门印发《关于进一步激励广大干部新时代新担当新作为的意见》对此作出了积极回应，作出了相关政策规定。

（一）明确“三个区分开来”原则

建立健全容错纠错机制，宽容干部在改革创新中的失误错误，把干部在推进改革中因缺乏经验、先行先试出现的失误错误，同明知故犯的违纪违法行为区分开来；把尚无明确限制的探索性试验中的失误错误，同明令禁止后依然我行我素的违纪违法行为区分开来；把为推动发展的无意过失，同为谋取私利的违纪违法行为区分开来。

（二）坚持科学容错

各级党委（党组）及纪检监察机关、组织部门等相关职能部门，要妥善把握事业为上、实事求是、依纪依法、容纠并举等原则，结合动机态度、客观条件、程序方法、性质程度、后果影响以及挽回损失等情况，对干部的失误错误进行综合分析，对该容的大胆容错，不该容的坚决不容。同时明确，对给予容错的干部，考核考察要客观评价，选拔任用要公正合理。准确把握政策界限，对违纪违法行为必须严肃查处，防止混淆问题性质、拿容错当“保护伞”，搞纪律“松绑”，确保容错在纪律红线、法律底线内进行。

（三）要求及时有效纠错

坚持有错必纠、有过必改，对苗头性、倾向性问题早发现早纠正，对失误错误及时采取补救措施，帮助干部汲取教训、改进提高，让他们放下包袱、轻装上阵。严肃查处诬告陷害行为，及时为受到不实反映的干部澄清正名、消除顾虑，引导干部争当改革的促进派、实干家，专心致志为党和人民干事创业、建功立业。

此外，《推进领导干部能上能下若干规定（试行）》通过规范干部“下”的六种渠道、十种情形，从反面为领导干部提供了正确行为导向。

第四节　提供有力保障

党的监督保障，包括监督制约，也包括激励引导，还包括相关保障工作。党的保障类法规，就是通过制度规范，明确保障责任、保障内容、保障要求，调整调动各方面资源力量，实现对党员权利、制度建设、机关运行等方面的保障，以确保党组织工作活动高效顺畅进行。

一、党员权利保障

党员是党的肌体的细胞，是党的活动主体。只有赋予党员必要的权利并保障好这些权利，才能把党员主体地位落到实处，使党员更多地了解和参与党内事务，激发和培育党员的民主意识，激发党员的强烈责任感和事业心，增强党的生机活力，推动形成每名党员都自觉为党和人民的事业而奋斗的政治局面。1982 年十二大党章规定了党员享有的八项权利，其内容大体延续至今。2004 年 9 月，中共中央专门印发《中国共产党党员权利保障条例》，全面系统规定了党员权利的内容、保障措施以及侵犯党员权利的责任追究方式。2016 年，《关于新形势下党内政治生活的若干准则》进一步明确保障党员的知情权、参与权、选举权、监督权。这些规定为党员主体地位提供了制度依据，也为党员发挥主体作用提供了制度保证。

（一）规定党员权利

党章第 4 条规定了党员享有的八项权利。《中国共产党党员权利保障条例》第二章将其进一步细化为 13 项权利。具体包括：（1）学习权。党员有权提出接受教育和培训的要求。（2）知情权。党员有权阅读按照规定可以阅读的党内文件。（3）参与权。党员有权参加党小组会、支部大会、党员大会以及与其担任的党内职务和代表资格相应的会议。(4) 表达权。党员有权在党的会议上参加关于党的政策和理论问题的讨论，并充分发表自己的意见；党员有权在党报党刊上参加党的中央和地方组织组织的关于党的政策和理论问题的讨论；党员对党的决议和政策如有不同意见，在坚决执行的前提下，可以在党的会议上或者向党组织声明保留，并且可以把自己的意见向党的上级组织直至党中央反映。(5) 表决权。党员有权在党组织讨论决定问题时按照规定参加表决。表决时可以表示赞成、不赞成或者弃权。(6) 选举权和被选举权。每个正式党员都享有选举权和被选举权（受留党察看处分的党员除外）。参加选举的党员有权了解候选人情况、要求改变候选人、不选任何一个候选人和另选他人。党员有权经过规定程序成为候选人和当选。(7) 建议权。党员有权以口头或者书面方式对本地区、本部门、本单位的党组织、上级党组织直至党中央的各方面工作提出建议和倡议。(8) 监督权。党员有权在党的会议上以口头或者书面方式有根据地批评党的任何组织和任何党员，党员以书面方式提出的批评意见应当按照规定送被批评者或者有关党组织；党员有权向党组织负责地揭发、检举党的任何组织和任何党员的违法违纪事实；有权向所在党组织或者上级党组织提出处分有违法违纪行为党员的要求；党员有权向所在党组织或者上级党组织提出罢免或者撤换不称职党员领导干部职务的要求。(9) 申辩权。在党组织讨论决定对党员的党纪处分或者作出鉴定时，本人有权参加和进行申辩，其他党员可以为其作证和辩护。(10) 申诉权。党员对于党组织给予本人的处分、鉴定、审查结论或者其他处理不服的，有权向本人所在党组织、上级党组织直至党中央提出申诉；党员认为党组织给予其他党员的处分、鉴定、审查结论或者其他处理不当的，有权逐级向党组织直至党中央提出意见。(11) 控告权。党员的合法权益受到党组织或者其他党员侵害时，有权向本人所在党组织、上级党组织直至党中央提出控告。(12) 请求权。党员在政治、工作、学习等方面遇到重要问题需要党组织帮助解决的，有权向本人所在党组织、上级党组织直至党中央提出请求。(13) 要求答复权。党员有权要求有关党组织对其提出的请求、申诉和控告给予负责的答复。这些权利，涵盖了党员行为涉及的各方面、各领域和各环节，确立了党员在党内生活中的主体地位。

当然，党员行使这些权利的根本目的是实现党的宗旨和奋斗目标，因而是有条件的，不是绝对的。比如，关于学习权利，同时规定党员接受教育和培训应当服从组织安排；关于表达权，规定党员在讨论党的政策和理论问题的过程中，应当自觉同党中央保持高度一致，不得公开发表与党的基本理论、基本路线、基本方略相违背的观点和意见；关于监督权，规定党员在进行批评、揭发、检举以及提出处分或者罢免、撤换要求时，要按照组织原则，符合有关程序，不得随意扩散、传播，不得夸大和歪曲事实，更不得捏造事实、诬告陷害。

（二）保障党员权利行使

党章第 4 条明确规定，党的任何一级组织直至党中央都无权剥夺党员权利。《中国共产党党员权利保障条例》第 2 条规定，党员享有的党章规定的各项权利必须受到尊重和保护，党的任何一级组织、任何党员都无权剥夺。该条例进一步从正反两方面设定了工作机制、明确了工作要求，为党员权利行使提供了坚实制度保障。

1. 创造权利行使条件。《中国共产党党员权利保障条例》对党员的 13 项权利分别作出了规定。比如，为保障党员学习权，规定党组织应当采取多种形式有计划地对党员进行教育和培训，提高党员素质。为保障党员知情权，规定党组织应当为党员提供阅读党内有关文件的必要条件，党员因缺乏阅读能力或者其他原因无法直接阅读文件的，党组织要按照规定向其传达文件精神。为保障党员参与权，规定党组织应按照规定召开有关会议，并创造条件保障党员参加其有权参加的各种会议；会议的组织、召集者要将会议的召开时间、议题等适时通知应到会党员；党的代表大会、代表会议和党的委员会全体会议以及其他重要会议召开后，党组织按照规定将会议内容和精神向党员传达、通报。为保障党员表决权，规定党组织讨论决定问题，必须执行少数服从多数的原则；决定重要问题，要进行表决；根据不同情况，表决可以采取口头、举手和投票等方式，表决结果和表决方式应记录在案，对不同意见要如实记录。为保障党员监督权，规定党组织应当鼓励党员在党内开展批评和自我批评，支持和保护党员同各种违法违纪行为和不正之风作斗争，建立健全保护揭发、检举人权益的制度。为保障党员申辩权，规定党组织对党员作出处分决定所依据的事实材料和处分决定必须同本人见面，听取本人说明情况和申辩；对于党员的申辩及其他党员为其所作的证明和辩护，有关党组织要认真听取、如实记录，并进一步核实，采纳其合理意见；不予采纳的，要向本人说明理由；党员实事求是的申辩、作证和辩护，应当受到保护。

2. 严格责任落实和失责追究。《中国共产党党员权利保障条例》规定，党的各级组织应当严格执行党员权利保障方面的方针、政策和党内法规，贯彻落实上级党组织和同级党的代表大会关于党员权利保障方面的决议、决定；党的各级纪律检查机关在同级党委和上级纪委领导下，做好党员权利保障工作，受理有关党员权利保障方面的检举、控告和申诉，检查和处理侵犯党员权利方面的案件，对党的领导干部和下级党组织履行党员权利保障职责的情况进行监督检查；党的组织、宣传等工作部门要按照党章和其他党内法规的规定以及上级党组织的要求，结合自身职能和实际工作，抓好党员权利保障工作的落实；党的各级领导干部应模范遵守和严格执行党员权利保障方面的规定，充分尊重和关心党员权利，重视处理和解决党员权利保障方面的实际问题，采取切实措施抓好本地区、本部门、本单位党员权利保障工作的落实。该条例同时规定：对于有侵犯党员权利行为的党员，其所在党组织或者上级党组织可以采取责令停止侵权行为、责令赔礼道歉、责令作出检查、诫勉谈话、通报批评等方式给予处理，情节较重的，按照规定给予党纪处分；对于有侵犯党员权利行为的党组织，上级党组织应当对有关责任者进行批评教育，情节严重的，按照规定追究有关责任者的责任；对于因侵犯党员权利受到党纪追究的党员或者在保障党员权利方面失职、渎职受到党纪追究的党的领导干部，需要给予行政处分或者其他纪律处分的，作出或者批准作出处理决定的党组织应当向监察机关或者其他有关机关、组织提出建议，涉嫌犯罪的，由司法机关处理。

二、制度建设保障

制度建设保障方面的党内法规，是党的监督保障法规的重要内容，是党内法规制度建设的基础性内容，对于推进党的制度建设本身在制度轨道上推进具有重要意义。

1. 引领推动党内法规工作实践。1990 年 7 月，中共中央颁布《中国共产党党内法规制定程序暂行条例》，对党内法规的名称、适用范围、制定主体、制定程序等作了基本规定。同年 11 月，中共中央办公厅发布《关于党内法规备案工作的有关问题的通知》。此后，党内法规工作稳步推进，取得长足发展。2012 年 5 月，中共中央印发了修订后的《中国共产党党内法规制定条例》；2019 年 9 月，中共中央对条例作了再次修订。该条例着眼提升新时代党内法规制定工作科学化水平，充实党内法规制定工作的总体要求，明确制定权限，完善制定程序，健全保障机制，同时提出坚持制定和实施一体推进，健全党内法规执行责任制，是党内法规工作的基本规范和龙头性规范。2012 年 6 月，中共中央印发《中国共产党党内法规和规范性文件备案规定》，2019 年 9 月，中共中央对该规定作了修订，建立起贯通上下的党内法规和规范性文件备案审查工作体系。2019 年 9 月，中共中央印发《中国共产党党内法规执行责任制规定（试行）》，建立起一套严密的党内法规执行责任体系，进一步压实各级党组织和党员领导干部执规责任。此外，2015 年 7 月，中共中央办公厅印发《中国共产党党内法规解释工作规定》。2016 年 12 月，《中共中央关于加强党内法规制度建设的意见》印发，为新时代推进党内法规制度建设提供了重要指引和制度遵循。在这些党内法规制度的指引下，党内法规工作内容不断丰富、水平不断提高，形成了集立规、备案、清理、评估、执规、研究各环节的完整工作链条，呈现出立改废释并举、制定与执行并重、研究与实践结合的良好局面，推动党内法规制度建设取得了明显成效。

2. 规范保障党内法规工作活动。一是《中国共产党党内法规制定条例》为立规工作确立了基本遵循，实现了全面规范。该条例既规定了党内法规的概念、制定主体和权限、名称、形式要求等基础性问题，又规定了领导体制、制定原则等需要宏观把握的内容；既厘清了规划计划、起草、审批与发布等制定主要程序及其具体要求，又对适用、效力与解释、备案、清理、评估等作出了原则性规定。总而言之，该条例对党内法规制定工作进行了一揽子制度设计和全方位制度规范，把党内法规制定活动全面纳入制度化、规范化、程序化轨道。二是《中国共产党党内法规制定条例》及有关配套法规为备案审查工作、清理工作、实施评估工作等提供了制度依据。比如，对于备案审查工作，该条例作出了原则性规定。2019 年 9 月印发的《中国共产党党内法规和规范性文件备案审查规定》以该条例为依据，对备案审查工作作出了细化规定，明确了备案审查工作的目的、备案审查主体、审查标准、处理方式、监督保障等，进一步提升了党内法规和规范性文件备案审查工作的规范化水平。三是坚持制定和实施一体推进。《中国共产党党内法规制定条例》第 36 条对此提出原则要求。《中国共产党党内法规执行责任制规定（试行）》建立起一套严密的党内法规执行责任体系，明确规定在党中央集中统一领导下，建立健全党委统一领导、党委办公厅（室）统筹协调、主管部门牵头负责、相关单位协助配合、党的纪律检查机关严格监督的执规责任制，统分结合、各司其职，一级抓一级、层层抓落实，释放出执规必严、狠抓执行的强烈信号，为进一步提高党内法规执行力提供了重要制度保障。

三、机关运行保障

机关运行保障法规，是规范党的机关基于履职需要而形成的相关内部事务关系的党内法规，是确保党的各级各类组织全面履职、正常运转的重要依据和刚性约束。机关运行保障法规规范的事项主要包括信息档案服务、日常运转服务、安全保密服务、机关事务管理等。

（一）信息档案服务制度

1. 信息收集处理制度。为给中共中央和地方各级党委科学决策、民主决策、依法决策提供支撑和保障，《中共中央办公厅关于进一步加强信息工作的意见》等对信息收集渠道、信息综合加工、信息报送标准和机制、信息反馈和考评、信息工作机构建设等作出了明确规定。

2. 机关档案管理制度。机关档案工作是机关工作的组成部分，是提高机关工作效率和工作质量的必要条件，是维护机关历史真实面貌的一项重要工作。《机关档案工作条例》等有关中央党内法规对机关档案管理工作的性质、任务、工作体制机制、主要工作流程和标准等作了全面规范。

（二）日常运转服务制度

1. 机关公文运转制度。党的机关公文是指党的各级组织实施领导、履行职能、处理公务的具有特定效力和规范体式的文书，是传达贯彻党的方针政策，公布法规和文件，指导、布置和商洽工作，请示和答复问题，报告、通报和交流情况等的重要工具，是机关日常运转的主要载体。2012 年中共中央办公厅、国务院办公厅印发的《党政机关公文处理工作条例》，对党政机关公文处理工作作出了系统规定，进一步推进了公文处理工作的科学化、制度化、规范化。此外，陆续制定出台电子公文处理和文件发布、阅读、管理等专门性规定，对党的公文运转作了细化规定。按照该条例第 8 条规定，各级党政机关设立文秘部门或者由专人负责公文处理工作，党政机关办公厅（室）主管本机关的公文处理工作。中国共产党的公文的种类主要有以下 12 种，分别适用不同情形和事项：（1）决议。适用于会议讨论通过的重大决策事项。（2）决定。适用于对重要事项作出决策和部署、奖惩有关单位和人员、变更或者撤销下级机关不适当的决定事项。（3）公报。适用于公布重要决定或者重大事项。（4）公告。适用于向国内外宣布重要事项或者法定事项。（5）意见。适用于对重要问题提出见解和处理办法。（6）通知。适用于发布、传达要求下级机关执行和有关单位周知或者执行的事项，批转、转发公文。（7）通报。适用于表彰先进、批评错误、传达重要精神和告知重要情况。（8）报告。适用于向上级机关汇报工作、反映情况，回复上级机关的询问。（9）请示。

适用于向上级机关请求指示、批准。（10）批复。适用于答复下级机关请示事项。（11）函。适用于不相隶属机关之间商洽工作、询问和答复问题、请求批准和答复审批事项。（12）纪要。适用于记载会议主要情况和议定事项。

2. 督促检查制度。“一分部署、九分落实”。督促检查工作作为党的工作的重要组成部分，是推动党的决策落实的重要手段，是促进党的决策完善的重要途径，是改进党的作风、密切党同人民群众血肉联系的重要渠道。早在1995年，《中共中央办公厅关于进一步加强督促检查工作的意见（试行）》印发，为开展督促检查工作提供了重要遵循。近年来，中共中央又陆续印发文件，对党委督促检查工作进行规范和完善。2012年5月，《中共中央办公厅关于加强和改进党委督促检查工作的意见》印发。2017年4月，适应新形势新任务，《中共中央关于加强新形势下党的督促检查工作的意见》印发，从指导思想、主要任务、工作原则、工作制度、效能建设、组织领导等方面，对加强新形势下党的督促检查工作提出明确要求，强调督促检查的主要任务是推动党的理论路线方针政策贯彻执行和党中央决策部署贯彻落实，确立了一系列工作制度，提升了督查工作的科学化、规范化、制度化水平。2018年10月，着眼解决督查检查考核领域的形式主义、官僚主义问题，《中共中央办公厅关于统筹规范督查检查考核工作的通知》印发，规定实行督查检查考核总量控制，实行年度计划和审批报备制度。

有关中央党内法规还分别针对机要密码、通信保障等领域相关事项作出规定，保障党委各项工作顺畅运行。

（三）安全保密服务制度

1988年9月，《中华人民共和国保守国家秘密法》颁布，2010年4月进行了修订。中共十八大以来，陆续出台《中华人民共和国保守国家秘密法实施条例》和《保密事项范围制定、修订和使用办法》等保密法规和部门规章，为机关保密工作提供了法律依据。以此为基础，在加强保密工作宏观管理和机关运行安全保密方面分别出台了相关党内法规文件，发挥了独特而重要的作用。一方面，坚持党管保密原则，制定一系列保密管理制度性文件，对保密工作的总体目标、重点任务和重要领域进行部署安排，党统一领导保密工作的体制机制得到巩固完善。另一方面，制定一系列专门党内法规，就党政领导干部保密工作责任制以及涉密网络等的保密管理分别作出规定，有力保障了机关各项工作安全保密进行。

（四）机关事务管理制度

2017 年底，中共中央办公厅、国务院办公厅印发《党政机关办公用房管理办法》和修订后的《党政机关公务用车管理办法》，进一步规范办公用房、公务用车等机关事务管理事项。

1. 规范办公用房管理。《党政机关办公用房管理办法》主要针对办公用房管理中存在的职责不清，配套设施重复建设，超标准建设，超标准配备、使用，资源闲置、资产使用效益低等突出问题，就办公用房的规划、权属、配置、使用、维修、处置利用等管理工作作出了一揽子制度设计。建立健全党政机关办公用房集中统一管理制度，统一规划、统一权属、统一配置、统一处置。由县级以上党政机关办公用房有关管理部门根据职责分工，负责本级党政机关办公用房管理工作，指导下级党政机关办公用房管理工作。办公用房配置严格执行相关标准，从严核定面积。建立从严使用管理相关制度，要求各使用单位将办公用房安排使用情况以一定形式公示并进行备案，严禁超标准配备、使用办公用房，并根据情况及时腾退移交。

2. 规范公务用车管理。2011 年 1 月，中共中央办公厅、国务院办公厅印发《党政机关公务用车配备使用管理办法》，2017 年底作了修订完善，并将名称修改为《党政机关公务用车管理办法》。该办法修订主要体现了三方面特点：一是加强集中统一管理，规定党政机关公务用车主管部门对本级党政机关公务用车实行“四统一”管理，即统一编制、统一标准、统一购置经费、统一采购配备管理。二是坚持厉行节约，对公务用车编制和标准作出从严制度安排。一方面，强化编制刚性约束，将各类公务用车全部纳入编制管理，分类明确编制核定责任主体，并对公务用车产权注册登记提出统一要求，防范超编制配车，严控公务用车数量规模；另一方面，坚持经济适用、节能环保原则，分类细化各类公务用车排气量、价格标准，要求党政机关带头使用新能源汽车。三是创新管理方式，针对实践中易发的公车私用、私车公养、既领取公务交通补贴又违规使用公务用车等违规违纪现象，采取新方式新手段加强监督监控。比如，建立公务用车服务平台，统筹调度使用，并通过信息化手段、加装卫星定位系统，实时监控车辆运行轨迹，在线统计行驶里程、费用支出等信息，实现无缝监管；推进标识化管理，规定除有保密要求的特殊工作用车外，公务用车都应当统一标识，置于社会舆论和公众的监督之下，确保公务用车在“阳光”下运行；推进信息公开，要求党政机关建立公务用车配备更新和使用情况统计报告制度，并将相关情况纳入政务公开和政务诚信建设范围，主动“晒”出公车账单，接受社会监督。

小 结

党的监督保障法规，是指规范党的监督、激励、保障等内容的党内法规，包括党内监督、考察考核、问责追责、表彰奖励、关怀帮扶、容错纠错、党员权利保障、制度建设保障、机关运行保障等方面的一系列党内法规，目的在于落实严管和厚爱结合、激励和约束并重的要求，通过建立健全权力运行制约监督机制、党内激励关怀帮扶机制、党员权利保障机制和党组织运行保障机制等，使各级各类党组织和广大党员、干部有所为、有所不为，为党组织和党员、干部行使好党和人民赋予的权力提供制度保障。

思考题

1. 党的监督保障法规有哪些特征？
2. 党内监督的主要方式有哪些？

3. 党内激励的主要方式有哪些?
4. 如何正确理解党内监督制度与激励保障制度的关系?

▶即测即评

▶拓展资源

第九章　党内法规的制定

导　语

党内法规的制定是党内法规制度建设的起始环节，是党的制度建设的重要内容，对于构建党内法规体系、实现有规可依，推进全面从严治党、依规治党具有重要意义。党内法规制定有广义和狭义之分，广义上的党内法规制定是指具有党内法规制定权的主体开展的党内法规制定、修改、解释、备案、清理等活动；狭义上的党内法规制定仅指党内法规的制定环节。本章采用广义上的概念，从制定主体和权限、制定原则、制定程序、制定技术规范、解释、备案、清理等方面介绍党内法规制定。

第一节　党内法规制定主体和权限

党内法规制定主体和权限，是党内法规制定的基础和前提。在中国共产党领导中国人民进行的革命、建设和改革历程中，适应党的建设形势任务的发展变化，党内法规制定主体与权限也不断发展变化。总结实践经验，2019 年 9 月，中共中央印发了修订后的《中国共产党党内法规制定条例》，对包括党内法规制定主体和权限在内的整个党内法规制定工作作了全面系统的规定。

一、党内法规制定主体的概念和特征

（一）党内法规制定主体的概念

党内法规制定主体，是党内法规制定活动的实施者，指的是根据规定有权制定党内法规的特定党组织。这一概念的构成要素包括：

1. 权力依据。制定党内法规必须有明确的权力依据，需要在有

关党内法规中专门授权。《中国共产党党内法规制定条例》第3条规定："党内法规是党的中央组织，中央纪律检查委员会以及党中央工作机关和省、自治区、直辖市党委制定的体现党的统一意志、规范党的领导和党的建设活动、依靠党的纪律保证实施的专门规章制度。"这就为确定党内法规制定主体提供了明确依据，相关主体据此得以行使党内法规制定权。

2. 权力主体。鉴于党内法规的特殊重要性，只有特定的党组织才有权制定党内法规。根据《中国共产党党内法规制定条例》第3、9、10、11条规定，具有党内法规制定权的主体是党的中央组织，中央纪律检查委员会以及党中央工作机关，省、自治区、直辖市党委。确有必要的，经党中央批准，有关中央国家机关部门党委可以就特定事项制定党内法规。这一范围是特定的，不得突破，党的其他组织无权制定党内法规，具有党内法规制定权的主体也不得擅自授权其他主体制定党内法规。

3. 权力内容。一旦具有党内法规制定权，即可以根据职权职责、结合工作需要，制定具体的党内法规。党的中央组织可以制定中央党内法规。中央纪律检查委员会以及党中央工作机关和省、自治区、直辖市党委可以就贯彻执行中央党内法规或者履行党章和中央党内法规规定的相关职责制定党内法规。

（二）党内法规制定主体的特征

作为党内法规制定的核心概念之一，"党内法规制定主体"具有特定的内涵和外延，其特征主要表现在：

1. 规定性。党内法规制定权来源于党内法规的明确规定和授权，这是党内法规制定权的权力基础。具体而言，党内法规制定权是由党章和《中国共产党党内法规制定条例》专门赋予的。《中国共产党党内法规制定条例》第3条对党内法规制定权的授予，在性质上是一种普遍的、全面的授权。此外，根据党章第20条第4项规定，党的全国代表大会修改党的章程。党章修改权是党内法规制定权的一种特殊形态。党章对党的全国代表大会修改党章的授权，在性质上是一种专门的、个别的授权。

2. 有限性。党内法规是党的统一意志的体现，是党的制度的主干部分，具有特殊的形式、特殊的效力，在党的制度建设中具有特殊重要的地位。这就决定了对谁有权制定党内法规必须作严格限定，只能授权比较有限的、特定的党组织，不能泛化。党内法规制定主体范围的有限性，是党内法规制定工作规范化、科学化的内在要求，有利于维护党内法规的严肃性和权威性。

二、党内法规制定体制

党内法规制定工作由党中央集中统一领导，日常工作由中央书记处负责。中央办公厅承担党内法规制定的统筹协调和督促指导工作。

（一）党的中央组织

根据《中国共产党党内法规制定条例》第9条，党的中央组织是党内法规制定主体。根据党章第三章“党的中央组织”的规定，具有党内法规制定权的党的中央组织包括：

1. 党的全国代表大会。党章第20条规定，党的全国代表大会“讨论并决定党的重大问题”，“修改党的章程”。这就赋予了党的全国代表大会党内法规制定权。

2. 党的全国代表会议。党章第21条规定，党的全国代表会议讨论和决定重大问题。这就赋予了党的全国代表会议党内法规制定权。

3. 党的中央委员会。党章第22条规定，在全国代表大会闭会期间，中央委员会执行全国代表大会的决议，领导党的全部工作。这就赋予了党的中央委员会在全国代表大会闭会期间的党内法规制定权。

4. 中央政治局及其常务委员会。党章第23条规定，中央政治局和它的常务委员会在中央委员会全体会议闭会期间，行使中央委员会的职权。这就赋予了中央政治局及其常务委员会在中央委员会全体会议闭会期间的党内法规制定权。

（二）中央纪律检查委员会以及党中央工作机关

根据《中国共产党党内法规制定条例》第10条第1款，中央纪律检查委员会以及党中央工作机关就其职权范围内有关事项制定党内法规。根据第10条第2款，确有必要的，经党中央批准，有关中央国家机关部门党委可以就特定事项制定党内法规。这就赋予了中央纪律检查委员会以及党中央工作机关、有关中央国家机关部门党委党内法规制定权。

（三）省、自治区、直辖市党委

根据《中国共产党党内法规制定条例》第11条，省、自治区、直辖市党委就其职权范围内有关事项制定党内法规。这就赋予了省、自治区、直辖市党委党内法规制定权。

三、党内法规制定权限和事项

党内法规制定权限，是指党内法规制定主体行使党内法规制定权的界限，体现的是党内法规制定权在不同制定主体之间的配置，反映了党内法规的制定体制。《中国共产党党内法规制定条例》第二章对党内法规制定权限作了规定，对党的中央组织，中央纪律检查委员会以及党中央工作机关和省、自治区、直辖市党委制定权限作了概括性规定，为划分党内法规制定权限、明确各位阶党内法规制定事项确立了基本标准。

（一）中央党内法规制定权限和事项

根据《中国共产党党内法规制定条例》第9条第1款规定，应当由中央党内法规规定的事项主要包括以下七个方面：（1）党的性质和宗旨、路线和纲领、指导思想和奋斗目标。这些事项涉及中国共产党的本质和根本，只能由党章规定。（2）党的各级各类组织的产生、组成和职权职责的基本制度。这里所说的党的各级各类组织，包括党的中央组织、地方组织、基层组织以及各级纪委、党组、党的工作机关等。党的各级各类组织的产生、组成和职权职责的基本制度是党发挥领导核心作用的组织保证，应当由中央党内法规规定。（3）党员义务权利方面的基本制度。党员是党的肌体的细胞和党的活动的主体，对党员义务权利的规定是党内法规中最重要的内容之一，这方面的基本制度应当由中央党内法规规定。（4）党的领导和党的建设各方面的基本制度。党的领导和党的建设是党的全部工作活动的两个重要方面。

规范党的领导和党的建设各方面的基本制度，确立的是开展这些工作的基本职责、基本原则和基本要求，是各级各类党组织和全体党员必须遵循的基础性工作规范和重要行为准绳，应当由中央党内法规规定。(5) 涉及党的重大问题的事项。这里所称党的重大问题，是指涉及党和国家的重大方针政策，涉及党的执政方式和领导方式、党内基本关系等方面的制度安排。党章规定，有关全国性的重大政策问题，只有党中央有权作出决定，各部门、各地方的党组织可以向党中央提出建议，但不得擅自作出决定和对外发表主张。涉及党的重大问题的事项，只能由中央党内法规规定。(6) 党的纪律处分和组织处理方面的基本制度。党的纪律处分和组织处理的基本制度主要包含处分处理的种类、主体、对象和情形等，涉及对党组织和党员权利的减损，应当由中央党内法规进行规定。(7) 其他应当由中央党内法规规定的事项。由于应当由中央党内法规规定的事项无法列举穷尽，因此需要作出兜底性规定。在上述事项范围内，《中国共产党党内法规制定条例》第 9 条第 2 款进一步规定，凡是涉及党中央集中统一领导的事项，只能由中央党内法规作出规定。这是因为，只有党的中央组织才有权就涉及党中央集中统一领导的事项作出规定。

(二) 部委党内法规制定权限和事项

中央纪委可以就职权范围内的有关事项制定党内法规。党中央工作机关可以根据本部门职责权限制定党内法规。根据《中国共产党党内法规制定条例》第 10 条第 1 款规定，中央纪委以及党中央工作机关就其职权范围内有关事项制定党内法规，一是为贯彻执行中央党内法规作出配套规定，二是履行党章和中央党内法规规定的党的工作相关职责。此外，有关中央国家机关部门党委经党中央批准可以就特定事项制定党内法规。这些特定事项，主要是与中央国家机关部门党委履行系统领导职责相关的事项。

(三) 地方党内法规制定权限和事项

根据《中国共产党党内法规制定条例》第 11 条规定，省、自治区、直辖市党委就其职权范围内有关事项制定党内法规，一是为贯彻执行中央党内法规作出配套规定，二是履行党章和中央党内法规规定的领导本地区经济社会发展和负责本地区党的建设相关职责。基于各地区情况的差异，省、自治区、直辖市党委可以根据上位党内法规因地制宜制定地方党内法规，推动党中央决策部署在本地区落实落地。

（四）授权制定、联合制定、配套制定情形

授权制定，是指党中央就其制定权限范围内的事项，授权有关制定主体制定党内法规的活动。《中国共产党党内法规制定条例》第12条第1款规定了授权制定的情形：根据党中央授权，就应当制定中央党内法规的有关事项，中央纪律检查委员会以及党中央工作机关和省、自治区、直辖市党委可以先行制定党内法规，待条件成熟时再制定中央党内法规。实践中，对于一些属于中央党内法规的保留事项，由于相关工作刚刚开始探索，实践经验还不够充分，制定中央党内法规的条件尚不够成熟，可以由党中央授权中央纪委以及党中央工作机关和省、自治区、直辖市党委先行先试，待条件成熟时再制定中央党内法规，有利于保证中央党内法规制定质量和实际成效。同时，为保证授权制定的积极稳妥，第2款规定，根据党中央授权制定党内法规的，制定机关应当严格遵循授权要求，及时向党中央请示报告有关重大事项，经报党中央批准后方可发布。

联合制定，是指对涉及两个以上部委职权范围的事项，有关部委联合制定党内法规的活动。《中国共产党党内法规制定条例》第13条规定了两种联合制定情形：一种是部委联合制定情形，明确涉及两个以上部委职权范围的事项，有关部委应当联合制定党内法规或者提请党中央制定中央党内法规；另一种是党政机关联合制定情形，明确制定党内法规涉及政府职权范围事项的，可以由党政机关联合制定。

配套制定，是指有关制定主体按照上位党内法规的规定，在其制定权限范围内就贯彻落实上位党内法规而制定相应党内法规的活动，这是中央纪律检查委员会以及党中央工作机关和省、自治区、直辖市党委制定党内法规的基本方式。《中国共产党党内法规制定条例》第14条第1款针对配套法规过多过滥问题，就是否需要制定配套法规作了明确，规定上位党内法规明确要求制定配套党内法规的，应当及时制定；没有要求的，一般不再制定。第 2 款针对配套法规过长过繁问题，就如何制定配套法规作了明确，规定制定配套党内法规，不得超出上位党内法规规定的范围，作出的规定应当明确、具体，具有针对性、可操作性，除非必要情况，对上位党内法规已经明确规定的内容不作重复性规定。

第二节 党内法规制定原则

党内法规制定属于党的制度建设的范畴，必须遵循党的制度建设规律，同时，由党的性质和党内法规的属性、地位、作用等决定，也必须遵循一定的规范和要求。为此，需要从整体上正确认识和准确把握党内法规制定原则。

一、党内法规制定原则的概念和意义

党内法规制定原则，是关于党内法规制定的规律性认识的客观反映，是党内法规制定活动在实践中应当遵循的基本要求。党内法规制定原则对于党内法规制定工作具有重要意义。党内法规制定原则不仅对党内法规在形式和内容上提出原则性要求，对党内法规制定过程也提出明确和具体的要求，这有助于保证党内法规的科学性和实效性，保证党内法规体系在整体上符合内容科学、程序严密、配套完备、运行有效的要求。

党内法规制定原则是在党内法规制定过程中逐步摸索并总结凝练的。随着党的领导和党的建设形势任务的变化，党内法规制定原则也会不断发展。

二、坚持正确的政治方向

党内法规姓党，具有与生俱来的红色基因。这就要求，党内法规制定工作必须旗帜鲜明讲政治，牢记政治使命、坚定政治立场、把牢政治方向，严守政治纪律和政治规矩。

党内法规制定坚持正确政治方向必须做到：第一，以习近平新时代中国特色社会主义思想为指导开展党内法规制定工作。习近平新时代中国特色社会主义思想作为党的指导思想，是指导推进新时代全面从严治党、依规治党的强大思想武器，自然是起草党内法规的根本指导。中共十八大以来，习近平发表的重要讲话、作出的指示批示涵盖改革发展稳定、内政外交国防、治党治国治军各领域各方面，党内法规制定要从中汲取思想、找到方向。制定党内法规最关键、最重要的就是全面、准确、充分地体现和转化习近平新时代中国特色社会主义思想，使其成为长期、稳定的制度遵循。第二，不折不扣贯彻落实党的理论和路线方针政策。全面贯彻党的基本理论、基本路线、基本方略，及时将党的理论创新成果和实践创新成果上升为党内法规，确保党内法规始终体现党的统一意志、反映党的主张。第三，牢牢把握“两个维护”的根本政治原则。坚持和加强党的全面领导，最重要的是坚决维护党中央权威和集中统一领导；坚决维护党中央权威和集中统一领导，最关键的是坚决维护习近平总书记党中央的核心、全党的核心地位。要增强“四个意识”，坚定“四个自信”，把夯实“两个维护”的制度保障作为党内法规制度建设的根本政治要求和首要政治任务，确保党内法规制定有利于坚持和加强党的全面领导，有利于坚持党要管党、全面从严治党，这是党内法规制定必须依循的目标取向，也是衡量一部党内法规制定质量高低的基本标准。

三、服务党和国家工作大局

党内法规，是党管党治党、执政治国的重要手段，这就决定了制定党内法规本身不是目的，而应当服从并服务于党和国家工作大局，充分发挥党内法规在促进全局工作中的重要作用。党内法规如果与党和国家工作大局脱节，就会变得了无生机、毫无意义，制定得再好也是自说自话、自弹自唱。

党内法规制定服务党和国家工作大局，必须做到：第一，胸怀两个大局，一个是中华民族伟大复兴的战略全局，一个是世界百年未有之大变局，要把两个大局作为开展党内法规制定工作的基本出发点，使党内法规制定适应两个大局、服务两个大局。第二，牢固树立大局意识，把党内法规制定放到统筹推进“五位一体”总体布局和协调推进“四个全面”战略布局中去思考和把握，无论是党内法规制定项目的确定，还是党内法规的制度设计，都要从党和国家工作大局出发，自觉服从大局、坚决维护大局。第三，站在党和国家事业发展全局的高度，对党内法规制定工作进行顶层设计、宏观规划，统筹考虑各方面要素、分清轻重缓急，有计划、分步骤推进党内法规制定工作。

四、以党章为根本遵循

中国共产党的制度是从党章开始的，党章是党的根本大法，是全党必须遵循的总规矩，也是党内法规制度建设的总纲领。党章总揽全规，纲举目张。党内法规制定要充分彰显党章的“母法”地位和“基石”作用，牢固树立党章是一切党内法规之源的鲜明导向，以党内法规细化和落实党章规定，以党章为统率形成完善的党内法规体系。其他所有党内法规都源于党章、低于党章、服从于党章。

党内法规制定以党章为根本遵循必须做到：一方面，制定党内法规必须同党章保持一致。不同领域、不同位阶、不同效力的党内法规，在制定时都要严格依据党章，必须与党章规定的党的性质和宗旨相一致，按照党章规定的权限和范围，体现党章确立的原则和精神，维护党章的权威，不得作出与党章不一致的规定。另一方面，要将党章的内容，比如对党员义务和权利、党的组织制度、各类党组织的行为规范、党的干部、党的纪律等各方面的规定和要求，进一步细化、具体化，让党章通过党内法规得以落实，并在实践中得到良好实施。

五、以民主集中制为核心

民主集中制是中国共产党的根本组织原则和领导制度，是马克思主义政党区别于其他政党的重要标志。这项制度把充分发扬党内民主和正确实行集中有机结合起来，既可以最大限度激发全党创造活力，又可以统一全党思想和行动，有效防止和克服议而不决、决而不行的分散主义，是科学合理而又有效率的制度。制定党内法规必须坚持以民主集中制为核心，把民主集中制的精神和要求全面体现到党内法规的制度设计之中。

党内法规制定坚持以民主集中制为核心，必须做到：一方面，党内法规在内容上要符合民主集中制要求，党内法规的制度安排要充分体现发扬党内民主和维护党的集中统一要求，着力完善以民主集中制为核心的党内法规体系；另一方面，党内法规制定过程要坚持民主集中制，充分发扬民主，广泛征求意见，凝聚各方共识，保证制定过程的开放性和民主性，同时要实行正确的集中，保证制定的效率和质量。

六、在宪法和法律的范围内活动

党章规定，“党必须在宪法和法律的范围内活动”。宪法规定，“一切国家机关和武装力量、各政党和各社会团体、各企业事业组织都必须遵守宪法和法律。一切违反宪法和法律的行为，必须予以追究。任何组织或者个人都不得有超越宪法和法律的特权”。这就要求，党的一切活动包括制定党内法规在内，必须严格限定在宪法和法律允许的范围内。鉴于此，《中国共产党党内法规制定条例》规定，党内法规制定工作应当坚持党必须在宪法和法律的范围内活动，注重党内法规同国家法律衔接和协调。《中国共产党党内法规和规范性文件备案审查规定》规定，在备案审查中发现党内法规和规范性文件违反宪法和法律的，应当进行纠正。

制定党内法规必须在宪法和法律的范围内活动，关键是党规不得同国法相抵触。党规不得同国法相抵触，是全面推进依法治国、建设社会主义法治国家的必然要求，是中国共产党带头践行法治的鲜明体现。党规不得同国法相抵触，要求党规与国法在调整同一内容或者对象时，不得作出同国法相冲突的规定。具体而言，宪法和法律明令禁止的事项，党规不能解禁，比如，党规不能违反《行政许可法》《反不正当竞争法》，作出地方保护的规定。宪法和法律明确设定的标准和条件，党规不能突破，比如，《公务员法》规定了公务员处分的情形和类型，党规不能擅自改变。宪法和法律赋予公民的基本权利和自由，党规不得随意加以限制或者剥夺，比如，党规不得限制或者剥夺党员作为公民享有的选举与被选举等公民政治权利。宪法和法律设定的公民基本义务和责任，党规不得随意变通或者豁免，比如党规不能免除党员依法纳税、依法服兵役的义务。

七、科学民主依规制定

科学民主依规制定党内法规，是对党内法规制定工作的内容、程序、形式等方面提出的原则性要求，是党科学执政、民主执政、依法执政要求在党内法规制定领域的具体体现，是推进党的建设制度化和规范化、保证党内法规制定质量的必然要求。

科学民主依规制定党内法规必须做到：第一，坚持一切从实际出发。党内法规制定工作必须从党的事业发展需要和全面从严治党实际出发，坚持实事求是，准确把握世情国情党情的深刻变化，及时将实践证明行之有效的成功经验和有效做法上升为党内法规，使党内法规制定工作始终随着实践和时代的发展而发展。第二，深入开展调查研究。党内法规制定工作必须全面掌握实际情况，认真总结历史经验和新的实践经验，充分了解各级党组织和广大党员的意见和建议。只有这样，才能真正体察实情、制定出务实管用的党内法规。第三，坚持问题导向。党内法规制定工作必须直面人民群众反映强烈，弱化党的领导、损害党的先进性和纯洁性的问题，聚焦党内存在的政治不纯、思想不纯、组织不纯、作风不纯等突出问题，发挥制度的治本作用，抓紧制定实践急需、针对性强的党内法规，堵塞制度漏洞。第四，广泛听取意见。制定党内法规的过程同时是集思广益、统一思想的过程，必须充分听取各方面意见，包括各地区各部门、党代表大会代表、专家学者、人民群众等的意见，实现党内法规制定过程中党员的充分参与和党内法规内容上的民主性要求，使党内法规汇聚众智、体现最大公约数。第五，符合形式规范。党内法规在框架结构、条文表述方面也应当有严格要求，必须内容明确、逻辑严密，表述准确、规范、简洁，注重简明实用，防止烦琐重复。第六，符合制定程序。党内法规制定工作要严格按照《中国共产党党内法规制定条例》规定的制定程序进行，这是对党内法规制定工作的程序性要求，也是对党内法规质量的程序性保障。

八、注重好懂好学好用

制定党内法规要考虑受众，始终立足于“给谁看、让谁用”。如果党内法规本身不好懂、不好学，那在实践中必然不好守、不好用。不能让尊规学规守规用规变成一件很晦涩很专业的事，超出普通党员干部的理解能力和认知水平。

制定党内法规注重好懂好学好用必须做到：第一，简洁明了。刘邦进军关中，“约法三章”就管住了部属、赢得了民心。红军“三大纪律八项注意”通俗易懂、便于执行。虽然现在党内法规调整的关系日趋复杂，不可能再像“三大纪律八项注意”那么简单，但简洁明了的精神仍然应当坚持。在精简文件、改进文风方面，党内法规应当作出表率。习近平强调：“我们的规定不要搞得花花绿绿的，措辞很漂亮，但内容空洞。”① 起草党内法规应当开门见山、直奔主题，做到意尽言止、便利管用。第二，重点突出。虽然党内法规的逻辑要严密，不能有漏洞或者缺项，但不能事无巨细，眉毛胡子一把抓。面面俱到会导致分散用力，分散用力会导致重点不突出，重点不突出会导致烦琐重复，烦琐重复会导致执行不力。制定党内法规应当聚焦主题、突出重点，克服做“大文章”的心态。当然，基础主干党内法规和配套性党内法规由于定位和作用不同，要求也不尽一致。基础主干党内法规应当更加全面、系统、周延，制定时要粗线条一些；配套性党内法规应当更加聚焦、窄口、深入，制定时要精细化一些。第三，注重逻辑。党内法规制定必须强调逻辑性，在逻辑上保持内在统一、前后一致，但同时逻辑层次不宜太复杂，否则不易于理解和执行。起草党内法规应当从受众角度考虑，切忌“甲乙丙

① 习近平：《做焦裕禄式的县委书记》，中央文献出版社 2015 年版，第 41 页。

丁，开中药铺”。

第三节 党内法规制定程序

一、党内法规制定程序概述

（一）党内法规制定程序的概念和特征

党内法规制定程序，是指党内法规制定活动必须遵守的方式方法、步骤顺序和完成时限。这是制定党内法规所依循的“轨道”。党内法规制定程序具有以下特征：

1. 主体的特定性。党内法规制定程序是党内法规制定主体应当遵循的程序，而不是其他主体应当遵循的程序。实践中，党内法规制定主体可以根据工作需要和内部职责分工，授权其内部机构来实施某些环节的党内法规制定行为，并承接该行为的后果。

2. 内容的特定性。党内法规制定程序具有特定的内容指向，是服务于党内法规制定活动的，是针对党内法规制定活动作出的程序规范。党内法规制定主体实施的与党内法规制定无关的行为，不适用党内法规制定程序。

3. 程序的严格性。党内法规制定程序不是随意确定的，而是由党内法规明确规定的，具有刚性的约束，是党内法规制定活动必须遵循的，并非可有可无或者可多可少。实践中，党内法规制定活动会遵循许多方法步骤，有一定的弹性，但对于那些必须遵循且不得突破或者省略的程序，必须依规而为。

（二）党内法规制定程序的价值

党内法规制定程序，属于党内法规制定的形式要求，是立规能够顺利进行的基本保证，兼具工具性价值和目的性价值，是两者的有机统一。一方面，党内法规制定程序往往直接影响党内法规制定的质量和效率。完善的程序设计，可以引导制定者广泛汇聚意见，增进协商协调，加强理性思考，减少利益冲突，凝聚各方共识，保障党内法规制定的每个阶段、每个环节都能安排妥当、秩序井然，增强立规活动的稳定性和可预见性。另一方面，程序的作用不仅限于立规活动本身，还在于通过最大限度地推进立规的民主性、科学性和有效性，更好地贯彻落实民主集中制原则，形成比较完善的党内法规体系，为中国共产党提高长期执政能力、保持先进性和纯洁性提供坚实制度保障。

二、规划和计划

（一）规划计划的概念和意义

党内法规制定工作规划和计划，是党内法规制定主体依照一定的权限和程序编制的关于未来一个时期党内法规制定工作任务的部署安排。这一概念表明，规划和计划具有三个特征：一是由制定主体编制，具有权威性；二是依据特定权限和程序编制，具有专门性；三是对一定时间范围内的党内法规制定工作有效，具有指导性。规划和计划均属党内法规制定工作的预先安排部署，具有内在联系，其区别主要表现在时间跨度上：规划是长期的部署安排，计划是短期的部署安排。从实践看，《中国共产党党内法规制定条例》中的规划是指五年规划，2013 年以来，中央层面已经出台了两个五年规划。计划是指年度计划，一般每年年初编制。

编制规划计划是党内法规制定工作的起点，是提高党内法规制定质量和效率的重要途径，有利于科学谋划、统筹推进党内法规制度建设，克服随意性、“碎片化”倾向，增强制定工作的系统性；有利于明确一个时期内党内法规制度建设的目标、重点和着力点，集中资源力量，增强制定工作的可预见性、前瞻性；有利于落实任务分工、明确责任要求，分清轻重缓急、先后主次，推动各领域党内法规制度建设齐头并进，增强制定工作的协调性。

（二）规划计划的编制主体和程序

规划和计划的编制主体是具有党内法规制定权的制定机关。制定机关具有哪一级党内法规制定权，相应地行使哪一级党内法规规划和计划编制权。比如，中央党内法规制定工作规划和计划，由中共中央制定。编制规划计划的具体工作，一般按照以下程序进行：第一，承办部门拟订编制方案并按程序报党内法规制定机关批准；第二，就规划和计划编制工作和具体项目，征求地方和部门的意见建议；第三，在汇总研究、充分论证基础上，研究起草规划和计划草案；第四，就规划和计划草案广泛征求地方和部门的意见；第五，根据反馈意见修改完善规划和计划草案后，按程序报党内法规制定机关审批印发。

（三）规划计划的编制原则

编制规划和计划应当遵循以下原则：一是合乎规范。编制规划和计划应当符合党内法规制定权限的相关规定，符合党章和上位党内法规。二是着眼全局。应当从新时代党的建设总要求、党内法规制度建设全局的高度进行把握，合理确定制定项目。三是问题导向。坚持什么问题突出就解决什么问题，增强制定项目的针对性。四是突出重点。在统筹推进党内法规制定工作的基础上，应当综合考虑制度的需求和供给，区分轻重缓急，合理安排制定项目的先后次序。五是切实可行。坚持实事求是、从实际出发，全面考量制定项目的现实条件和出台时机。

三、起草

（一）起草的概念和意义

党内法规起草，是指起草机关拟定党内法规条文草案的活动。这是党内法规制定工作的必经环节，是形成党内法规草案的重要环节，直接反映制定机关的立规目的和意图，在相当大程度上决定着党内法规的制定质量。不同内容的党内法规，应当由不同的起草机关依照职责权限分别承担起草工作。一般而言，中央党内法规按其内容一般由中央纪律检查委员会以及中央有关部门等起草，综合性党内法规由中央办公厅协调中央纪律检查委员会以及中央有关部门等起草或者成立专门起草小组起草。特别重要的中央党内法规由党中央组织起草。中央纪律检查委员会以及党中央工作机关和省、自治区、直辖市党委制定的党内法规，由其自行组织起草。

（二）起草的程序

起草党内法规是一项程序繁杂、难度较高的工作，具有很强的专业性，一般包括以下几个步骤。

1. 调查研究。这是起草工作的重要基础。起草机关启动起草工作后，首要工作就是组织人员力量，收集相关文献资料，掌握与制定事项有关的政策法规和理论研究情况，采取多种方式了解实际情况，查找主要问题，听取意见建议。实践中，调研可以采取实地调研或者书面调研的方式，可以召开座谈会、研讨会、论证会或者进行个别访谈，必要时还可以开展问卷调查。调查研究可以吸收党委及其工作机关法律顾问和有关专家学者参加，或者委托专门机构开展。

2. 拟订草案。这是起草工作的关键环节。调查研究结束后，即可以围绕需要解决的问题，研究分析有关情况，形成草案提纲，确定党内法规的名称、指导思想、原则、篇章结构等。草案提纲确定后，即可以运用制定技术，撰写具体草案条文，并及时进行修改完善，形成草案初稿。

3. 协商。这是起草工作的重要环节，是保证党内法规制定质量和实施效果的重要举措。草案形成后，牵头起草部门应当就涉及其他部门和单位工作范围的事项，同有关部门和单位协商一致。经协商未能取得一致意见的，应当在报送党内法规草案时对有关情况作出说明。

4. 征求意见。这是起草工作的必经阶段，是发扬民主、集中智慧、保证党内法规制定质量的重要举措。征求意见的对象，应当根据草案内容相应确定。除与党内法规有直接关系的部门和地方外，涉及全党工作的，可以在全党范围内征求意见；涉及面广、比较重要的，可以征求党代表大会代表的意见；专业性、技术性较强的，可以征求专家学者的意见；与群众切身利益密切相关的，应当充分听取群众意见。

5. 提出草案和制定说明。这是草案进入审议批准阶段前的最后一道工序。草案经反复修改成熟后，形成报审议批准机关审批的送审稿。为便于审议批准机关全面准确了解草案，起草机关应当在报送党内法规草案同时报送草案制定说明。制定说明应当包括制定党内法规的必要性、主要内容、征求意见情况、同有关部门和单位协商情况等。

四、前置审核

（一）前置审核的概念和意义

前置审核是指党内法规草案形成后、审批前，先由审议批准机关所属法规工作机构对其政治性、合规性、合法性等方面进行审核。这是党内法规制定工作中的重要制度设计。前置审核主要是从政治、政策、法律、文风等方面对草案的必要性、合规性、可行性等进行审查。开展前置审核，有利于及早发现党内法规草案中的问题和瑕疵，防止党内法规草案“带病上会”，维护党内法规的严肃性和权威性。

（二）前置审核的主体

前置审核工作，由党内法规审议批准机关所属法规工作机构承担。比如，中央党内法规的前置审核，由中央办公厅法规局承担；中央纪律检查委员会以及党中央工作机关制定的党内法规的前置审核，由中央纪律检查委员会以及党中央工作机关所属法规工作机构承担；省、自治区、直辖市党委制定的党内法规的前置审核，由党委或者党委办公厅所属法规工作机构承担。

（三）前置审核的程序

拟提请党内法规制定机关审议批准的党内法规草案，按照归口履行完相关审议或者审批程序后，由起草机关报审议批准机关，审议批准机关将草案交所属法规工作机构进行前置审核。

（四）前置审核的内容

前置审核的主要内容包括：审查党内法规草案是否符合增强“四个意识”、坚定“四个自信”、做到“两个维护”等政治要求，是否同党章、党的理论和路线方针政策相抵触，是否同宪法和法律不一致，是否同上位党内法规和规范性文件相抵触，是否与其他同位党内法规和规范性文件对同一事项的规定相冲突，是否就涉及的重大问题与有关部门和单位协商，是否存在谋求部门利益和地方保护问题，是否符合制定权限和程序以及规范表述要求等。

（五）前置审核后的处理

前置审核结束后，主要有两种处理方式：一是对通过政治性、合规性、合法性审核的草案，提出提请审议批准机关审批的建议；二是对存在政治性、合规性、合法性等问题的草案，法规工作机构经批准可以向起草部门和单位提出修改意见。起草部门和单位应当根据审核机构的意见进行相应修改。如起草部门和单位无正当理由不采纳修改意见，法规工作机构可以向审议批准机关提出修改、缓办或者退回的建议。

五、审议批准

（一）审议批准的概念和意义

审议批准是指审议批准机关对党内法规草案进行审议，并作出是否予以批准的决定。这是党内法规制定工作的重要阶段，是在充分发扬民主基础上实行高度集中的过程，是党内法规草案变为具有约束力的党内法规的关键环节。

（二）审议批准的主体

根据党内法规的不同类型，由不同的主体进行审议批准。一是准则草案一般由中央委员会全体会议审议批准。二是条例草案一般由中央政治局会议审议批准。三是规定、办法、规则、细则等中央党内法规草案一般由中央政治局常委会会议审议批准。四是对调整范围单一或者配套性规定、办法、规则、细则等中央党内法规草案，可以采取传批方式，由中央办公厅报党中央审批。五是中央纪律检查委员会以及党中央工作机关制定的党内法规草案，由其领导机构会议审议批准。六是省、自治区、直辖市党委制定的党内法规草案，由党委全体会议或者常委会会议审议批准。

（三）审议批准的程序

党内法规一般应当由制定主体通过会议审议批准的方式进行。会议审议，体现了党内法规制定主体对党内法规制定工作的集体领导，有利于充分讨论、集思广益，在程序上保证党内法规的严肃性和权威性。

六、发布

（一）发布的概念和意义

发布是指党内法规草案经审议批准后，由制定主体以特定方式在一定范围内公布。发布是党内法规制定工作的最后一道程序。党内法规非经发布不能生效。党内法规在一定范围内公布，有利于执行机关、党员干部及其他相关方面及时了解、遵守和执行党内法规，使党内法规规范党的领导和党的建设活动的作用得以充分发挥。

（二）发布的程序

党内法规经审议批准后，由审议批准机关所属法规工作机构对党内法规的内容、表述、格式等进行全面审核，形成文件清样并征求相关部门意见后按规定程序报批，特定主体最终批准发布党内法规。

（三）发布的形式

党内法规一般以文件形式发布。中央党内法规采用中央文件形式发布。中央纪律检查委员会制定的党内法规采用中央纪律检查委员会文件形式发布。党中央工作机关制定的党内法规采用党中央工作机关文件形式发布。省、自治区、直辖市党委制定的党内法规采用党委文件或者党委办公厅文件形式发布。发布时，党内法规标题应当添加题注，载明制定机关、通过日期、发布日期。另外，党章等少数党内法规经党的全国代表大会等审议批准后面向社会公开发布，不以文件形式发布。

（四）公开

公开是党内法规面向全社会发布的形式。公开党内法规，有利于增强党的工作的透明度，扩大党内法规的知晓率，保障党员民主权利，加强党内监督，推动党内法规得到更好贯彻执行。公开与发布不同。党内法规均应当以适当形式发布，但不一定都公开。按照《中国共产党党内法规制定条例》第 29 条规定，党内法规除涉及党和国家秘密不得公开或者按照有关规定不宜公开外，应当在党报党刊、重点新闻网站、门户网站等党的媒体上公开发布。

（五）生效与施行、试行

党内法规发布后的生效，有正式施行和试行两种情形。

党内法规施行，是指党内法规发布后，从党内法规确定的某一时刻开始发生效力。实践中，有时是在党内法规发布的同时生效，有时是在党内法规发布后一段时间再生效。

党内法规试行，是指实际工作迫切需要，但对党内法规的制定内容还没有完全的把握，先制定出来试行一段时间，发现其存在问题的，加以修改完善后，再制定正式党内法规。实行试行制度，可以根据实践需要较快制定党内法规，保证党的领导和党的建设工作有序开展，同时也可以为制定机关提供试行经验，有助于制定更加成熟完善的党内法规。试行的党内法规一般在标题后面加“试行”二字。试行党内法规与正式党内法规具有同等效力。试行期限一般不超过 5 年。

七、修改

（一）修改的概念和意义

党内法规的修改，是指制定机关通过改变党内法规的某些规定，使之更好适应变化了的现实和新的实践需要。党内法规制定实施后，具有一定的稳定性，但并不是一成不变的，而要应时顺势而变。及时修改党内法规，可以使党内法规不断适应新情况、解决新问题，更加切合实际、科学有效，增强党内法规的灵活性和适应性。

（二）修改的主体和程序

只有有权制定党内法规的主体才能修改党内法规。党内法规制定主体与党内法规修改主体通常是同一主体，有时也可以授权相关主体修改，比如中央政治局常委会根据授权可以对中央政治局审议通过的党内法规作适度修改。具体来说，修改主体包括党的中央组织，中央纪律检查委员会以及党中央工作机关和省、自治区、直辖市党委。党内法规的修改程序与制定程序基本一致，因此《中国共产党党内法规制定条例》第 40 条规定，党内法规的修改，适用本条例。

（三）修改的形式和效力

党内法规的修改，实践中主要采取两种形式。一是采取与制定一部新的党内法规完全相同的形式，即修改后的党内法规草案经审议批准后，以新文件的形式发布。多数情况下，党内法规的修改采取这一形式。二是履行完党内法规修改程序后，以“修正案”或者“修改决定”的形式，发布党内法规的修改情况。比如，《中国共产党第十九次全国代表大会关于〈中国共产党章程（修正案）〉的决议》《中共中央关于修改〈中国共产党巡视工作条例〉的决定》等。

第四节 党内法规制定技术规范

一、党内法规制定技术规范的概念和意义

党内法规制定技术规范是指党内法规制定过程中，在结构、内容和表述等方面应当遵循的技术规则和应当符合的标准要求。党内法规制定与立法一样，都属于制度建设，应当遵循制度建设的一般规律，因而党内法规制定技术规范与立法技术规范在有些方面是相通的。但是，党内法规制定毕竟不同于立法，二者在制定主体、调整对象、调整方式、表现形式等方面都有明显差异，这就决定了党内法规制定技术规范有自身的特点和特性，不能完全照搬移植立法技术规范。

党内法规制定技术规范，是在党内法规制定工作长期实践中逐步摸索形成的，是党内法规制定工作规律的反映，是实现党内法规制定工作科学化、专业化、规范化的必然要求，具有重要意义。一是有助于保证党内法规制定质量。党内法规制定技术规范以制定实践中存在的问题为导向，总结制定工作经验，着眼于体现党内法规的规范性、周延性、确定性、逻辑性等特点，为党内法规制定工作确立基本的技术规范，有利于提高党内法规制定质量和水平，维护党内法规的严肃性和权威性。二是有利于保证党内法规体系的统一性。不同的党内法规制定主体拥有不同的制定权限和制定能力，但党内法规作为党的制度的高级形态，不能五花八门。党内法规制定技术规范通过对党内法规制定工作提出一体性的标准和要求，可以使各领域各层级党内法规呈现出统一的体例格式和风格特点，从而构成一个协调、统一的整

体。三是有利于促进党内法规实施。党内法规制定技术规范要求党内法规使用成熟的框架、逻辑的体系、明确的概念和规范的语言，使党内法规的制定目的和立规精神以清晰明确的方式呈现，避免出现立规瑕疵和立规歧义，这有利于党组织和党员准确理解、严格遵守和执行党内法规。

二、政治要求

政治性作为党内法规的“灵魂”，贯穿于党内法规制定的全过程，体现在党内法规的制度设计、逻辑起点、话语体系等各个方面。党内法规的政治性也直接决定了党内法规在结构、内容、表述等方面既有与国法相似的标准要求，更有体现党规特色的技术规范。一是从结构规范上来看，目前党内法规一般采用条款式体例结构，但是对于一些思想性、政治性、综合性很强的法规，也有例外情形。比如，《关于新形势下党内政治生活的若干准则》要总结中国共产党长期以来在开展党内政治生活方面形成的宝贵经验和基本规范，阐明中国共产党关于开展严肃认真的党内政治生活的原则和立场，有很多问题需要讲道理，用条款式的体例不易表达和彰显其思想性和政治性，因此，采用了段落式的体例结构。二是在内容规范上，党规党纪中义务性规范重于权利性规范。党规党纪强调义务在先、权利在后，义务对党员和党组织来说是第一位的。比如，党章就把党员义务规定在党员权利之前。而且，从比重上看，党规党纪中义务性规范相对更多、权利性规范相对较少，这其实也是在强调，在党内，义务是更为基础和主要的。从本质上讲，这种状况是由党作为政治组织，首先要保证党的团结统一和步调一致所决定的。这与国法强调公民权利义务对等，宪法将公民基本权利规定在公民基本义务之前，是有明显区别的。三是在表述规范上，党内法规的表述方式虽然与法言法语有相通之处，但是更注重用政治话语彰显其政治性，既要注重力度，实现法规的刚性约束，也要体现温度，彰显政治的人文关怀。比如，关于纪律规矩方面的禁止性、限制性规定，在表述上要求精准、明确，关于思想建设、激励机制方面的宣誓性、倡导性要求需要体现情感温度，动之以情、晓之以理。

三、结构规范

（一）名称规范

党内法规名称一般由制定主体、法规主题、法规名称三部分组成。制定主体反映党内法规由谁制定、适用范围有多大，法规主题反映党内法规的基本内容，法规名称反映党内法规的位阶及效力。比如，《中国共产党纪律处分条例》这个法规名称中，“中国共产党”表明条例由党的中央组织制定，适用于党的各级组织和全体党员；“纪律处分”为法规主题，表明条例的内容是处理违犯党的纪律的行为的规定；“条例”为法规名称，表明其位阶仅次于党章和准则，效力等级属于中央党内法规。

确定党内法规名称，应当严格遵循《中国共产党党内法规制定条例》第5条关于党内法规名称的规定，按照制定主体的职责权限、法规的性质内容、法规调整和规范的对象等确定。即党内法规应当使用党章、准则、条例、规定、办法、规则、细则七种名称，并各有其适用情形。中央党内法规可以使用七种名称，部委党内法规、地方党内法规只能使用规定、办法、规则、细则四种名称。

党内法规名称应当鲜明、准确、简洁，精准反映党内法规的主要内容。名称尽量不使用介词、副词以及标点符号。

题注应当载明制定机关、通过日期、发布日期。经过修改的党内法规，应当依次载明修改机关、修改日期。题注内容不得使用简称。各句之间间隔一个字符的空格，不使用标点符号分隔。

（二）体例结构

党内法规的内容用条款方式表述，通过编、章、节、条、款、项、目等结构单位将各部分连结为具有内在联系、层次分明的有机整体。

编是党内法规最高层次的结构单位，仅用于内容重大、结构复杂、层次多、篇幅长的党内法规。比如，《中国共产党纪律处分条例》设有三编，分别是第一编“总则”、第二编“分则”、第三编

“附则”。

章是党内法规结构层级中仅次于编的常用单位，是连接内容较多、篇幅较长的党内法规的重要结构单位，其应用频率仅次于条和款。

节设于章之下，是党内法规中次于章并隶属于章的结构单位，但并非所有设章的党内法规都设节。党内法规条文较少、内容较为简单的，可不设章、节。设章的党内法规是否设节，取决于法规条款自身性质、内容多少、篇幅长短。

条设于章或者节之下，在不设章、节的情况下也可单独使用，是构成党内法规最基本、最常用的结构单位，也是党内法规不可缺少的结构单位。

款设于条之下，其重要性和使用频率仅次于条。款是附属结构单位，隶属于条，不能独立于条而单独存在。

项是党内法规中次于款的结构单位。项不一定隶属于款，可以直接设于条之下。条、款下是否需要设项，主要取决于条或者款的内容的复杂程度。

目设于项之下，是党内法规中次于项且隶属于项的结构单位，也是最小的结构单位。项是否需要划分目，取决于内容的复杂程度。目在党内法规中较少使用。

四、内容规范

根据《中国共产党党内法规制定条例》第 21 条规定，党内法规一般应当包括名称、制定目的和依据、适用范围、具体规范、解释机关、施行日期等内容。从这些内容的逻辑层次看，可以大致分为总则、分则和附则三个部分。

（一）总则部分

总则是党内法规的基础部分，具有统领性，主要规定党内法规的制定目的和依据、适用范围、定义条款、一般原则等。

1. 制定目的和依据。制定目的和依据通常列为党内法规第 1 条。制定目的是制定党内法规要实现的目标。党内法规有多重制定目的的，一般采用由近到远、由小到大、由具体到抽象、由直接到间接的顺序表述。制定目的的表述应当简明扼要，具有鲜明针对性，不能使用空话、套话。制定依据表明党内法规的来源，根本依据是党章，直接依据是上位阶党内法规或者党中央决策部署和指示要求。

2. 适用范围。党内法规适用范围是指党内法规的调整和规范对象，一般涉及特定人、特定地域、特定行为、特定事项等。适用范围一般在总则或者前面位置加以规定。一些对象不属于一般调整和规范范围，但与调整和规范对象具有相似性，且有必要加以规范的，可以在总则或者附则中规定参照适用。比如，《党政机关公文处理工作条例》在总则部分第 2 条规定“本条例适用于各级党政机关公文处理工作”，同时，在附则部分第 40 条规定“其他机关和单位的公文处理工作，可以参照本条例执行”。

3. 定义条款。定义条款是指对党内法规中重要的概念和词语进行定义，说明其具体含义。定义必须清楚确切，一般表述为“本条例所称××，是指……”。一个定义条款中规定多个概念、术语的，应当分款或者分项表述。

4. 一般原则。一般原则是党内法规中最基本的要求，对整个党内法规具有统领作用。一部党内法规有了一般原则，就有了中心，党内法规的各个章节和条文就形成了一个有内在联系的整体。一般原则对整个党内法规的制定和实施具有重要指导意义，贯穿党内法规文本始终。一般原则一般单列一条，也可以在一条中分项表述。

（二）分则部分

分则是与总则相对应的，是使总则内容得以具体化的党内法规条文的总称，是党内法规的主体部分，是党内法规遵守和执行最直接、最主要的依据和内容。从内容上看，分则主要是为党组织和党员设定行为模式，明确什么主体在什么条件下应当履行哪些职责或者义务、享有哪些职权或者权利，同时规定监督追责问责等内容，明确责任追究情形、适用对象、责任种类等。

在写法上，分则应当符合以下要求：一是体系和内容要完整。要完整地体现总则的内容和要求，完整地规定各有关主体、事项、行为、结果，完整地规定义务权利、职权职责，不能有遗漏或者缺项。

二是内容规定要明确、具体，具有可操作性。实践中许多党内法规之所以难以有效执行，很重要的一个原因就是这些党内法规没有达到这方面的要求。分则的规定必须给党组织和党员以直接、明了的行为指引，不能含糊其词、模棱两可，也不能提脱离现实、不切实际的要求。三是逻辑层次要合理。分则部分的内容一般比总则部分多，这就要求在结构安排、层次划分、顺序确定上必须有所考虑，做到结构合理、层次清楚、顺序适当。四是避免分则内容与总则内容不一致，或者分则内部各条文之间相互矛盾。这体现了一部党内法规内部必须协调一致的要求，否则就会给党组织和党员理解、遵守和执行党内法规造成困扰甚至障碍。

分则在创设义务权利、规范职权职责时，还需要把握好以下两个方面：一是厘清党规和国法的边界。党内法规规范的是宪法和法律不宜规范的党内生活和党内关系，对象主要是党组织和党员，一般不直接规定国家立法事项，可以对党组织和党员提出更高标准更严要求，但又不能同宪法和法律相抵触。二是厘清党内法规与规范性文件的边界。要推动党内法规和规范性文件相得益彰而不是相互混淆，凡是涉及创设党组织职权职责、党员义务权利、党的纪律处分和组织处理的，只能由党内法规进行规定；涉及提出政策、作出部署等事项，或者制定党内法规条件尚不成熟的，可以通过制定规范性文件作出有关制度安排。

（三）附则部分

附则是党内法规中作为总则和分则的辅助性内容而存在的组成部分，主要是对总则、分则的遵守执行作一些必要的补充规定，包括配套制度、参照适用、解释机关、施行日期等。附则未必是所有党内法规都设置的，但附则的内容是绝大多数党内法规都需要的。

1. 配套制度。若党内法规的贯彻落实需要有关方面制定实施细则、贯彻落实举措等，应当在附则中提出要求。

2. 参照适用。即明确与该党内法规调整的对象、事项相近的对象或者事项，应当或者可以参照该规定或者其精神实施相关活动。

3. 解释机关。即在党内法规实施中，如果需要对其含义作进一步明确时，应当由谁对党内法规作出解释说明。

4. 施行日期。党内法规应当规定具体的施行时间，一般表述为本条例（规定、办法、规则、细则）自发布之日起施行或者自×年×月×日起施行。

五、表述规范

（一）语言规范

党内法规的语言是党内法规的重要载体和表现形式，必须体现党内法规的特点，需要注意以下几个方面的要求：

1. 严谨准确。对行为主体、行为模式、行为后果的规定要清楚明白，避免出现含糊不清、伸缩性很大的规定。

2. 简洁明了。应当符合国家通用语言文字规范，避免使用生僻词、方言和口头用语，不得生造词语，一般不用夸张、比喻、拟人、排比等修辞用法和带有感情色彩的修饰性语言。

3. 朴实务实。应当减少论述性、阐述性、效果性语言，避免花里胡哨，堆砌辞藻，切忌形成制度上的形式主义。

（二）句式规范

党内法规的句式表述通常包括四类：

1. 禁止性规范。一般使用“不得”或者“禁止”的句式。“不得”一般用于有主语或者有明确的被规范对象的句子中，表述为“××不得……”；“禁止”一般用于无主语的祈使句中，表述为“禁止……”。

2. 义务性规范。一般表述为“××应当……”“××必须……”。“必须”比“应当”语气更加强烈，表示没有例外。

3. 权利性规范。一般表述为“××可以……”，也可以根据不同情况表述为“××有权……”。一般用来赋予主体某项权利。

4. 授权性规范。一般表述为“××部门（组织或者机构）可以进行……”“……的办法（规定）由××（另行）制定”等。

（三）词汇规范

1. 双音节词语使用。党内法规条文一般使用“为了”“可以”

“应当”“或者”“如果”“按照”“必须”等双音节词语，不用“为”“可”“应”“或”“如”“按”“须”等单音节词语。

2. 用词准确。应当尽量避免使用意思笼统、不明确的词语，能够具体规定的，尽可能量化、具体化。

3. 是否包含本数。规范年龄、期限、尺度、重量等数量关系，使用“以上”“以下”“以内”“不满”“超过”等词语时，“以上”“以下”“以内”均含本数，“不满”“超过”均不含本数。

4. 数词使用。（1）条款中的日期、序数、量数、比例数、百分数以及幅度和数额，一般用阿拉伯数字表示。（2）公历年、月、日，统计表中的数字，需要精确到小数点后的数字，均用阿拉伯数字表述。（3）“二”和“两”的使用。“二”在条文中一般只作为序数使用，比如“第二种”，或者作为款下设项时的序数等使用。在一般量词前，表示数量的多少，要用“两”，比如“候选人两人”“两年以上”等。

5. 量词使用。党内法规中需要使用量词时，应当使用法定计量单位。数量单位一般使用中文公制单位表述。

第五节　党内法规解释

一、党内法规解释的概念和意义

现代汉语中的“解释”，意即分析阐明，或者说明含义、原因、理由等。党内法规解释，是指有权机关根据特定权限和程序，按照一定原则和标准，对党内法规条文的具体含义进行阐释和说明，以助于党组织和党员更加准确地理解、遵守和执行党内法规。从性质上看，党内法规解释是党内法规制度建设中独立的一环，是党内法规制定与党内法规实施的重要连接点，同时，由于党内法规解释外在表现为对党内法规条文含义进行阐释说明，因而也可以被视为广义的党内法规制定活动，或者党内法规制定活动的继续和延伸。为了规范党内法规解释工作，2015 年 7 月，中共中央办公厅印发了《中国共产党党内法规解释工作规定》。

党内法规解释，既是一项科学性、专业性的工作，也体现出一种制度阐释和应用的艺术，在党内法规制度建设中具有重要意义。

第一，有利于维护党内法规的稳定。制度只有是稳定的，才会具有权威性。党内法规是根据特定的世情国情党情制定的，而世情国情党情则是不断发展变化的，这就使得党内法规具有一定的滞后性。修改党内法规，可以消除这种局限，但频繁修改，又必然损害党内法规的严肃性。

第二，有利于促进党内法规的实施。党内法规是高度概括的，条文表述通常比较原则和抽象，适用于普遍的不特定对象。如何将抽象的、一般的党内法规规定适用于具体的、个别的行为，真正发挥刚性约束作用，这是党内法规实施的关键。党内法规解释对原则、抽象的条文进行具体详细的阐释，使模糊的含义得以清晰和明确，增强了规则的可操作性，对党内法规在实践中得到准确贯彻执行必将起到重要助推作用。

第三，有利于推动党内法规的完善。由于认识水平的局限或者立规能力的不足，党内法规有可能存在这样那样的瑕疵，而这些瑕疵有时又不适宜或者没有必要通过修改来解决。通过党内法规解释，可以使党内法规的条文含义更加精确，有效消除规则内部的矛盾冲突，从而显著增强党内法规的科学性和适应性。从这个意义上说，党内法规解释是完善党内法规的重要途径，是发展党内法规的重要方式。

二、党内法规解释的适用情形

党内法规解释，并非党内法规制定后、党内法规实施前的必经环节，而是一种针对特定情形作出的特殊程序。通常适用于以下三种情形：一是需要进一步明确条文具体含义或者适用问题。党内法规条文中的一些概念、术语、原则、规则存在模糊之处，相关主体可能对其存在不同甚至完全相反的理解，进而可能造成执行的不统一，因此需要通过解释明确党内法规条文的具体含义，以统一各方认识及行动。二是条文存在瑕疵。党内法规条文客观上可能会存在用词不准确、前后不协调等瑕疵，影响党内法规的贯彻执行，需要通过合理解释，弥补条文规定的缺憾，保证党内法规制定目的的实现。三是实践发展需要。党内法规具有相对稳定性，而党的领导和党的建设的实践则是丰富多样并不断发展变化的，党内法规出台后可能会面临制定时无法预见的新情况新问题，需要通过解释赋予其新的含义，以便及时对新情况新问题作出回应，使党内法规动态适应变化了的实际。

上述三种适用情形中，第一种情形是实践中最经常、最大量出现的，适用范围较广，操作弹性比较大；第二种情形和第三种情形实践中适用不多，解释空间较小，其适用需要以不违反党内法规制定原则和精神，且客观上能够作出合乎逻辑、合乎情理的解释为限。

三、党内法规解释的种类

根据不同的标准，可以对党内法规解释作不同的分类。

根据解释效力的差异，党内法规解释可以分为正式解释和非正式解释。正式解释，亦称“有权解释”，是指有权机关在其职权范围内，对党内法规所作的具有规范效力的解释。非正式解释，亦称“无权解释”，是指有权机关以外的主体，如社会公众、专家学者等，对党内法规所作的不具有规范效力的解释。通常我们所说的党内法规解释，均指正式解释。

根据解释尺度的差异，党内法规解释可以分为字面解释、限缩解释和扩张解释。字面解释，是指根据党内法规条文的字面含义对党内法规所作的解释。这种解释忠于法规条文的字面含义，既不扩大也不缩小。限缩解释，是指当党内法规条文的字面含义较之党内法规制定意图和社会实际需求明显过宽时，对党内法规条文所作的窄于字面含义的解释。扩张解释，是指当党内法规条文的字面含义过于狭窄，不足以准确反映党内法规制定意图和社会实际需求时，对党内法规条文所作的宽于字面含义的解释。

此外，还有一些其他的分类方法。比如，根据解释方法的差异，将党内法规解释分为文法解释、逻辑解释、历史解释和目的解释等。

四、党内法规解释的主体

党内法规解释的主体，也称“解释机关”，是指有权对党内法规作出解释的机关。谁可以成为党内法规解释主体，本质上是由党内法规解释权的归属决定的。由于党内法规的解释同党内法规具有同等效力，可以对党组织和党员产生约束力，且根据《中国共产党党内法规制定条例》第 21 条规定，“解释机关”是党内法规一般都应当规定的内容，因此党内法规解释权的归属，必须由党内法规作出明确规定。从实践情况看，党内法规解释的主体主要包括两种情况。

（一）制定主体

绝大多数情况下，党内法规解释的主体就是党内法规的制定主体，党内法规解释主体与党内法规制定主体是统一的，此即通常所说的“谁制定谁解释”原则。这是确定党内法规解释机关的一般原则。党内法规制定主体对党内法规的制定目的、制定过程、主旨精神、条文含义了解最全面、最透彻，党内法规解释对专业性、技术性要求又比较高，因此，由制定机关对其制定的党内法规进行解释，是顺理成章且最为适宜的，有助于最大限度保证党内法规解释的准确性和客观效果，确保党内法规解释最具权威性、说服力。按照这一逻辑，中共中央是中央党内法规的当然解释主体；《中国共产党党内法规制定条例》第 34 条规定“中央纪律检查委员会以及党中央工作机关和省、自治区、直辖市党委制定的党内法规由制定机关解释”，表明中央纪律检查委员会以及党中央工作机关制定的党内法规由中央纪律检查委员会以及党中央工作机关解释，省、自治区、直辖市党委制定的党内法规由省、自治区、直辖市党委解释。

（二）授权主体

这是对“谁制定谁解释”原则的一个重要补充，属于例外情形。授权主体解释，是指根据工作需要，党内法规制定机关可以授权特定主体对其制定的党内法规作出解释。由于党内法规解释具有规范效力，因此授权解释必须非常慎重，并在制度上进行严格规制。首先，授权解释只能由作为有权解释主体的党内法规制定机关作出，其他主体无权作出授权。这是授权解释的逻辑基础。其次，授权解释必须由党内法规制定主体在党内法规中作出明确规定，这是授权解释的规范依据。没有党内法规依据，不得自行授权解释。再次，授权解释只能在中央党内法规层面实行，这是授权解释的适用范围。《中国共产党党内法规制定条例》第34条规定："中央党内法规由党中央或者授权有关部委解释，中央纪律检查委员会以及党中央工作机关和省、自治区、直辖市党委制定的党内法规由制定机关解释。"也即，只有中央党内法规才能授权特定主体对其作出解释，比如，《中国共产党纪律处分条例》第141条规定，"本条例由中央纪律检查委员会负责解释"。中央纪律检查委员会以及党中央工作机关不得授权其他主体对其制定的党内法规进行解释。最后，被授权对党内法规进行解释的主体应当与党内法规调整事项和制定实施具有最密切的联系，这是授权解释的对象条件。实践中，被授权机关通常是党内法规的起草机关或者党内法规调整事项的主管机关。由于党内法规解释具有较强专业性、技术性，而作为党内法规的起草者和执行者，起草机关或者主管机关熟悉党内法规的制定目的和意图，了解党内法规实施过程中出现的问题，由其根据授权进行解释是适当的。

在这里需要注意两点：一是授权解释并不意味着党内法规解释权的完全转移，即使授权其他主体进行解释，党内法规制定主体依然始终享有党内法规解释权。二是党内法规解释主体可以指定特定主体具体承担党内法规解释相关工作，比如省（自治区、直辖市）党委可以指定党委办公厅或者其他党委工作部门等具体承担解释工作。但这些机构不属于党内法规解释主体，而是为党内法规解释主体进行解释提供服务的。

五、党内法规解释的原则

为保证解释的科学性和合理性，党内法规解释必须遵循以下原则。

（一）符合党内法规制定一般原则

党内法规解释属于广义的党内法规制定活动，因而要遵循党内法规制定的一般原则，比如坚持正确政治方向，增强“四个意识”、坚定“四个自信”、做到“两个维护”；坚持以党章为根本，贯彻党的基本理论、基本路线、基本方略；坚持民主集中制，充分发扬党内民主，维护党的集中统一；坚持党必须在宪法和法律的范围内活动，注重党内法规同国家法律衔接和协调；坚持便利管用，防止烦琐重复。

（二）尊重条文原意

党内法规解释必须立足于党内法规文本和具体条文，忠于条文原意。一方面，解释机关应当尽量在阐释党内法规条文含义时，客观揭示党内法规制定当时的意图和考虑，使条文原意得以还原和体现。另一方面，即使需要对条文含义作限缩或者扩张解释，也不能完全脱离条文原意作随意解释，必须以条文原意为基础作必要延伸，保证解释合乎情理、合乎逻辑。

（三）适应党的事业发展和党的建设实际

党内法规解释的重要意义之一，就是在党内法规与社会现实之间搭建一座桥梁，使党内法规可以及时准确回应实践并准确应用于实践。这就要求党内法规解释机关必须关注社会现实的发展变化，了解党内法规实施中的情况和问题，确保党内法规解释既能够适应党的事业不断发展的需要，具有建设性和前瞻性，又要切实符合党的建设的客观实际，不脱离现实，具有可操作性，能够真正发挥作用。

（四）不违背党内法规制定目的和基本精神

党内法规解释要立足条文，但又不能完全局限于条文，对条文的解释必须与对党内法规整体的把握结合起来，要注重从整体和系统的角度进行党内法规解释，使其与党内法规的其他条文和其他解释有机统一起来，不能冲突矛盾。既要符合党内法规制定目的，有助于党内法规制定目的的实现，又要符合党内法规全部条文体现出来的基本精神，这是贯穿党内法规及其解释并在深层次发挥作用的重要因素。

六、党内法规解释的程序

为保证严肃性和规范性，党内法规解释通常应当遵循以下程序。

（一）启动

党内法规解释的启动包括两种方式：一是党内法规解释主体根据工作需要，主动作出解释；二是党内法规解释主体基于党的机关或者党组（党委）的书面请示或者请求，决定作出解释。

（二）承办

党内法规解释主体指定有关机构承办党内法规解释工作，通常是办公厅（室）或者与党内法规调整事项具有密切联系的职能部门。党内法规解释承办机构，应当根据党内法规解释主体要求，按照党内法规解释原则，在调查研究的基础上提出党内法规解释草案，并征求相关单位意见。

（三）审核

党内法规解释草案在正式报批前，应当由党内法规解释主体的负责法规工作的机构进行审核。审核内容包括是否符合党内法规解释原则、内容是否合理、程序是否规范等。

（四）审批

经审核通过后，将党内法规解释草案报党内法规解释主体审批。审批方式可以是会议审议批准，也可以是按程序报党内法规解释主体主要负责同志审批。

（五）发布

党内法规解释草案经审批后，一般以党内法规解释主体办公厅（室）文件形式发布，可以采取“解释”“批复”“答复”等名称。党内法规解释的密级和印发范围一般应当与党内法规的密级和印发范围保持一致。

七、党内法规解释的效力

党内法规解释，同党内法规具有同等效力。所谓同等效力，是指在时间和对象上的效力相同。根据这一原则，中央党内法规解释效力等同于中央党内法规，部委党内法规解释效力等同于部委党内法规，地方党内法规解释效力等同于地方党内法规。这主要是因为，党内法规解释主体通常就是党内法规制定主体，同一主体制定的党内法规和出台的解释，在效力等级上自然是相等的。

需要注意的是，在授权解释的情况下，受权机关根据党内法规授权作出的解释，可以视同党内法规制定主体作出的解释，与党内法规具有同等效力。但是，受权机关的解释毕竟不同于党内法规制定主体的解释，二者的效力事实上是存在差异的。在制定主体未作出解释的情况下，受权机关的解释与党内法规具有同等效力。当制定主体在授权解释之外自行作出解释时，授权解释在效力上则是低于制定主体解释的，且不得与制定主体的解释相抵触。

第六节 党内法规备案审查

一、党内法规备案审查的概念和意义

从语义上看，“备”有准备、预备等含义，“案”原意为长方形桌子，引申为文书、案卷；“备案”意思是把情况用书面形式报告给主管部门，供存档备查。“审查”意为检查核对是否正确、妥当。备案审查起初是处理公务的工作方式，后来逐渐演变为一种制度。党内法规备案审查，是指党内法规在发布后一定时间内，由其制定机关依照一定程序报送中共中央进行审查，并由后者对审查发现的问题作出处理。实践中，党组织制定的党内法规和规范性文件都要报上级党组织进行备案审查。与一般意义上的备案审查不同，党内法规备案审查不仅是存档备查，更重要的是对党内法规进行政治性、合法合规性、合理性、规范性审查，并作出相应处理。此概念表明：第一，党内法规备案审查是一种事后备案审查，发生在党内法规发布生效之后，不同于发布前的审核；第二，党内法规备案审查具有特定的主体，只有党内法规制定机关才能报备，只有中共中央才有权审查；第三，党内

法规备案审查是对党内法规制定活动的监督，体现了党内监督的制度创新。

党内法规备案审查，是党内法规发布之后的一道“质检”环节，对于保证党内法规制定质量起着重要作用。加强党内法规备案审查，是党内法规制度建设的一项重要内容，具有多重意义：第一，备案审查有助于党中央全面了解全党党内法规制定情况，加强自上而下的党内监督，推动党内法规制度建设进一步提升科学化和规范化水平。第二，备案审查有利于消除党内法规之间的冲突，保证党内法规同党章、党的理论和路线方针政策相一致，同宪法和法律衔接协调，维护党内法规体系的统一和权威。第三，备案审查有利于保障中央令行禁止和政令畅通，为管党治党、执政治国提供可靠制度保障。

二、党内法规备案审查的渊源和实践

党内法规备案审查作为一种党内监督制度，其渊源主要是党章等党内法规和中共中央文件。党章总纲部分规定，“强化管党治党主体责任和监督责任，加强对党的领导机关和党员领导干部特别是主要领导干部的监督，不断完善党内监督体系”。这就内含着对领导机关制定党内法规的监督。1990 年 7 月，中共中央印发《中国共产党党内法规制定程序暂行条例》规定，经中央纪委、中央各部门审议批准的党内法规，报送中央备案；各省、自治区、直辖市党委制定的党内法规，应在发布的同时报送中央备案。这是党的历史上首次以党内法规形式确立了备案审查制度。同年 11 月，《中共中央办公厅关于党内法规备案工作有关问题的通知》印发，就备案材料、报备时限等作出明确规定。2012 年 5 月施行的《中国共产党党内法规制定条例》规定，“中央纪律检查委员会、中央各部门和省、自治区、直辖市制定的党内法规应当自发布之日起 30 日内报送中央备案”。这一规定进一步明确了党内法规备案审查制度。2012 年 7 月施行的《中国共产党党内法规和规范性文件备案规定》，对党内法规和规范性文件备案审查的原则、范围、期限、问责等作出了明确规定，健全了备案审查的一系列制度机制。2013 年 11 月中共十八届三中全会要求，健全法规、规章、规范性文件备案审查制度。2014 年 10 月中共十八届四中全会要求，加大党内法规备案审查和解释力度。2016 年 12 月印发的《中共中央关于加强党内法规制度建设的意见》要求，加强备案审查，完善备案审查制度。2019 年 9 月修订出台的《中国共产党党内法规和规范性文件备案审查规定》，对党内法规和规范性文件备案审查的主体、标准、处理等作了进一步完善。

2012 年以来，伴随党内法规事业的快速发展，党内法规和规范性文件备案审查工作取得长足进展。备案审查工作从小到大、从点到面，涉及的领域越来越宽，覆盖的范围越来越广，实现了高起点起步、跨越式发展，已成为党内法规工作中一项重要业务。从中央到地方，纵向到底、横向到边、贯通上下左右的备案审查工作体系已经建立起来。几年来，中共中央办公厅对中央各部委和各省、自治区、直辖市党委报送备案的几万件党内法规和规范性文件进行了审查，经报批准后纠正了其中存在的一些问题，有力维护了习近平总书记党中央的核心、全党的核心地位，维护了党中央权威和集中统一领导，也维护了党内法规制度的统一性和权威性。随着实践发展，党内法规和规范性文件备案审查制度机制不断完善，工作体系逐步健全，审查标准更加优化，审查质量持续提升，为加强党的全面领导、全面从严治党提供了重要制度保证。

三、党内法规备案审查的主体和对象

（一）备案审查主体

备案审查主体包括报备主体和审查主体。报备主体包括两类：一是中央纪律检查委员会以及党中央工作机关；二是各省、自治区、直辖市党委。此外，根据《中国共产党党内法规制定条例》，经党中央批准，有关中央国家机关部门党委可以就特定事项制定党内法规。此为特殊报备主体。实践中，具体报备工作由各报备主体所属有关工作机构承担。审查主体具有唯一性，就是中共中央。实践中，经中共中央授权，中共中央办公厅负责向中央报备的党内法规的备案审查，具体工作由中共中央办公厅法规局承担。

（二）备案审查的对象

根据报备主体类型，备案审查的对象主要包括两类：一是中央纪律检查委员会以及党中央工作机关制定的党内法规，比如《宣传思想文化系统事业单位领导人员管理暂行办法》；二是各省、自治区、直辖市制定的党内法规，比如地方党委制定的《中国共产党党务公开条例（试行）》实施细则、《中国共产党党内功勋荣誉表彰条例》实施办法。此外，有关中央国家机关部门党委根据授权制定的党内法规，亦应作为审查对象。需要注意的是，中央党内法规由党的中央组织制定，在党内法规体系中位阶最高、效力最高，各级党组织和全体党员都必须遵守和执行。中央党内法规无须报备，不是审查的对象。

四、党内法规备案审查的原则

《中国共产党党内法规和规范性文件备案审查规定》确立了党内法规备案审查的原则，即有件必备、有备必审、有错必纠。这三个原则相互联结、环环相扣，构成一个有机统一的整体。

（一）有件必备

这是对党内法规报备提出的基本要求。凡属于报备范围的党内法规，报备主体都应当按照有关规定要求及时向中共中央报备。从实践来看，有的地方和部门对备案工作的重要性认识不足，责任意识不够强，报备不够积极主动，出现漏报、迟报等现象。确立有件必备原则，有利于增强备案意识，推动报备工作顺利开展，实现党内法规应报尽报。

（二）有备必审

这是对党内法规审查提出的基本要求。审查是党内法规备案的关键环节。对于报备的党内法规，审查机关应当按照有关规定从政治性、合法合规性、合理性和规范性等方面，进行全方位审查。如果备案工作仅作备案登记，备而不审，备案审查制度就会成为摆设，难以起到应有的监督作用。特别是对关乎全局、关系长远、涉及群众切身利益、社会反响强烈的党内法规，更需要全面认真审查，及时发现和处理存在的问题，充分发挥备案审查纠错纠偏的功能和作用。

（三）有错必纠

这是对党内法规备案审查结果处理提出的基本要求。审查机关经过审查发现党内法规有“错”的，应当按照有关规定，根据问题的性质和轻重，运用适当方式加以纠正。这里的“错”，是指党内法规存在的不讲政治、不合法、不合规、不合理和不规范等问题。这里的“纠”，是指对问题进行处置的具体方式方法。确立有错必纠原则，对发现的“错”审慎研判、科学处理，以从根本上保证备案审查的权威性和严肃性。

五、党内法规备案审查的内容

根据《中国共产党党内法规和规范性文件备案审查规定》，备案审查的内容可以分为两类：形式审查和实质审查。

（一）形式审查

这主要是指对党内法规是否属于报备范围，报备材料是否齐全，报备时限是否超期等形式要件进行审查。具体而言，报备范围的审查是第一关，不属于报备范围的党内法规，不必进入审查程序。报备材料包括备案报告、正式文本及备案说明，且必须符合规定的格式。报备时限是自党内法规发布之日起 30 日内。

（二）实质审查

这主要是指对党内法规是否存在实质性不适当规定进行审查。这是备案审查工作的重点。上级党组织对下级党组织的监督是全方位的，因此对党内法规的实质审查也是全方位的。具体而言，实质审查的内容可以概括为以下五个方面。

1. 政治性。这是首要的审查内容。主要审查是否认真贯彻落实习近平新时代中国特色社会主义思想，是否同党的基本理论、基本路线、基本方略相一致，是否与党中央重大决策部署相符合，是否严守党的政治纪律和政治规矩，是否有利于维护习近平总书记党中央的核心、全党的核心地位，维护党中央权威和集中统一领导。

2. 合法性。主要审查是否同宪法和法律相一致。党章规定，党必须在宪法和法律的范围内活动。因而，制定党内法规也必须符合宪法和法律的要求。合法性是党内法规的内在要求。在制定权限上，党内法规不得超越职责权限，规定只能由法律进行调整和规范的事项。在具体内容上，党内法规不得同宪法和法律、我国政府承认的国际规则的规定相背离，或者明显违背其原则和精神。

3. 合规性。主要审查是否同党章、上位党内法规和规范性文件相抵触，是否与同位党内法规和规范性文件对同一事项的规定相冲突，是否符合制定权限和程序，是否落实精简文件、改进文风要求等。党章是最根本的党内法规，党的理论和路线方针政策是党的意志和人民意志的体现，制定党内法规不得与之相悖。不同的党内法规有高低位阶之分，具有不同的效力，因而制定党内法规不得同上位党内法规相抵触。同一位阶的不同党内法规如果对同一事项的规定有冲突，那么被审查的党内法规应当与其他党内法规保持协调衔接。

4. 合理性。主要审查党内法规的内容是否明显不当，即党内法规虽然合规合法，但还要看是否明显滞后于经济社会发展和管党治党实践，不适应社会现实需要，或者明显违背公序良俗、社会常识，或者可能在党员群众中造成重大负面影响。这类明显不当的内容，也是审查的重点之一。

5. 规范性。主要审查党内法规名称使用是否适当，体例格式是否正确，表述是否规范等。加强规范性审查，有利于维护党内法规的统一性和严肃性，维护党的形象和权威。

六、党内法规备案审查的程序

备案审查的程序分为两个部分：报备程序和审查程序。

（一）报备程序

党内法规发布后，由报送机构制作完整的报备材料，自发布之日起30日内报送备案。

（二）审查程序

1. 书面审查。这是审查的起点，主要对党内法规进行初步的形式审查和实质审查，并就发现的问题提出初步审查意见。

2. 征求意见。对内容比较复杂、专业性比较强、社会普遍关注、争议比较大的党内法规，可以在一定范围内征求意见。征求意见可以采取书面或者口头等方式进行。

3. 请予说明。针对审查中发现的问题，可以通过适当形式让报送机构就有关情况进行说明，以便对涉及的问题作全面深入研判。

4. 提出意见。根据党内法规有无问题以及问题的性质、轻重程度，研究提出处理意见，并按程序报批。

5. 结果反馈。将经批准的审查处理结果，以一定方式通知报备机关。

七、党内法规备案审查的结果

依据发现问题的不同，备案审查有不同的处理结果。根据《中国共产党党内法规和规范性文件备案审查规定》，备案审查结果有五种情形。

1. 通过。即对审查中没有发现问题的党内法规，按程序报批后直接予以备案。当然，一部党内法规通过备案审查，并不意味着就没有问题。如果审查机关收到问题线索反映或者审查其他党内法规时发现问题线索，还可以对已通过备案审查的党内法规重新启动审查程序。

2. 建议。即对审查中虽没有发现原则性问题，有关规定基本合法合规，但需要在执行中把握好尺度、有关规定实施后上级精神发生变化或者新的改革措施即将出台需要报备机关了解掌握、有关方面提出的意见建议具有较高参考价值的党内法规，可以予以通过备案审查，并向报备机关提出建议。

3. 告知。即对审查中虽没有发现原则性问题，但存在名称使用、体例格式、文字表述等不规范情形的党内法规，审查机关可以予以通过备案审查，并将相关情况告知报备机关。报备机关多次出现不规范情形的，审查机关可以视情予以通报。

4. 提醒。即对审查中虽没有发现原则性问题，但存在有关政治表述不够规范、有关规定在执行中可能产生偏差或者引起误解、有关规定不够合理、制定程序不规范、不符合精简文件改进文风要求等情形的党内法规，可以予以通过备案审查，并对报备机关进行书面提醒，防止执行出现偏差。报备机关在收到书面提醒后应当主动整改，并将相关情况及时通知有关方面，防范有关问题产生不利影响。审查机关要求报告处理情况的，报备机关应当在收到书面提醒后30日内报告。

5. 纠正。即对违背党章、党的理论和路线方针政策，违反宪法和法律，同上位党内法规和规范性文件相抵触，明显不合理，不符合制定权限的党内法规，应当不予通过备案审查，并要求报备机关进行纠正。对审查发现的问题，审查机关可以发函要求报备机关纠正，也可以由报备机关主动纠正。纠正可以采用修改原文件、印发补充文件等方式。报备机关应当在收到纠正要求后30日内报告相关处理情况，对复杂敏感、容易产生不利影响的事项，应当及时会同有关方面采取有效措施妥善处理。纠正后的党内法规符合要求的，审查机关按程序予以通过备案审查。报备机关未在规定时限内纠正问题或者报告有关纠正措施，且无正当理由的，审查机关可以作出撤销相关党内法规的决定。

第七节　党内法规清理

一、党内法规清理的概念和意义

党内法规清理，是指党内法规制定机关在职权范围内，对其在一个时期内制定的党内法规进行集中审核，并作出废止、宣布失效、修改或者继续有效的决定的活动。按照“谁制定谁清理”的逻辑，党内法规清理的主体就是党内法规的制定主体。从性质上看，党内法规清理是党内法规制度建设的重要一环，是立改废释并举、统筹推进党内法规制定工作的重要举措，属于广义的党内法规制定范畴，具有重要意义。

第一，有助于维护党内法规的活力和协调统一。党内法规充满活力并协调统一，是完善的党内法规体系的基本特征。通过清理，有效解决党内法规中存在的不适应、不协调、不衔接、不一致问题，该废止的废止，该失效的宣布失效，该修改的修改，可以使党内法规相互之间协调统一，整体上充满活力，更好地适应党的建设新形势新任务的需要，从而切实维护党内法规体系的统一性和权威性。

第二，有助于摸清党内法规家底。党内法规体系建设的前提是对现有党内法规心中有数。如果对现有党内法规的数量、项目、分布都不清楚，党内法规体系建设就不可能做到有的放矢。通过清理，全面梳理现有党内法规，准确掌握底数，发现存在的不足和短板，就可以明确下一步党内法规制度建设的方向、目标和重点，为构建党内法规体系奠定坚实基础，增强党内法规体系建设的科学性和针对性。

第三，有助于统筹推进依法治国和依规治党。通过清理，实现党内法规同国家法律衔接和协调，既体现了党章规定的“党必须在宪法和法律的范围内活动”原则，也有利于提高党依法执政的能力，更好树立宪法和法律权威，推动形成国家法律法规和党内法规制度相辅相成、相互促进、相互保障的格局。

第四，有助于提高党内法规的执行力。一些党内法规老化、僵化、相互矛盾，这是制约党内法规执行的重要因素之一。通过清理，将不适应现实需要或者冲突打架的党内法规废止或者宣布失效，消除党内法规本身可能给执行造成的困扰，可以为党内法规执行扫清障碍。同时，继续有效的法规经受住了政治性、合规性、合法性、统一性、适应性等多重审查，公信力得以明显提升，这就为加大党内法规执行力度创造了有利条件。

二、党内法规清理的渊源和实践

中华人民共和国成立特别是改革开放以来，中国共产党制定了大量党内法规和规范性文件，为规范党组织工作、活动和党员行为，增强党的创造力凝聚力战斗力提供了重要制度保障。但由于缺乏清理机制，清理不够及时，造成党内法规制度十分庞杂，存在许多不适应、不协调、不衔接、不一致问题，妨碍了党内法规制度建设的顺利推进。2012 年 5 月，中共中央印发《中国共产党党内法规制定条例》，要求党内法规制定机关适时对党内法规进行清理。2012 年 6 月，《中共中央办公厅关于开展党内法规和规范性文件清理工作的意见》印发，部署开展了中国共产党历史上第一次党内法规和规范性文件集中清理工作。

这次集中清理的对象是中华人民共和国成立至2012年6月期间以中共中央文件、中共中央办公厅文件形式发布的党内法规和规范性文件，中央纪委、中央各部门制定的党内法规和规范性文件，各省、自治区、直辖市党委制定的党内法规和规范性文件。清理工作按照由近及远、先上位后下位的思路进行。所谓由近及远，是指清理工作分两个阶段实施：第一阶段清理1978年至2012年6月制定的党内法规和规范性文件；第二阶段清理中华人民共和国成立至1977年制定的党内法规和规范性文件。所谓先上位后下位，是指先对中央党内法规和规范性文件进行清理，然后中央纪委、中央各部门和各省、自治区、直辖市党委再开展清理工作。

这次集中清理工作由中共中央办公厅组织实施，前后历时两年多。在中央层面，2013年7月印发《中共中央关于废止和宣布失效一批党内法规和规范性文件的决定》，2014年10月印发《中共中央关于再废止和宣布失效一批党内法规和规范性文件的决定》，标志着中央党内法规和规范性文件集中清理圆满结束。经对中华人民共和国成立至2012年6月期间出台并纳入清理范围的1 178件中央党内法规和规范性文件进行清理，废止322件，宣布失效369件，二者共占58.7%；继续有效487件，其中42件需适时进行修改。在中央部委和省、自治区、直辖市党委层面，也都顺利完成了对其制定的党内法规和规范性文件的清理工作。

为深入贯彻落实习近平新时代中国特色社会主义思想和党的十九大精神，维护党内法规和党的政策的统一性权威性，加快构建党内法规制度体系，2018年11月，中共中央部署开展了党内法规和规范性文件第二次集中清理工作。

第二次集中清理的对象是截至2018年10月现行有效的党内法规和规范性文件，包括2012年7月至2018年10月期间制定的党内法规和规范性文件，以及经第一次集中清理后继续有效的党内法规和规范性文件。具体范围包括：中央党内法规和规范性文件，中央纪委、中央各部门制定的党内法规和规范性文件，各省、自治区、直辖市党委制定的党内法规和规范性文件，党中央批准设立的党组（党委）制定的规范性文件。

经全面清理，2019 年 4 月，《中共中央关于废止、宣布失效和修改部分党内法规和规范性文件的决定》印发，决定对纳入清理范围的中央党内法规和规范性文件，废止 54 件，宣布失效 56 件，修改 8 件，并对 14 件涉党和国家机构改革的中央党内法规作出一揽子修改。

2019 年 9 月中共中央印发的《中国共产党党内法规制定条例》第 37 条规定，制定机关应当组织开展党内法规清理工作，及时开展集中清理，根据需要开展特定内容或者特定范围的专项清理，在制定工作中同步开展即时清理。根据清理情况，作出修改、废止、宣布失效等决定。

三、党内法规清理的种类

（一）集中清理

集中清理，即针对较长时间内制定的、数量较多的党内法规开展一揽子清理。集中清理历史跨度大，内容涉及面广，清理对象众多，因而比其他种类的清理需要更多的人力和时间。集中清理的优势是，可以一次性地解决大量党内法规中长期存在的较多问题，弊端是一般频率较低，无法及时解决问题。集中清理通常发生在需要加快推进制度建设的重要历史时期。根据时间间隔的差异，集中清理可以分为定期清理和不定期清理。定期清理，即每经过一个固定的时间间隔就对党内法规进行一次清理。比如，《中共中央办公厅关于开展党内法规和规范性文件清理工作的意见》规定，一般每 5 年对党内法规和规范性文件开展一次集中清理。不定期清理，即根据工作需要适时对党内法规组织开展集中清理，没有固定时间间隔。

（二）专项清理

专项清理，即为贯彻落实某一重大决策部署，集中时间和精力对特定内容或者特定范围的党内法规进行专门清理。专项清理与集中清理的相同之处在于，均是对一定时期内制定的较多党内法规作一揽子清理。不同之处在于，专项清理的对象仅限特定方面的党内法规，针对性较强；集中清理的对象则是一定时期内的所有党内法规，具有普遍性。比如，2018 年，《中共中央办公厅、国务院办公厅、中央军委办公厅关于开展军民融合发展法规文件清理工作的通知》印发，对军民融合发展法规文件专项清理作出部署。这次专项清理的目的是全面贯彻中共十九大精神，深入实施军民融合发展战略，优化军民融合发展的制度环境，解决军民融合发展的突出矛盾和现实问题，更好发挥法规制度对军民融合发展的规范、引导、保障作用。比如，2018 年《中共中央关于涉党和国家机构改革党内法规和相关文件专项清理的决定》印发，废止 3 件、修改 35 件中央党内法规和相关文件，对于深入贯彻落实中共十九届三中全会精神，有效解决部分党内法规和文件与机构改革不适应、不协调、不衔接、不一致问题，确保机构改革依法依规进行具有重要意义。

（三）即时清理

即时清理，即在制定或者修改党内法规时，对存在与之不协调、不衔接、不一致规定的党内法规同步进行清理。比如，中共中央 2019 年印发的《中国共产党政法工作条例》第 39 条规定："本条例自 2019 年 1 月 13 日起施行。此前发布的党内有关政法工作的规定，凡与本条例不一致的，按照本条例执行。"即时清理具有经常性优点，是对集中清理和专项清理的重要补充，具有不可替代的重要作用。虽然集中清理和专项清理可以一揽子解决现行党内法规中存在的大部分问题，但不能避免新的类似问题反复出现，而即时清理则可以在制定、修改党内法规时妥善处理其与旧的党内法规的关系，有效避免出现新的不协调、不衔接、不一致问题。因此，在党内法规制定过程中，要将是否需要即时清理作为一项重要内容进行研究，并作出相应制度安排。

四、党内法规清理的原则

（一）以党章和宪法为根本依据

党章在党内法规中具有最高效力，其他任何党内法规都不得同党章相抵触；制定党内法规应当遵守党必须在宪法和法律的范围内活动的规定，不得同宪法和法律不一致。在党内法规清理时，凡同党章或者宪法、法律相抵触的，都应通过清理废止或者予以修改。

（二）维护党内法规体系的统一性

党内法规体系应当是一个协调统一的整体。在党内法规清理时，凡同上位党内法规和规范性文件相抵触的，或者与其他同位党内法规和规范性文件相冲突的，都应通过清理废止或者予以修改，必须坚决克服党内法规制度建设中的“地方本位”和“部门本位”。

（三）坚持与时俱进

党内法规清理应当主动适应世情国情党情的发展变化，善于吸纳党的领导和党的建设取得的创新成果，使清理后的党内法规具有必要的针对性和包容性，能够有效适用于客观实际，对不合时宜、滞后于实践的党内法规，应当废止、宣布失效或者予以修改。

（四）坚持实事求是

党内法规清理要遵循制度建设内在规律，从实际出发，具有现实基础并能够解决现实问题。为此，必须科学把握清理标准，积极稳妥推进清理工作，既坚持原则，严格把关，确保该清则清，又充分考虑历史条件，立足党内法规制度建设实际，审慎作出清理决定，确保清理决定适当，防止出现制度真空。

五、党内法规清理的程序

党内法规清理的程序，是指进行党内法规清理时需要遵循的先后顺序、工作步骤和工作方法。由于即时清理是在具体的党内法规制定过程中完成的，因而其程序包含并归属于党内法规制定程序。集中清理和专项清理在工作要求和工作机理上大致相同，因而其程序也大体相同。

根据《中共中央办公厅关于开展党内法规和规范性文件清理工作的意见》及清理工作实践，党内法规集中清理和专项清理通常包括以下程序。

1. 确定清理范围。按照开展清理工作的部署要求，对一定时期内制定的党内法规进行全面梳理，形成清理文件目录，明确清理任务。

2. 明确责任分工。根据“谁起草谁提出初步清理意见”的原则，结合各单位的职权职责，逐一确定党内法规的清理责任单位。

3. 提出初步意见。各清理责任单位按照清理工作要求和清理标准，在调查研究、充分论证的基础上，对由其负责清理的党内法规，逐一提出初步清理意见。

4. 开展集中审核。党内法规清理主体组建工作专班，按照清理标准，结合各单位提出的初步清理意见，逐一审核研究每部党内法规，提出清理意见。

5. 广泛征求意见。将清理意见分送有关部门和单位征求意见，根据反馈意见，经协商论证，对清理意见作必要的修改完善。

6. 清理决定报批。以清理意见为基础，起草拟以清理主体名义印发的清理决定，按程序报清理主体审批印发。

7. 做好汇编工作。清理决定印发后，为促进党内法规的遵守和执行，将经清理后继续有效的党内法规汇编成册，供有关部门和单位工作中参考。

六、党内法规清理的结果

党内法规清理，一般有以下四种处理结果。

1. 废止。即以政治性、合规性、合法性、统一性、适应性等为标准，对党内法规作出规范性或者价值性判断，并强制终结其效力。废止通常适用于三种情形：一是主要内容存在政治性或者合规性、合法性上的严重瑕疵，即同党章和党的基本理论、基本路线、基本方略以及上位党内法规和规范性文件相抵触，同宪法和法律不一致；二是时过境迁，明显不适应现实需要；三是已被新的党内法规和规范性文件涵盖或者替代。

2. 宣布失效。即以实效性为标准，通过审视党内法规的调整对象和适用期，对其在现实中的效力作出事实性判断，进而宣告其效力已“自然消失”。宣布失效通常适用于两种情形：一是党内法规的调整对象已经消失，党内法规事实上已不再适用；二是党内法规的适用期已过，客观上已不需要继续执行。

3. 修改。即党内法规的主体内容存在不适应、不协调、不衔接、不一致问题，但党内法规本身仍有必要继续执行，不能采取废止或者宣布失效的处理方式，为此需要通过修改及时解决党内法规存在的问题，使其得以继续执行。

4. 继续有效。经清理发现党内法规不存在不适应、不协调、不衔接、不一致问题时，党内法规可以继续执行。

小 结

党内法规制定是具有党内法规制定权的主体开展的党内法规制定、修改、解释、备案、清理等活动。党内法规制定主体包括党的中央组织，中央纪律检查委员会以及党中央工作机关和省、自治区、直辖市党委。党内法规制定必须遵循一定的原则，包括规划计划、起草、前置审核、审议批准、发布等环节。为了保证党内法规在实践中得到正确实施，需要对其进行解释。为了保证党内法规制定质量，维护党内法规体系统一权威，需要对党内法规进行备案和清理。

思考题

1. 党内法规制定与国家立法主要有什么区别？
2. 党内法规制定应当遵循哪些原则？
3. 为什么说党内法规解释是党内法规制定活动的继续和延伸？
4. 如何理解党内法规备案审查是一种党内监督制度？
5. 请结合本章内容，谈谈如何进一步提高党内法规制定质量。

▶即测即评　　▶拓展资源

第十章　党内法规的实施

导　语

> 建设高效的党内法规实施体系，是党内法规制度建设的一项重要目标。本章阐明了党内法规实施的概念、意义，分析了影响党内法规实施的因素，介绍了对党内法规实施的监督，分别概述了党内法规遵守和党内法规执行的概念、主体、实践途径，介绍了党内法规实施评估的主体、对象、原则和标准、指标体系、程序、方法、结果及其运用，构建党内法规实施体系的基本框架。

第一节　党内法规实施概述

一、党内法规实施的概念

党内法规的实施，是指通过党内法规的遵守和执行，使党内法规在党的领导和党的建设实践中得以运用的活动。党内法规制定解决的是“有规可依”的问题，是党内法规运行的基础和起点，为党内法规实施提供了前提和依据。党内法规实施是把纸面上的党内法规变成实践中的党内法规，推动党内法规具体化现实化的过程，是将党内法规的要求转化为党的领导和党的建设实践活动，使党组织的职权得到行使、职责得到履行，党员义务得到履行、权利得到实现，推动党内法规落实落地的过程。党内法规实施到位的标志是广大党员特别是领导干部党内法规意识明显增强，党内法规得到严格遵守和执行，真正成为党员干部的硬约束。

党内法规实施，包括党内法规遵守和党内法规执行。党内法规遵守和党内法规执行是党内法规实施的下位概念，都属于党内法规实施的方式。实践中，有人将党内法规的执行简单等同于党内法规的实施，这是错误的。关于党内法规遵守和党内法规执行的关系，可以从三个方面来理解。首先，党内法规遵守和党内法规执行在目标上是一致的，都是为了促进党内法规得到良好实施，对于党内法规实施而言都是不可或缺的，遵守和执行的效果直接决定着实施的效果。其次，党内法规遵守和党内法规执行在内涵上是不同的，二者的主体、表现形式、实践途径各有特点、各有侧重。最后，党内法规遵守和党内法规执行相辅相成、相得益彰。党内法规遵守得好，在执行上就可以少花工夫；党内法规遵守得差，在执行上就要下大气力。党内法规执行得好，可以推动党内法规得到严格遵守；党内法规执行得差，就为各种不守规的行为留下了生存空间。

二、党内法规实施的意义和现状

（一）党内法规实施的意义

对于法律实施的重要性，古今中外有许多思想家、政治家作了深刻论述。比如，亚里士多德指出：“法治应包含两重意义：已成立的法律获得普遍的服从，而大家所服从的法律又应该本身是制定得良好的法律。”① 我国西汉时期的桓宽认为：“世不患无法，而患无必行之法。”② 清末法学家沈家本认为：“法立而不行，与无法等。”③ 这些论述虽然是针对法律实施，但同样适用于党内法规实施。

关于党内法规实施的重要性，习近平作出过许多深刻论述。他指出，“我们的制度不少，可以说基本形成，但不要让它们形同虚设，成为‘稻草人’，形成‘破窗效应’”④；“一分部署还要九分落实。制定制度很重要，更重要的是抓落实，九分气力要花在这上面”⑤；

① 亚里士多德：《政治学》，吴寿澎译，商务印书馆 1981 年版，第 199 页。

② 《盐铁论·申韩》。

③ （清）沈家本：《历代刑法考》，邓经元、骈宇骞点校，中华书局 1985 年版，第 34 页。

④ 习近平：《在参加河南省兰考县委常委班子专题民主生活会时的讲话》（2014 年 5 月 9 日），载《习近平关于党风廉政建设和反腐败斗争论述摘编》，中国方正出版社 2015 年版，第 128 页。

⑤ 习近平：《在参加河南省兰考县委常委班子专题民主生活会时的讲话》（2014 年 5 月 9 日），载《习近平关于党风廉政建设和反腐败斗争论述摘编》，中国方正出版社 2015 年版，第 129 页。

“制度一经形成，就要严格遵守，坚持制度面前人人平等、执行制度没有例外，坚决维护制度的严肃性和权威性，坚决纠正有令不行、有禁不止的各种行为，使制度真正成为党员、干部联系和服务群众的硬约束，使贯彻党的群众路线真正成为党员、干部的自觉行动”[①]。这些论述深刻揭示了党内法规制定与党内法规实施的内在逻辑，凸显了党内法规实施在党内法规制度建设中的关键作用，为加强党内法规执行力建设、建设高效的党内法规实施体系指明了方向，提供了重要遵循。

具体而言，党内法规实施具有四个方面的意义。

第一，党内法规实施有利于做到“两个维护”。党内法规体现党的统一意志，实施党内法规就是实现党的统一意志的过程，是推动党的统一意志成为党组织和党员干部统一行动的过程。有力实施党内法规，各级党组织和广大党员干部做到党内法规提倡的坚决响应，党内法规决定的坚决执行，党内法规禁止的坚决不做，就是始终同以习近平同志为核心的党中央保持高度一致的重要方面，就是在以实际行动维护习近平总书记党中央的核心、全党的核心地位，维护党中央权威和集中统一领导。反之，如果党内法规实施不力，就会导致党的意志和主张无法落实落地，对“两个维护”造成损害，使得全党无法统一意志、统一行动、步调一致向前进。

第二，党内法规实施有利于维护制度权威性。明制度于前，重威刑于后。制度的生命力在于实施，制度的权威性在实施中得以强化。如果有了好的党内法规却不抓落实，只是写在纸上、贴在墙上、锁在抽屉里、停留在嘴上，党内法规就会成为形同虚设的“稻草人”、没有牙齿的“纸老虎”，使党内法规制度建设成效大打折扣。党内法规之令不行、党内法规之禁不止，势必会严重影响党的形象和权威。如果党内法规实施有力，各级党组织和广大党员干部一体遵循、没有例外，不留“暗门”、不开“天窗”，党内法规就会成为“紧箍咒”而

① 习近平：《在党的群众路线教育实践活动工作会议上的讲话》（2013 年 6 月 18 日），载中共中央纪律检查委员会、中共中央文献研究室编：《习近平关于严明党的纪律和规矩论述摘编》，中央文献出版社、中国方正出版社 2016 年版，第 71 页。

不是“橡皮筋”，成为党员干部真信真用的硬约束而非可有可无的软包围，真正实现铁规发力、禁令生威的制度效果。

第三，党内法规实施有利于提高党内法规制定质量。实践是检验真理的唯一标准。实施党内法规，既是一个推动党内法规实践发展的过程，也是一个以实践检验党内法规，推动党内法规不断完善的过程。党内法规制定得好不好，实践最有发言权。一部好的党内法规，顺应科学规律、符合客观实际，就会实施顺畅、运行有效；一部不好的党内法规，违反科学规律、不符客观实际，就会实施不畅、运行受阻。因此，通过党内法规实施，可以发现党内法规的“先天不足”，及时对党内法规进行修改完善，倒逼提高党内法规制定质量。

第四，党内法规实施有利于实现国家治理现代化。党内法规制定解决有规可依、有章可循问题，党内法规实施解决依规行事、按章办事问题。党内法规实施将党内法规规范具体化、现实化，将党内法规的要求转化为党组织和党员的实际行动，真正实现用制度管权管事管人，有利于提高党的领导和党的建设制度化、规范化、程序化水平。进而言之，党无纲常，则国无纲常。中国共产党作为长期执政党，在国家治理中发挥着领导核心作用，党内法规实施的好坏，关乎国家治理的优劣，关乎党的执政兴衰。党内法规实施有力，国家治理实现现代化，党的长期执政和国家的长治久安就有了可靠保证。

（二）党内法规实施的现状

中共十八大以来，以习近平同志为核心的党中央高度重视党内法规实施，采取了一系列重大举措，党内法规实施取得明显进展和显著成效。

一是党内法规意识逐渐增强。党内法规实施是一个多主体互动的过程。中共中央加大党内法规宣传教育力度，在提高党内法规普及度和知晓率上采取了许多措施。重要党内法规出台后，抓好后续宣传报道解读工作，整合利用传统媒体和新媒体，动员起草部门、专家学者、社会各界力量，推动全党掀起学习贯彻热潮。将学党章党规确立为“两学一做”学习教育的重要内容，推动实现常态化制度化，对于党员干部更好地学习党章党规、遵守党章党规起到了重要促进作用。积极推动党内法规进教材、进课堂、进头脑，成为党员干部的必修课。经过努力，全党全社会对党内法规的关注度和认同感大幅提升，尊规学规守规用规的氛围逐渐形成。

二是党内法规实施体系不断健全。党内法规的实施是一项系统工程，必须体系化推进。《中共中央关于加强党内法规制度建设的意见》着眼形成高效的党内法规实施体系，从坚持以上率下、加强学习教育、强化监督检查等方面，对提高党内法规执行力提出明确要求。《中国共产党党内法规执行责任制规定（试行）》着眼提升党内法规执行力，压实各级党组织和党员领导干部执规责任，做到执规必严，确保党内法规真正落地。几年来，中共中央对党内法规实施体系从知规、执规、评规、督规、护规五个方面进行整体部署和推进，形成了统筹推进党内法规实施的良好局面。

三是党内法规实施效果逐渐显现。按照“治国必先治党、治党务必从严、从严必依法度”的要求，充分发挥党内法规在管党治党、执政治国中的重要作用，坚持用制度管权管事管人，推动全面从严治党常态化机制逐渐形成，解决了党内许多长期想解决而没有解决的难题，办成了许多过去想办而没有办成的大事，党员干部“四个意识”显著增强，“四个自信”更加坚定，党内风气明显好转，全党政令畅通、令行禁止，党中央权威和集中统一领导得到有力维护。

同时要看到，党内法规的实施还是党内法规制度建设中的一个明显短板，还存在一些亟待解决的问题。习近平强调：党内法规不少，主要问题在于执行不力，有的是缺乏执行能力，有的是缺乏执行底气。要强化法规制度执行，不能打折扣；有规可依的问题基本得到解决，下一步的重点是执规必严，使党内法规真正落地。当前，比较完善的党内法规体系正在加速形成，高效的党内法规实施体系尚任重道远。当前党内法规制度建设的主要任务正在从加快立规，解决无规可依，转向加强执规守规，确保有规必依、执规必严、违规必究，党内法规制度建设已经进入既重视制定更重视实施的新阶段，解决党内法规实施问题已经成为党内法规制度建设的当务之急和重中之重。

三、影响党内法规实施的因素

实践中，影响党内法规实施的因素是多元复杂的，从大的方面来看，可以分为积极因素、中性因素、消极因素。加强党内法规实施，关键是要强化积极因素、转化中性因素、弱化消极因素。

（一）积极因素

1. 党内法规的政治性。党内法规是党的统一意志的体现，具有鲜明的政治属性。实施党内法规是讲政治的体现，是重要的政治纪律和政治规矩。中共十九大报告提出，以党的政治建设为统领加强党的各方面建设。2019 年 1 月印发的《中共中央关于加强党的政治建设的意见》专门部署加强党的政治建设。在全党上下高度重视党的政治建设的背景下，党内法规的政治性成为推动党内法规实施的强大硬核。党内法规的实施状况，不仅仅考验着党员干部的法治思维和法治能力，也是衡量党员干部“四个意识”强不强、有没有做到“两个维护”的重要标准，是评判党员干部是否旗帜鲜明讲政治的重要依据。党内法规的政治性是推动党内法规落实落地的首要积极因素，也是区别于其他制度规范实施的一项重要因素。

2. 党内法规的权威性。对于党组织和党员而言，党内法规是必须一体遵循、不得例外的硬要求，是不容违反、不得突破的刚性约束，由党的严明纪律保证实施。党内法规的权威性不容置疑、不容挑战。中央党内法规一般由中央政治局常委会会议、中央政治局会议甚至中央全会审议通过，规格很高，效力也很高。党内法规的权威性决定了党员干部必须做到尊规学规守规用规。党内法规明确的工作规范属于重要遵循，开展各项工作都要依这个规、循这个章，不能绕道走、搞变通。党内法规提出的倡导性要求属于高线，党员干部都要往这方面努力。党内法规作出的禁止性规定属于红线、底线、高压线，决不能触碰。

3. 党内法规的民主性。党内法规实施的根基在于党员干部的广泛认可、拥护和信赖。党内法规源于实践，实践催生党内法规需求。党内法规的缘起大多是自下而上，源自基层、一线的生动实践，充分反映党员干部诉求与经验。制定党内法规是充分发扬党内民主的过程，深入调查研究，广泛收集意见，这决定了党内法规能够体现广大党组织和党员干部的意愿。党内法规草案进入审议阶段后，又充分运用民主集中制对其进行严格把关。党内法规的民主性，决定了党内法规能够获得广大党员干部发自内心的拥护和支持，进而增强党内法规实施的内生动力，提升党内法规实施的水平和效果。

4. 党内法规的公正性。公正是制度的生命线，是良规善治的基本标志，也是党内法规有效实施的基本前提。只有公正的党内法规才能获得党员干部的普遍认可、接受和遵守。党内法规的公正性是指，只要相关党组织和党员属于特定党内法规的调整范围，就应当无一例外地接受党内法规的拘束，一旦违反就应当无一例外地接受党内法规的制裁，即在党内法规面前，党组织和党员应当一体遵行、没有例外，不允许存在特权现象。党内法规的公正性，主要包括义务公平、权利公平、职责公正、机会公平、规则公平、奖惩公允等。对此，党章明确规定，“在党的纪律面前人人平等”，“所有共产党员都不得谋求任何私利和特权”。

（二）中性因素

1. 制定质量。党内法规制定质量的高低，直接决定着实施效果的好坏。党内法规源自实践、符合实际，实施效果就好，就能在实践中立得住、行得通、管得了；党内法规闭门造车、脱离实际，实施效果就差，就会在实践中被规避、抵制、抛弃。党内法规接地气、浅显易懂，党员干部学起来不吃力，用起来很方便，实施效果就好；党内法规艰深晦涩、玄秘深奥，党员干部看不懂用不了，实施效果就差。党内法规“于法周延、于规周详”，各种情形考虑得周全、区分得细致、规定得严谨，实施效果就好；党内法规太笼统、太原则，搞“大呼隆”，实施效果就差。党内法规的表述和用词硬起来，不开口子、不留后门，实施效果就好；党内法规刚性不足、弹性较大，留下打折扣、做选择、搞变通的余地，实施效果就差。党内法规之间衔接协调、配套完备，实施效果就好；党内法规之间冲突打架、互相掣肘，执行时无所适从，实施效果就差。

2. 领导作用。风成于上，俗化于下。领导干部在党内法规实施中扮演着“风向标”的角色，发挥着导向作用。领导干部肩负着制定和执行党的路线方针政策、领导和推动党的各项工作的重要职责，其一言一行、一举一动，对下级党组织和党员干部具有重要的示范导向作用，能够形成“头雁效应”。其身正不令而行，其身不正虽令不从。“关键少数”怎么做，“绝大多数”跟着做。只要领导干部都能树牢“四个意识”，带头躬身践行、模范贯彻执行每一部党内法规，就会成为无声的命令、强大的感召，就不会存在“执行难”的问题。反之，如果领导干部贯彻执行党内法规松一寸，那么下面就可能松一尺，党内法规就成了“橡皮筋”，就不可能在全党得到一体遵循。加强党内法规实施，需要各级领导干部特别是主要负责同志切实增强自律意识、标杆意识、表率意识，带头尊规学规守规用规，主动学习宣传党内法规，坚持依据党内法规谋事、管人、用权。

3. 实施资源。任何一项工作都要以资源为支撑和保障，党内法规实施也不例外。党内法规实施要投入一定资源方能达到既定的制度目标，资源投入为党内法规实施注入活力和动力。党内法规实施资源分为硬性资源和软性资源。硬性资源主要包括机构、人力、物力和财力等有形资源。软性资源主要是指法规实施过程中的信息、技术等无形资源。党内法规实施过程中，应当进行充分的资源评估，寻求最佳投入产出比。如果资源投入数量适当、质量较高、形式合理，则能够保障党内法规的正常实施。如果资源投入过多，则会造成实施资源不必要的浪费，甚至出现彼长此消的现象，进而影响党内法规实施的整体效能。如果资源投入过少，处处捉襟见肘，则会严重阻碍党内法规的正常实施，达不到预期效果。

（三）消极因素

1. 传统文化中的糟粕。中国传统文化中的一些糟粕，可能会对党内法规实施造成一定的消极影响。比如，在我国封建社会，“权贵于法”，没有形成对法律的信仰，法往往成为权力的附庸。受这种封建意识的影响，一些党员干部至今存在特权观念，对党内法规缺乏尊重、缺乏敬畏之心，在工作中习惯于听领导的，而不是自觉以党内法规为遵循。中国传统文化中，还有一种观念认为，中国是人情社会，人情大于法度，受此影响，实践中一些党员干部讲私情不讲原则，讲关系不讲规矩，在党内法规实施过程中，徇私枉规、徇情枉规，对党内法规的严肃性和权威性造成了很大损害。

2. 党内消极现象。一段时期以来，在党内存在着一些消极现象，客观上对党内法规的实施造成了不利影响。比如，有的党员干部奉行个人主义、分散主义、自由主义、本位主义，对党内法规合意的就执行，不合意的就不执行，选择性执规。有的领导干部特权思想严重，不能正确认识和对待党内法规，喜欢搞“一言堂”，将个人意志凌驾于党内法规之上，在执行党内法规时对自己从宽、对别人从严。有的搞宗派主义、圈子文化、码头文化，热衷于编织“关系网”、建立“人脉圈”，按“潜规则”行事，将党内法规执行作为权权交易、权钱交易的筹码。

3. 错误的制度政绩观。制度政绩观不正确，会对党内法规实施带来较大的负面影响。一段时期以来，在不少党员干部的观念中，看待制度工作的政绩，主要看制定了多少制度，不看制定的质量高不高，更不看实施的效果好不好。受此影响，一些地方和部门为了所谓政绩，搞面子光鲜里子败絮的“制度形象工程”，搞摆设性的“制度花瓶”，在建章立制方面作秀、搞形式主义，只管制定、不管实施。这些做法不仅浪费了大量的立规资源，而且使一些党内法规形同虚设，实施效果大打折扣，形成制度空转，难以落地。

四、党内法规实施的监督

党内法规实施的监督，是指有关主体对实施党内法规的活动进行的监督。党内法规实施的监督是党内法规制度建设的重要内容，是党内法规实施的重要保证，其直接作用在于保障党内法规在实践中得到有效实施，防止和纠正党内法规实施中的各种偏差和背离，实现党内法规的制定目的，从根本上来说，有利于维护党内法规的严肃性和权威性，推动制度治党、依规治党落到实处，彰显“坚持党要管党、全面从严治党”的党的建设指导方针。

党内法规实施的监督，主要具有以下特征：一是监督主体的广泛性。党内法规涉及管党治党、执政治国各领域各方面，党内法规实施的影响不仅限于各级各类党组织和广大党员干部，而且广泛及于国家机关、人民团体、企事业单位和广大人民群众，因此对于党内法规实施，这些主体都可以以适当方式进行监督。二是监督客体的特定性。党内法规实施监督的客体是特定的，即党内法规实施行为，包括党内法规的遵守和党内法规的执行。三是监督活动的全程性。党内法规实施的监督是全方位、立体式的，贯穿党内法规实施的全过程，涵盖党内法规实施的各个阶段、各个环节，凡有党内法规实施必有监督相伴相随，实现监督全覆盖。四是监督方式的多元性。根据监督主体和监督对象的不同，基于有关党内法规规定的不同职权职责，针对党内法规实施活动的不同形式和特点，党内法规实施监督可以相应采取不同的方式。五是监督结果的严肃性。党内法规实施监督的结果关乎党内法规制定目的的实现和党内法规的实施效果，不能随意为之，必须由有权主体严格遵照有关党内法规规定的程序和标准作出，作用于特定主体和特定行为，以体现其严肃性。

以党内法规实施监督的主体来源为标准，党内法规实施监督可以分为党内监督和党外监督。从党内监督看，根据《中国共产党党内监督条例》有关规定，党内法规实施的监督包括党的中央组织的监督、党委（党组）的监督、党的纪律检查委员会的监督、党的基层组织和党员的监督，它们共同构成一个聚焦党内法规实施，党中央统一领导、党委（党组）全面监督、纪律检查机关专责监督、党的工作部门职能监督、党的基层组织日常监督、党员民主监督的体系。从党外监督看，根据《中国共产党党内监督条例》有关规定，党内法规实施的监督包括人大、政府、监察机关、司法机关等的依法监督，人民政协的民主监督，审计机关的审计监督，民主党派和无党派人士的监督，人民群众和新闻媒体的监督等。当然，党外监督必须以党内监督为依托，需要借助党内监督才能真正产生效果，党内监督也必须与党外监督有机结合、同向发力。

党内法规实施的监督，可以根据情况灵活采取多种不同的方式。比如，根据《关于对党员领导干部进行诫勉谈话和函询的暂行办法》，“纪律检查机关和组织（人事）部门按照干部管理权限，对党员领导干部进行诫勉谈话和函询”；根据《地方党委委员、纪委委员开展党内询问和质询办法（试行）》，“党的地方各级委员会委员、纪律检查委员会委员，对所在委员会全体会议决议、决定执行中存在的问题提出询问和质询”；根据《中国共产党巡视工作条例》，“党的中央和省、自治区、直辖市委员会实行巡视制度，建立专职巡视机构，在一届任期内对所管理的地方、部门、企事业单位党组织全面巡视。中央有关部委、中央国家机关部门党组（党委）可以实行巡视制度，设立巡视机构，对所管理的党组织进行巡视监督。党的市（地、州、盟）和县（市、区、旗）委员会建立巡察制度，设立巡察机构，对所管理的党组织进行巡察监督”；根据《中共中央关于加强新形势下党的督促检查工作的意见》，建立健全党委领导、党委办公厅（室）牵头抓总、部门分工负责、各方面参与的督促检查工作格局，推动党的理论路线方针政策贯彻执行和党中央决策部署贯彻落实；根据《关于实行党风廉政建设责任制的规定》，“党委（党组）应当建立党风廉政建设责任制的检查考核制度，建立健全检查考核机制，制定检查考核的评价标准、指标体系，明确检查考核的内容、方法、程序”；根据《中国共产党纪律检查机关监督执纪工作规则》，“纪检监察机关经过初步核实，对党员、干部以及监察对象涉嫌违纪或者职务违法、职务犯罪，需要追究纪律或者法律责任的，应当立案审查调查”；根据《中国共产党纪律处分条例》，“党组织和党员违反党章和其他党内法规，违反国家法律法规，违反党和国家政策，违反社会主义道德，危害党、国家和人民利益的行为，依照规定应当给予纪律处理或者处分的，都必须受到追究”；根据《中国共产党问责条例》，“党委（党组）应当履行全面从严治党主体责任，加强对本地区本部门本单位问责工作的领导，追究在党的建设、党的事业中失职失责党组织和党的领导干部的主体责任、监督责任、领导责任”。

第二节 党内法规的遵守

一、党内法规遵守的概念

党内法规遵守，是指党组织和党员自觉按照党内法规要求开展工作、实施行为，使党内法规得以落实的活动。制定党内法规的目的就是要使党内法规在党内生活中得到遵守。如果党内法规制定出来了，却不能在党内生活中得到遵守和执行，那么党内法规的意义也就失去了，党内法规也不可能具有权威。

遵守党内法规，是中国共产党对各级各类党组织和全体党员提出的基本要求，也是各级各类党组织和全体党员对党应尽的义务。党章第 3 条规定，党员应当自觉遵守党的纪律，首先是党的政治纪律和政治规矩；第 6 条规定的入党宣誓誓词包括“拥护党的纲领，遵守党的章程，履行党员义务，执行党的决定，严守党的纪律，保守党的秘密”。这就是党内法规遵守的党章依据。

党内法规遵守是党内法规实施的重要形式，在党内法规实施中具有不可替代的重要地位。党内法规的实施，虽然是依靠中国共产党党内的纪律予以保障的，但很大程度上是靠党内法规遵守来实现的。党内法规靠党的纪律保证实施，这是从终极意义上讲的，并不意味着党内法规的每一个实施过程，每一部党内法规的实施都要借助党的纪律，也不等于党的纪律是保证党内法规实施的唯一力量。在党内法规实施过程中，党的纪律常常是备而不用，“无所在，无所不在”。因此，党内法规的实施应当首先建立在党组织和党员的自觉性上面，而不是只靠命令和强制。实践中，党内法规制定出来后，除依靠党组织和党员领导干部执行党内法规外，事实上也主要依靠党组织和党员对党内法规的自觉遵守。

二、党内法规遵守的主体

党内法规遵守的主体包括两类：一类是党组织，另一类是党员。

从总体上看，党内法规对各级各类党组织和全体党员具有普遍约束力，党组织和党员必须知规守规，严格按党内法规要求开展工作、实施行为。对此，《中国共产党党内法规执行责任制规定（试行）》第2条明确规定，各级党组织和全体党员负有遵守党内法规、维护党内法规权威的义务。

（一）党组织

党内法规规范了党组织的设立、职权职责、运行、监督、保障等，对党组织开展工作作出明确规定、提出具体要求。党组织必须严格遵守党内法规，绝不能凌驾于党内法规之上，不允许有规外特权。党组织遵守党内法规主要表现在两个方面。第一，党内法规对所有党组织提出的共性要求，各级各类党组织必须一体遵守。比如，根据党章第10条规定，党的各个组织都要认真执行民主集中制；第39条规定，党的纪律是党的各级组织和全体党员必须遵守的行为规则。第二，特定党内法规对特定党组织提出的特定要求，有关党组织必须严格遵守。比如，《中国共产党党组工作条例》第22条规定，党组及其成员应当自觉加强自身建设，坚定政治信仰，增强“四个意识”、坚定“四个自信”、做到“两个维护”，严肃党内政治生活，严守党的纪律规矩，弘扬党的优良传统作风，不断提高领导本领，敢于担当负责，自觉接受监督，在深入学习贯彻习近平新时代中国特色社会主义思想上作表率，在始终同以习近平同志为核心的党中央保持高度一致上作表率，在坚决贯彻落实党中央决策部署上作表率。

（二）党员

党员同党的各级各类组织一样，既是党内法规的具体实施者，也是约束对象。党员严格遵守党内法规是党内法规得以实施的最深厚的土壤。对于每一个党员来说，多一个身份就得添一份规矩，遵守党章党规是应尽的义务，也是最基本的要求。只有全体党员都自觉遵守党内法规，党内法规才能落实到党的肌体的每一个细胞中，在管党治党中真正发挥作用。比如，党章第3条规定了党员必须履行的八项义务，对于这些义务，无论是普通党员，还是党员领导干部，都必须认真遵守。

三、党内法规遵守的实践途径

守规离不开尊规学规懂规知规。遵守党内法规成效好坏，既与党员干部政治意识、规矩意识、道德观念、文化教育程度等主观条件有关，也与党内环境、社会环境等客观条件有关。实践中，可以从以下几个方面促进党内法规的自觉遵守。

（一）做好党内法规公开工作

党内法规公开是党内法规实施的重要前提。如果党组织和党员不知晓党内法规，就很难做到自觉遵守党内法规。《中国共产党党内法规制定条例》第29条规定，“党内法规除涉及党和国家秘密不得公开或者按照有关规定不宜公开外，应当在党报党刊、重点新闻网站、门户网站等党的媒体上公开发布”。中共十八大以来，党内法规公开力度不断加大，比如，中央党内法规主要通过新华社、人民日报、中央广播电视总台等中央媒体权威发布，各大传统媒体和新媒体跟进转发报道，覆盖面较广、公开效果较好。通过公开党内法规，加强舆论引导，有助于党员干部和社会公众更好了解和理解党内法规，形成有利于党内法规遵守的良好氛围。

（二）加强党内法规学习宣传教育培训

只有把党内法规学懂弄通，才能形成遵守党内法规的思想自觉和行动自觉。2016年2月，中共中央办公厅印发《关于在全体党员中开展“学党章党规、学系列讲话，做合格党员”学习教育方案》，在全党开展党章党规大学习，有效提升了党内法规的知晓率和普及率。在全国性的“七五”普法中，首次将党内法规确定为全国法治宣传的重要内容，纳入《中央宣传部、司法部关于在公民中开展法治宣传教育的第七个五年规划（2016—2020年）》，对推动党内法规宣传发挥了重要作用。2018年，中共中央印发的《2018—2022年全国干部教育培训规划》提出，要加强党规党纪特别是政治纪律和政治规矩教育。2016年12月，中共中央印发的《关于加强党内法规制度建设的意见》提出，将党内法规制度作为各级党委（党组）中心组学习重要内容，纳入党校、行政学院、干部学院必修课程。通过开展党内法规学习宣传教育培训，引导广大党员、干部牢固树立党内法规意识，懂法规、明规矩，知敬畏、存戒惧，将党内法规的具体要求内化于心、外化于行，对党内法规遵守必将起到重要推动作用。

（三）抓好领导干部这个“关键少数”

上行之，下效之。对遵守党内法规而言，领导干部率先垂范无疑具有重要的意义。领导干部手中握有权力，社会地位更高，示范作用明显，他们能否自觉遵守党内法规对于广大党员影响极大。要在党内推动形成自觉遵守党内法规的良好风气，必须抓住领导干部这个“关键少数”。领导干部不论职务多高、资历多深、贡献多大，都要严格按党内法规办事，坚持党内法规面前人人平等、遵守党内法规没有特权。越是领导干部，越是主要领导干部，越要自觉增强党内法规意识，以身作则，以上率下，自觉维护党内法规的严肃性和权威性。只要领导干部尊崇党规，率先垂范，其他党组织和全体党员不信不守党内法规的问题就能迎刃而解。

第三节　党内法规的执行

一、党内法规执行的概念

党内法规执行，是指党组织和党员领导干部根据党内法规履行职权职责，推动党内法规落实的活动。这一概念主要包括四个方面的内涵：（1）执行主体特定。党内法规执行的主体是党组织和党员领导干部。（2）依党内法规执行。党内法规对党组织和党员领导干部执行什么、怎么执行、不执行怎么办作出了明确规定，是党内法规执行的基本遵循。（3）依职权职责执行。党组织和党员领导干部必须在自身职权职责范围内执行党内法规，不得超越权限，乱作为、不作为。（4）执行的目的是推动党内法规落实。党内法规执行是将抽象的党内法规运用到具体的事项，使党内法规的要求在实践中得到落实落地的过程。

立规不易，执规更难。法规制度的生命力在于执行，束之高阁会造成制度浪费，形同虚设会损害党的权威。习近平强调，“有了好的制度如果不抓落实，只是写在纸上、贴在墙上、锁在抽屉里，制度就会成为稻草人、纸老虎。要强化制度执行，加强监督检查，确保出台一个就执行落实好一个。要坚持执行制度没有例外，对违反制度规定踩‘红线’、闯‘雷区’的，要零容忍，发现一起就坚决查处一起”①。习近平指出，党内法规执行还存在“上热中温下冷”，先紧后松、上紧下松、外紧内松等现象，机械执行、选择执行、烦琐执行、变通执行问题都不少。一些党员领导干部党规意识淡薄，执规能力不强，对出台的党内法规不学不懂不了解，没有真正把制度要求落实到位。要以钉钉子精神抓好制度执行，把制度的刚性立起来。从实践情况看，党内法规的执行在党内法规制度建设中仍然是一个短板，高度重视并抓好党内法规执行，是当前一项十分重要而紧迫的任务。

二、党内法规执行的主体

党内法规执行的主体有两类：一是党的各级各类组织；二是党员领导干部。各级党组织和党员领导干部必须增强“四个意识”、坚定“四个自信”、做到“两个维护”，牢固树立执规是本职、执规不力是失职的理念，切实担负起执行党内法规的政治责任。

（一）党的各级各类党组织

中国共产党是一个有着严密组织体系的政党，其各级各类党组织都是党内法规的执行主体。习近平指出，各级各类党组织都是党内法规执行主体，要把执规责任扛起来。无论是党的中央组织、党的地方组织、党的基层组织，还是党组、党的纪律检查机关、党的工作机关，都负有执行党内法规的职责。根据党组织的职权职责及其在党的组织体系中所处的地位，依据党内法规的规定，各级各类党组织分别承担着不同的党内法规执行责任。

地方各级党委。《中国共产党地方委员会工作条例》规定了地方

---

① 习近平：《做焦裕禄式的县委书记》，中央文献出版社2015年版，第59页。

党委的设立和运行，是地方党委开展工作的基本遵循。同时，还有很多党内法规对地方党委发挥领导作用、履行职责作出规定，是地方党委开展工作的重要遵循。《中国共产党党内法规执行责任制规定（试行）》第4条规定，“地方各级党委对本地区党内法规执行工作负主体责任，应当坚决贯彻党中央决策部署以及上级党组织决定，带头严格执行党内法规，并领导、组织、推进本地区党内法规执行工作，支持和监督本地区党组织和党员领导干部履行执规责任”。

党的基层组织。街道、乡镇党委，村、社区党组织，国有企业党委，高校党委，以及机关、社会组织、非公有制经济组织等中的基层党组织，都要严格执行有关党内法规，如《中国共产党农村基层组织工作条例》《中国共产党普通高等学校基层组织工作条例》《中国共产党党和国家机关基层组织工作条例》《中国共产党支部工作条例（试行）》等。《中国共产党党内法规执行责任制规定（试行）》第8条规定：“街道、乡镇党的基层委员会和村、社区党组织，国有企业党委，实行党委领导下的行政领导人负责制的事业单位党组织，对本地区本单位执行有关党内法规负主体责任，领导、组织、推进本地区本单位党内法规执行工作”；“其他单位中党的基层组织按照规定推动有关党内法规在本单位的执行”。

党组（党委）。《中国共产党党组工作条例》《党委（党组）国家安全责任制规定》《党委（党组）意识形态工作责任制实施办法》《党委（党组）网络安全工作责任制实施办法》等党内法规都对党组的职权职责作出规定，党组必须严格执行这些党内法规。《中国共产党党内法规执行责任制规定（试行）》第7条规定，“党组（党委）对本单位（本系统）执行有关党内法规负主体责任，领导、组织、推进本单位（本系统）党内法规执行工作”。

党的纪律检查机关。党的纪律检查机关必须严格执行《中国共产党廉洁自律准则》《中国共产党纪律处分条例》《中国共产党问责条例》《中国共产党纪律检查机关监督执纪工作规则》等党内法规。《中国共产党党内法规执行责任制规定（试行）》第10条规定，“党的纪律检查机关应当带头严格执行党内法规，并对其他党组织和党员领导干部履行执规责任进行监督检查，切实维护党章和其他党内法规”。

党的工作机关。包括党委办公厅（室）、职能部门、办事机构、派出机关等，是实施党的领导、加强党的建设、推进党的事业的执行机关，履行某一方面职权职责，必须严格执行《中国共产党工作机关条例（试行）》和各领域的相关党内法规。《中国共产党党内法规执行责任制规定（试行）》第5条规定，“党委办公厅（室）负责统筹协调本地区党内法规执行工作，推动党委关于党内法规执行部署安排的贯彻落实”；第6条规定，“党委职能部门、办事机构、派出机关、直属事业单位等，对主要规定其职权职责的党内法规，负有牵头执行的责任，并组织、协调、督促、指导有关党组织和党员领导干部执行有关党内法规。其他相关单位应当按照党内法规规定各司其职、各尽其责，协助配合牵头部门共同执行党内法规”。

（二）党员领导干部

党员领导干部是党的执政骨干，是落实党的路线方针政策和党中央重大决策部署的重要力量。党员领导干部在党内法规执行中既是具体的执行者，又是组织者、领导者，负有特殊职责、发挥重要作用。

“执行者”，是指许多党内法规明确规定了党员领导干部的职权职责，对于这些规定和要求，党员领导干部必须严格执行，从而在党内法规执行工作中发挥“关键少数”的示范引领作用。比如，《中国共产党党组工作条例》规定了党组书记、副书记和党组其他成员的职权职责，《党政主要负责人履行推进法治建设第一责任人职责规定》规定了党委主要负责人在推进法治建设中应当履行的职责。《中国共产党党内法规执行责任制规定（试行）》第9条第1款规定，“党员领导干部应当敢于担当、勇于负责，以上率下、以身作则，带头学习宣传党内法规，带头严格执行党内法规”。

“组织者、领导者”，主要是指党员领导干部基于其领导干部身份，应当在党内法规执行中负有特殊的领导职责，组织和推动党内法规执行工作，落实好党内法规执行责任。2016年习近平在十八届中央政治局第33次集体学习时指出，各级党委（党组）和领导干部都负有执行纪律规矩的主体责任。《中国共产党党内法规执行责任制规定（试行）》第9条第2款规定，党委（党组）书记应当认真履行本地区本单位党内法规执行第一责任人职责，分管党内法规工作的班子成员承担党内法规执行直接责任，其他班子成员按照“一岗双责”要求抓好分管领域党内法规执行工作。

三、党内法规执行的基本要求

依据《中国共产党党内法规执行责任制规定（试行）》等有关规定，执行党内法规应当遵循以下四个方面的基本要求。

（一）担当作为，恪尽职守，不得不作为、乱作为

担当作为，解决的是党内法规执行意识问题。就是要求执规主体严格按照党内法规规定的职权职责开展工作，既要恪尽职守，不得不作为、失职渎职，又要正确履职，不得乱作为、胡作为。执规实质上就是履行党内法规规定的职权职责过程，职权职责履行到位，党内法规才能执行到位。所以，一方面要尽职作为，只要法规规定了职权职责，就必须不折不扣地落实好。比如，要求党组讨论决定有关事项的，就必须认真讨论决定，党组不得将其交由行政班子去讨论决定；要求全会每年至少召开两次的，就不能只召开一次或者不召开。另一方面要正确履职，不得乱作为、胡作为，按照法规规定的权限、程序去履职。比如，党内法规规定是党委的职权，党的工作机关不得行使；党内法规规定必须集体讨论决定的，个人或者少数人不得作出决定。

（二）严格执规，令行禁止，不得打折扣、搞变通

严格执规，解决的是执规刚性问题。执行党内法规，必须贯彻全面从严治党要求。制度一经形成，就要严格执行。习近平强调，贯彻执行法规制度没有绝招，关键在真抓，靠的是严管。执行党内法规要真字当头，切实做到真抓、真用、真执，既不能像木匠睁一只眼闭一只眼，也不能像瓦匠和稀泥，而要像铁匠敢于硬碰硬。执行党内法规要严字当头，严格督查、严肃纠正、严厉惩戒。对于违规、变通、规避行为，发现一起查处一起，坚决纠正有令不行、有禁不止的各种行

为，不讲特殊、不打折扣、不搞变通，不得放低门槛、降低标准，搞降格以求，不能失之于宽、失之于软，一团和气。执行党内法规要坚持严格管理，坚持真管真严、敢管敢严、长管长严，贯彻惩前毖后、治病救人的一贯方针，抓早抓小、防微杜渐，最大限度防止党员干部出问题。

（三）公正执规，坚持党内法规面前人人平等，不得搞特殊、开后门

公正是党内法规执行的必然要求。一次不公正的执规，会带来难以估量的危害。公正有实体公正与程序公正之分，实体公正主要是指结果公正，程序公正主要是指过程公正。实体公正与程序公正辩证统一、相互影响。党内法规执行中的实体公正是指执行党内法规产生的结果符合党内法规精神和要求，得到广大党员干部和人民群众的认可，对党的领导和党的建设产生积极影响，如执行《党政领导干部选拔任用工作条例》选拔出德才兼备的领导干部，按照《中国共产党纪律处分条例》对犯错误的干部作出恰当的处分等。党内法规执行中的程序公正是指在执行党内法规过程中严格按照规定的程序办事，不折不扣落实程序要求，绝不能“认认真真走过场”。同时，公正执规还要求，所有党员，无论职务高低、党龄长短、贡献大小，在党内法规面前一律平等，没有任何党员可以凌驾于党内法规之上，超脱于党内法规之外。要坚持执行法规没有例外，不管是谁违规，都要一查到底，绝不姑息，坚决维护法规的严肃性和权威性。同时，要平等充分地保障党员的权利，在党组织讨论决定对党员的党纪处分或者作出鉴定时，本人有权参加和进行申辩，其他党员可以为他作证和辩护。党员可以向党的上级组织直至中央提出请求、申诉和控告，并要求有关组织给予负责的答复。

（四）规范执规，按照规定的主体、权限、程序等执行党内法规

规范执规，解决的是执规规范问题。执行党内法规，要严格按照规定的主体、权限、程序等执行党内法规，不得随意、任性执规，特别是要控制执规的自由裁量权，推动党内权力运行和党内政治生活走上制度化、规范化、程序化轨道。执行党内法规要坚持原则，发挥主

观能动性，正确理解和把握党内法规的基本原则、主旨精神和具体要求，根据管党治党需要，结合具体实际，严格依据党内法规，对具体事项作出判断和处理。规范执规还蕴含着合法性要求，即在执行党内法规时，必须坚持在宪法法律范围内活动的原则，做好党内法规执行与执法、司法的有机衔接。比如，纪委监委在对中国共产党机关及其公务员实行纪律检查和监察时，必须分别按照《中国共产党纪律处分条例》《中华人民共和国监察法》有关权限、内容和程序开展工作，搞好衔接协调，依规依法办案。

四、党内法规执行的实践途径

（一）健全执行体制机制

党内法规的执行体制是否完善、执行主体执行能力是否突出、执行方式是否合理是决定执行力高低的重要因素。一要完善执行体制。明确各级各类党组织执行党内法规的具体职权职责，纵向上科学划分权力层级等级，横向上合理配置权责分布和执行职能，既避免无人负责也避免多头管理。建立各级各类执行主体相互间的协同机制，加强组织沟通、职能对接，实现快速反应，提高执行力。《中国共产党党内法规执行责任制规定（试行）》第3条规定，“在党中央集中统一领导下，建立健全党委统一领导、党委办公厅（室）统筹协调、主管部门牵头负责、相关单位协助配合、党的纪律检查机关严格监督的执规责任制，统分结合、各司其职，一级抓一级、层层抓落实”。二要优化执行方式。执行方式是将党内法规付诸实施的手段和措施。要不断改进和创新执行方式方法，在执行时间上要有路线图，分阶段分步骤，分解任务逐步实施；在执行范围上要由局部到全面，总结经验、发现问题、不断完善；在执行力度上要刚柔并济，将教育说服与强制措施相结合。三要公开执行过程。依据什么执行、执行的具体程序是什么，一般要向党组织和党员甚至人民群众公开，增强党内法规执行的公信力，消除因不透明导致的负面效应。公开执行过程也有利于对执行主体进行监督，便于发现执行中的问题，避免暗箱操作，确保党内法规得到正确执行。四要提高执行能力。合理构建执规主体的能力结构，以提高执行力为目标加强能力建设，夯实执行能力基础。加强信息沟通和经验交流，全面把握实践情况，提升执行党内法规的各种技能。

（二）建立健全执规责任制

习近平强调：“不讲责任，不追究责任，再好的制度也会成为纸老虎、稻草人。”[①] 中共十八大以来，中共中央高度重视实行责任制，在推进全面从严治党、加强党风廉政建设、加强意识形态工作、脱贫攻坚、生态环境保护等方面大力推行责任制，积累了丰富经验。建立健全执规责任制是破解当前党内法规“执行难”问题的关键一招。建立执规责任制，完善分层分级的执规责任体系，作出可量化、可考核、可追责的刚性规定，能够有力倒逼有关主体切实履行执规责任，形成各司其职、各负其责，全党上下一起抓执行的良好局面，可以有效激发党内法规活力和威力，避免陷入旧制度不灵又不停制定新制度的“制度陷阱”。

《中共中央关于加强党内法规制度建设的意见》明确提出实行党内法规制度执行责任制。《中央党内法规制定工作第二个五年规划（2018—2022年）》明确要求各级各类党组织切实把执规责任扛起来，以钉钉子精神抓好党内法规贯彻落实。《中国共产党党内法规制定条例》第36条明确规定，坚持制定和实施一体推进，健全党内法规执行责任制，确保党内法规得到有效实施。

2019年9月，中共中央印发《中国共产党党内法规执行责任制规定（试行）》，正式建立一套严密的党内法规执行责任体系，对党的各级各类组织和党员领导干部的执规责任及其履行作出具体规定，主要集中在以下几个方面：（1）界定责任主体，解决“谁来执规”问题。提出各级各类党组织和党员领导干部都是执规主体，包括地方党委、党的工作机关、党组（党委）、基层党组织、纪检机关等各级各类党组织，以及党委（党组）书记、分管党内法规工作的班子成

① 习近平：《在第十八届中央纪律检查委员会第三次全体会议上的讲话》（2014年1月14日），载中共中央文献研究室编：《习近平关于全面深化改革论述摘编》，中央文献出版社2014年版，第81页。

员、其他班子成员等党员领导干部，都负有执行党内法规的政治责任。(2) 明确责任内容，解决“执规责任分配”问题。分别对各级各类党组织和党员领导干部的执规责任作了具体规定。(3) 强化责任履行，解决“怎么执规”问题，包括部署推动执规工作，组织学习培训，开展宣传教育，加强执规能力建设等。(4) 加强责任监督，解决“不执规怎么办”问题。建立对履行执规责任的监督、考核、实施评估和问责制度，确保执规主体切实履行执规责任。

(三) 强化督促检查

掌握执行情况、发现和解决执行中的问题，离不开强有力的督促检查。一要健全体制机制。要整合督查力量，提升整体效能，既加强各自的建设，又注重相互之间的协调配合。完善督查机构，安排专职人员，并明确赋予督查权力。健全督查责任制，对党内法规执行进行逐层逐项的责任分解，将具体监督责任落实到责任部门、责任人，确保责任无可推卸。要合理确定督查方式、督查频率、督查内容，推动督促检查成为经常性工作。二要完善方式方法。在类别上形成常规督查、专项督查、综合督查等多管齐下，常规督查抓规范、专项督查抓突破、综合督查抓协调，实现集中与分散结合，动态与静态结合。利用多种信息渠道，重点听取人民群众、社会舆论意见，对意见大、范围广的重点督查。在督查内容上以执行方式、执行效果为重点，对是否推诿拖延、是否变通规避等进行重点督查。

(四) 强化责任追究

舞弊者得利，则接踵者继；舞弊者受罚，则接踵者绝。设而不犯，犯而必诛，不仅会使违规违纪者受到教育，也会对他人产生威慑和警示效应。目前一些党内法规在执行中缺乏公平性、连贯性和强制性，存在差别性、选择性和随意性等问题，都与责任追究不到位有直接关系。建立健全责任追究机制，严肃惩处违反党内法规的行为，是提高党内法规执行力的重要保障和根本措施。要把严肃执纪、加强责任追究作为提高党内法规执行力的重要手段，做到有规必依、执规必严、违规必究。对有令不行、有禁不止、不严格执行党内法规甚至破坏党内法规的行为，发现一起查处一起，严惩干扰者、失责者、违规者。要对领导干部尤其是"一把手"带头破坏党内法规、有意干扰党内法规的行为严肃追究责任，切实解决"制人不制己""制度面前要特权"等问题，真正形成制度面前人人平等、制度面前没有特权、制度约束没有例外的良好氛围。要加大对随意变通制度、恶意规避制度行为的追究力度，对从地方、部门和个人利益出发，在执行中阳奉阴违、打擦边球的，在责令改正的同时，严肃追究相关领导和人员的责任，使制度真正成为带电的"高压线"。

（五）强化科技支撑

运用新学科、新技术、新知识，探索法规加科技的有效途径，是保障党内法规执行的重要支撑。目前一些党内法规难以执行到位，一个重要原因是摆脱不了人为因素的干扰。把现代科技手段融入法规执行和落实之中，借助"无情"的电脑代替"有情"的人脑，可以监控按规矩办事的全过程，缩小法规设计与执行之间的差距，在客观反映法规执行情况的同时，放大法规的功能和效力。探索运用科技手段监控法规运行，充分运用信息技术在线运行、同步传输、全程留痕、联网并行、实时监控等功能，将法规运行置于有效监督之下，重点监控执规行为，防止滥用权力，制约自由裁量权，使权力在阳光下运行、风险在流程内控制，减少人为干预，促进依规用权、依规办事。

（六）优化执行环境

执行环境对党内法规执行效果会产生重要影响。要进一步扩大党员群众的知情权、参与权和监督权，依靠党内力量和社会力量推动党内法规执行。要加大公开宣传解读力度，让广大党员群众知道党内法规的存在，了解掌握党内法规的内容，并依据党内法规充分行使监督权。要搭建党员群众参与平台，让党员群众有更多的机会了解党内法规从制定到实施的全过程，拓宽监督渠道，健全问题反映机制。依法保障党员群众的监督权，严肃查处打击报复行为。加强媒体和社会舆论的监督，让人人都来监督制度执行，确保党内法规在监督下执行、权力在监督下运行。要挖掘并宣传执行党内法规的典型，推广执规经验做法，通报违规行为案例，形成全党全社会共同推动执规、抵制违规的文化环境。

第四节　党内法规的实施评估

党内法规实施评估是党内法规制度建设的必要环节和重要内容。通过对党内法规进行实施评估，有利于及时发现党内法规制定和实施过程中存在的问题，并提出相应的解决对策，从而有利于提高党内法规制定质量，提升党内法规实施效果，推动形成完善的党内法规体系和高效的党内法规实施体系。据此，《中共中央关于加强党内法规制度建设的意见》要求，“建立健全党内法规执行情况、实施效果评估制度，对准则、条例等重要党内法规，要适时进行评估”。《中央党内法规制定工作五年规划纲要（2013—2017 年）》也要求，“积极开展党内法规实施评估工作，并根据评估反馈情况及时修改完善相关党内法规”。《中国共产党党内法规执行责任制规定（试行）》第 15 条明确规定，“党内法规制定机关可以视情对党内法规执行情况、实施效果开展评估，督促党组织和党员领导干部履行执规责任，推动党内法规实施”，并对党内法规实施评估工作制定年度计划、评估范围、评估方式、报告形成等作了具体规定。这些法规文件为开展党内法规实施评估工作提供了制度遵循，有利于实现党内法规实施评估工作规范化、制度化、程序化。

一、党内法规实施评估的主体

党内法规实施评估的主体，是指党内法规实施评估工作的具体承担者，解决的是由谁进行党内法规实施评估的问题。党内法规实施评估的组织实施、评估对象的选择、评估指标和程序的设定、评估结果的作出等都是由评估主体完成的，因此评估主体是党内法规实施评估工作能否取得成功的关键因素，必须根据党内法规实施评估工作的实际需要，选择合适的评估主体。

党内法规实施评估主体包括组织实施主体和具体实施主体两类。

根据《中国共产党党内法规执行责任制规定（试行）》规定，党内法规实施评估的组织实施主体是党内法规制定主体。根据《中国共产党党内法规制定条例》第3条规定，有权制定党内法规的主体包括党的中央组织，中央纪律检查委员会以及党中央工作机关和省、自治区、直辖市党委，那么，党内法规实施评估的组织实施主体也应是上述党内法规制定主体。党内法规实施评估的具体实施主体主要有三类：一是党内法规制定主体；二是党内法规实施主体；三是社会组织。其中，党内法规制定主体是自主性评估主体，由其对自身制定的党内法规进行评估，优势在于具有较强的权威性，熟悉党内法规制定原意、主要内容、精神实质及其制定过程，并掌握着丰富的党内法规制定资料和参考文献，因而，由其进行评估，能够抓住评估工作的关键和重点，评估资料更具丰富性，评估方案更具针对性，评估目的更具清晰性。党内法规实施主体是非自主性评估主体，由其对党内法规进行评估，优势在于熟悉党内法规实施的现状，有利于发现和总结党内法规实施中存在的问题，提出有针对性的完善对策。社会组织也是非自主性评估主体，由其对党内法规进行评估，可以对党内法规制定和实施过程中存在的问题进行客观分析，提出改进建议。综上，在党内法规实施评估工作中，应当将自主性评估与非自主性评估结合起来，充分发挥不同评估主体各自的优势。

二、党内法规实施评估的对象

党内法规实施评估的对象，解决的是党内法规实施评估中评估什么的问题。由于党内法规数量众多，不可能对所有党内法规都进行评估，只能在一定时期内选择一定数量的党内法规进行评估。

根据《中国共产党党内法规执行责任制规定（试行）》规定，应当列入实施评估范围的党内法规主要包括：一是上位党内法规和规范性文件作出新规定、提出新要求的。对这类党内法规进行评估，是为了防止党内法规与中央精神、上位党内法规和规范性文件出现不一致不协调不衔接问题。二是相关法律法规作出新规定的。这些法律法规的规定，可能对党内法规执行产生影响。三是规范和调整事项发生较大变化的。对这类党内法规进行评估，是为了解决党内法规不适应形势任务发展需要的问题。四是执行过程中遇到较大困难、意见反映较多的。对这类党内法规进行评估，是为了评估其立规质量，为这些党内法规的修改、废止提供实践依据。五是试行期满或者没有规定试行期但试行超过5年的。对这类党内法规进行评估，是为了评估其是否有继续实施的必要，以及在有继续实施必要的前提下，是否需要作相应的修改。

开展党内法规实施评估，根据工作需要，可以对一部党内法规或者其中的若干条款开展专项评估，也可以对相关联的若干部党内法规开展一揽子评估。

三、党内法规实施评估的原则和标准

党内法规实施评估的原则和标准，是指开展党内法规实施评估需要遵循的宏观方向和基准，解决的是重点评估什么的问题。

党内法规实施评估应当坚持以下原则：一是把准政治方向。坚持以习近平新时代中国特色社会主义思想为指导，以党章为根本，贯彻党的理论和路线方针政策，把讲政治要求体现到党内法规实施评估工作的全过程和各方面。二是突出问题导向。坚持从党的领导和党的建设实际出发，着眼推动解决党内法规实施中的重点难点问题，做到有什么问题就反映什么问题，什么问题突出就重点反映什么问题。三是确保客观全面。坚持客观公正、全面系统，多渠道、多角度、全方位获取信息，实事求是反映情况、分析问题、提出建议。四是注重评估实效。坚持务实高效，防止形式主义、官僚主义，建立党内法规实施评估与立改废释有机衔接机制，切实发挥党内法规实施评估的应有作用。

党内法规实施评估应当坚持以下标准：一是政治性标准。包括是否贯彻落实习近平新时代中国特色社会主义思想和党中央决策部署，是否树牢“四个意识”、坚定“四个自信”、做到“两个维护”，是否坚持党对一切工作的领导，是否落实全面从严治党要求等。二是合规性标准。包括是否同党章、上位党内法规相抵触，是否同其他同位党内法规对同一事项的规定不一致，是否遵循党在宪法和法律的范围内

活动的原则，是否符合制定权限和程序等。三是合理性标准。包括各项规定是否符合立规目的，设定的权责和程序是否适当，所提措施和要求是否适宜，是否适应当前的形势和任务需要等。四是实施性标准。包括是否按照要求制定具体落实措施，是否明确执行责任主体，是否有基本的人财物等实施条件，是否开展宣传培训等。五是实效性标准。包括是否得到普遍遵守和执行，是否能够解决实际问题、达到预期目的，是否造成过重的成本负担，是否造成负面影响等。

四、党内法规实施评估的指标体系

党内法规实施评估的指标体系，是指用来进行党内法规实施评估工作，由多个有机联系、层次分明、各部分权重设置科学合理的指标形成的标准综合体，解决的是党内法规实施评估的具体标准或依据问题。党内法规实施评估指标体系，针对党内法规质量和党内法规实施设置内涵丰富的评估指标体系，并根据评估对象的特点和评估指标的具体内容对分值进行相应调整。

党内法规实施评估的指标体系直接决定着党内法规实施评估的方向和评估的结论是否正确、科学和符合实际。开展党内法规实施评估应当梳理借鉴立法评估指标体系，结合党内法规自身特点，构建科学规范的党内法规实施评估指标体系。一般来说，党内法规实施评估的指标体系主要包括：党内法规体系健全程度、党内法规制定质量、立改废释情况、清理和备案审查情况、党内法规同国家法律衔接和协调情况；尊规学规守规用规情况、公开宣传教育培训情况、实施监督情况、违规违纪行为查处情况；取得的政治效果情况、在坚持和加强党的领导上发挥作用情况、在推进全面从严治党上发挥作用情况、在把党组织的工作活动和党员行为纳入制度化轨道上发挥作用情况、在用制度管权管事管人上发挥作用情况、在推动经济社会发展上发挥作用情况等。此外，党内法规实施评估指标体系的设计还要注意其可操作性，以保证结构合理、方法科学，具有针对性，可以细化量化，能够切实发挥实效。具体来看，党内法规实施评估的指标体系由逻辑合理的多个不同层级的指标构成，包括一级指标、二级指标等，并根据其重要性的不同设置相应的分值。此外，由于党内法规实施评估指标体系是一个涵盖了各方面的指标集合体，每次对不同党内法规进行实施评估时，可以根据不同的评估对象、评估任务和评估目的，对评估指标体系构成进行调整。

五、党内法规实施评估的程序

党内法规实施评估的程序，是指党内法规实施评估工作要遵循的步骤，解决的是党内法规实施评估的具体环节问题。党内法规实施评估的程序一般包括如下步骤：一是制订计划，选择党内法规实施评估的对象。党内法规实施评估应当统筹进行，科学编制年度评估计划。由于党内法规数量众多，不可能经常性地对所有党内法规都进行评估，需要按计划有重点有步骤地开展实施评估工作。二是选择并成立党内法规实施评估机构。党内法规实施评估的组织实施主体应根据每次不同的评估对象、评估任务和评估目标，选择不同的具体实施主体，并成立相应的评估机构。三是制定党内法规实施评估方案。党内法规实施评估主体根据不同的评估对象，制定具体的评估方案，对评估的具体内容、评估的指标体系、评估的方法、评估的时间安排、评估的经费预算、评估的组织保障等内容予以明确，以保证实施评估工作的顺利开展。四是评估工作的具体开展。党内法规实施评估主体按照党内法规实施评估方案具体开展评估工作，收集分析各种评估资料，以熟悉党内法规实施后的具体状况，评价党内法规自身的质量。五是形成评估报告并应用。党内法规实施评估主体按照评估的具体情况，在认真分析总结后，形成评估报告，并视情况予以运用，确保发挥党内法规实施评估的实效。

六、党内法规实施评估的方法

党内法规实施评估的方法，是指党内法规实施评估工作中运用的方式的总称，解决的是党内法规实施评估工作中技术性手段的选择与运用问题。在确定党内法规实施评估指标体系后，就应当选择合适的党内法规实施评估方法与之相匹配，确保取得预期的评估效果。一般来说，党内法规实施评估方法有定性分析法和定量分析法两种。所谓定性分析法，是指根据实践情况，依靠评估人员的丰富实践经验以及主观判断和分析能力，推断出事物性质和发展趋势的分析方法，属于预测分析的一种基本方法。常用的定性分析法有咨询论证、问卷调查、实地调研、座谈访谈、文献检索等。定量分析法是对社会现象的数量特征、数量关系与数量变化进行分析的方法，其作用在于精确揭示和描述社会现象的相互作用和发展趋势。常用的定量分析法有数据统计分析法、成本—收益分析法等。定性分析法与定量分析法两者既有区别又有联系，且互为补充，在党内法规实施评估工作中应将两者统一起来。此外，根据不同的评估对象、评估任务、评估阶段，可以选择不同的评估方法，或以某一种评估方法为主，其他评估方法为辅。

七、党内法规实施评估结果及其运用

党内法规实施评估结果及其运用，主要是指在党内法规实施评估工作结束后，撰写党内法规实施评估工作报告，对党内法规的制定质量、执行情况、实施效果及执规责任履行情况进行全面客观公正的总结分析，以为党内法规的立改废释工作提供依据，解决的是党内法规实施评估的目的问题。党内法规实施评估的目的是通过对党内法规实施效果的评价，为提高党内法规的制定质量和执行力、推动执规责任履行提供实践依据和评估信息。因而，这项工作的关键在于能否真正将党内法规实施评估的结果作为制定、修改或者废止党内法规和加强党内法规实施工作的重要依据。《中国共产党党内法规执行责任制规定（试行）》明确规定，实施评估结束后应当形成评估报告。党内法规实施评估的结果主要体现为评估报告，其主要内容包括评估工作基本情况，党内法规制定质量、执行情况、实施效果、执行责任履行情况、存在问题及原因等，评估结论及意见建议等。党内法规实施评估结果的运用主要包括以下方面：一是将属于立规方面的问题，及时反馈给党内法规制定主体，推动启动党内法规的立改废释程序；二是将属于实施方面的问题，及时反馈到党内法规实施主体，推动提升党内法规的执行力；三是对评估中获得的有价值的党内法规制定理念、执规方式、经验做法等进行及时总结，并提供给有关部门参考借鉴。

小　结

党内法规的实施，是指通过党内法规的遵守和执行，使党内法规在党的领导和党的建设实践中得以运用的活动。解决党内法规实施问题是党内法规制度建设的当务之急和重中之重。作为党内法规实施的两种基本形式，党内法规遵守和党内法规执行目标一致、相辅相成、相得益彰。要建立健全党内法规实施评估制度，充分发挥其对于提高党内法规制定质量、提升党内法规实施效果的作用。

思考题

1. 简述党内法规实施的意义。
2. 党内法规的遵守和执行有什么区别和联系？
3. 简述党内法规实施评估的价值。
4. 请运用本章内容思考党内法规实施中存在的问题及改进对策。

▶即测即评　　▶拓展资源

阅读文献

1. 《马克思恩格斯选集》第 1 卷，人民出版社 2012 年版。
2. 《马克思恩格斯选集》第 2 卷，人民出版社 2012 年版。
3. 《马克思恩格斯全集》第 18 卷，人民出版社 1964 年版。
4. 《马克思恩格斯全集》第 39 卷，人民出版社 1974 年版。
5. 《列宁选集》第 2 卷，人民出版社 2012 年版。
6. 《列宁选集》第 4 卷，人民出版社 1972 年版。
7. 《列宁全集》第 24 卷，人民出版社 2017 年版。
8. 《毛泽东选集》第 2 卷，人民出版社 1991 年版。
9. 《毛泽东选集》第 4 卷，人民出版社 1991 年版。
10. 《毛泽东文集》第 6 卷，人民出版社 1999 年版。
11. 《邓小平文选》第 1 卷，人民出版社 1994 年版。
12. 《邓小平文选》第 2 卷，人民出版社 1994 年版。
13. 《邓小平文选》第 3 卷，人民出版社 1993 年版。
14. 《江泽民文选》第 1 卷，人民出版社 2006 年版。
15. 《江泽民文选》第 2 卷，人民出版社 2006 年版。
16. 《江泽民文选》第 3 卷，人民出版社 2006 年版。
17. 《胡锦涛文选》第 1 卷，人民出版社 2016 年版。
18. 《胡锦涛文选》第 2 卷，人民出版社 2016 年版。
19. 《胡锦涛文选》第 3 卷，人民出版社 2016 年版。
20. 《习近平谈治国理政》，外文出版社 2014 年版。
21. 《习近平谈治国理政》第 2 卷，外文出版社 2017 年版。
22. 《习近平新时代中国特色社会主义思想学习纲要》，学习出版社、人民出版社 2019 年版。
23. 《习近平新时代中国特色社会主义思想三十讲》，学习出版社 2018 年版。
24. 《习近平总书记重要讲话文章选编》，中央文献出版社、党建读物出版社 2016 年版。
25. 《习近平总书记系列重要讲话读本（2016 年版）》，学习出版社、人民出版社 2016 年版。

26.《习近平关于社会主义政治建设论述摘编》，中央文献出版社 2017 年版。
27.《习近平关于全面依法治国论述摘编》，中央文献出版社 2015 年版。
28.《习近平关于全面从严治党论述摘编》，中央文献出版社 2016 年版。
29.《习近平关于严明党的纪律和规矩论述摘编》，中央文献出版社、中国方正出版社 2016 年版。
30.《习近平关于党风廉政建设和反腐败斗争论述摘编》，中央文献出版社、中国方正出版社 2015 年版。
31.《十八大以来重要文献选编》（上、中、下），中央文献出版社 2014、2016、2018 年版。
32.《党的历史知识简明读本》，中共党史出版社、党建读物出版社 2014 年版。
33.《中国共产党的九十年》，中共党史出版社、党建读物出版社 2016 年版。
34.《中国共产党历史》第 1 卷（1921—1949）（上、下册），中共党史出版社 2011 年版。
35.《中国共产党历史》第 2 卷（1949—1978）（上、下册），中共党史出版社 2011 年版。
36.《中国共产党章程汇编（一大—十八大）》，中共中央党校出版社 2013 年版。
37.《中央党内法规和规范性文件汇编（1949 年 10 月—2016 年 12 月）》，法律出版社 2017 年版。
38.《中国共产党党内重要法规汇编》，党建读物出版社 2019 年版。
39.《中国共产党党内法规选编（1978—1996）》，法律出版社 2009 年版。
40.《中国共产党党内法规选编（1996—2000）》，法律出版社 2009 年版。
41.《中国共产党党内法规选编（2001—2007）》，法律出版社 2009 年版。
42.《中国共产党党内法规选编（2007—2012）》，法律出版社 2014 年版。
43.《中国共产党党内法规选编（2012—2017）》，法律出版社 2019 年版。
44.《中国共产党章程》（中国共产党第十九次全国代表大会部分修改，2017 年 10 月 24 日通过）。
45.《中国共产党廉洁自律准则》（中共中央 2015 年 10 月 18 日印发）。

46.《关于新形势下党内政治生活的若干准则》（2016 年 10 月 27 日中国共产党第十八届中央委员会第六次全体会议通过）。
47.《中共中央关于加强党的政治建设的意见》（中共中央 2019 年 1 月 31 日印发）。
48.《中共中央关于加强党内法规制度建设的意见》（中共中央 2016 年 12 月 13 日印发）。
49.《中央党内法规制定工作五年规划纲要（2013—2017 年）》（中共中央 2013 年 11 月 5 日印发）。
50.《中央党内法规制定工作第二个五年规划（2018—2022 年）》（中共中央 2018 年 2 月 9 日印发）。
51.《中国共产党党内法规制定条例》（中共中央 2019 年 9 月 3 日印发）。
52.《中国共产党党内法规和规范性文件备案审查规定》（中共中央 2019 年 9 月 3 日印发）。
53.《中国共产党党内法规解释工作规定》（中共中央办公厅 2015 年 7 月 6 日印发）。
54.《中国共产党党内法规执行责任制规定（试行）》（中共中央 2019 年 9 月 3 日印发）。
55.《中共中央办公厅关于开展党内法规和规范性文件清理工作的意见》（中共中央办公厅 2012 年 6 月 4 日印发）。

后　记

《党内法规学》教材是马克思主义理论研究和建设工程项目。在编写过程中，得到了马克思主义理论研究和建设工程咨询委员会的指导，中央有关部委和有关专家学者的帮助和支持。同时，广泛听取了有关高校党内法规学课程教师和学生的意见建议。高等教育出版社全程参与教材编写工作，保证了教材的顺利出版。

本教材由宋功德、张文显主持编写。参加撰稿和统稿的主要有：张文显、宋功德、马怀德、付子堂、周叶中、张志明、朱景文、肖金明、周鹏飞、施俊民、王伟国、张禹、周丽、杨沈阳、周鑫、钱建强、陈亚杰、林希存、秦红霞、贾腾、李斌雄、强世功、薛刚凌、石佑启、章志远、张晓燕、欧爱民、姬亚平、韩强、蒋清华。教材编写过程中，参与讨论、提供资料或者核对文献的主要有：封丽霞、王勇、王立峰、金成波、施新州、周悦丽、刘长秋、屠凯、王敬波、魏治勋、秦前红、伍华军、邵六益、骆梅英、杜力夫、邓联繁、周尚君、李军、陈珊、王珊珊、张敬博、鞠成伟、刘金瑞、陈燕、王宇飞、袁阳阳、郑博。

2020 年 7 月